本书受北京第二外国语学院 2022 年度学术专著出版经费资助

中国上市公司公开市场股份回购的效应研究

薛 彤◎著

中国财经出版传媒集团

经济科学出版社

Economic Science Press

图书在版编目（CIP）数据

中国上市公司公开市场股份回购的效应研究/薛彤
著 . -- 北京：经济科学出版社，2023.4
ISBN 978 - 7 - 5218 - 4563 - 1

Ⅰ.①中… Ⅱ.①薛… Ⅲ.①上市公司 - 股票回购 -
研究 - 中国 Ⅳ.①F279.246

中国国家版本馆 CIP 数据核字（2023）第 034339 号

责任编辑：周国强
责任校对：刘　昕
责任印制：张佳裕

中国上市公司公开市场股份回购的效应研究
薛　彤　著
经济科学出版社出版、发行　新华书店经销
社址：北京市海淀区阜成路甲 28 号　邮编：100142
总编部电话：010 - 88191217　发行部电话：010 - 88191522
网址：www. esp. com. cn
电子邮箱：esp@ esp. com. cn
天猫网店：经济科学出版社旗舰店
网址：http：//jjkxcbs. tmall. com
固安华明印业有限公司印装
710×1000　16 开　14. 75 印张　250000 字
2023 年 4 月第 1 版　2023 年 4 月第 1 次印刷
ISBN 978 - 7 - 5218 - 4563 - 1　定价：88. 00 元
（图书出现印装问题，本社负责调换。电话：010 - 88191581）
（版权所有　侵权必究　打击盗版　举报热线：010 - 88191661
QQ：2242791300　营销中心电话：010 - 88191537
电子邮箱：dbts@ esp. com. cn）

目　　录

第一章

导　　论

第一节　研究背景及意义

一、研究背景

股份回购是指上市公司通过自有资金或债务融资的方式购回本公司发行在外的股票的行为。上市公司进行股份回购的方式主要有公开市场回购、要约回购和协议回购。在这几种回购方式中，以公开市场回购最为常见。股份回购发源于 20 世纪 50 年代的美国，并在 70 年代快速发展和推广，日渐成为全球资本市场上价值分配和资本运作的重要手段。

我国的股份回购活动伴随着资本市场的兴起而渐趋完善。在 20 世纪 90 年代我国资本市场发展初期，存在部分股票不能上市流通的情况，这一特殊的制度背景，也使得我国的股份回购活动起步较晚。早期回购行为主要是实行"原则禁止、例外允许"的政策，参与回购的公司主要是国有企业。2005 年公司法首次允许回购流通股，为股份回购进程的发展提供了重要的基础，但由于政策限制，回购的数量和规模始终较小。

近年来，随着我国资本市场的不断发展，国家开始鼓励上市公司依法进行股份回购，并出台了配套的政策及法律法规。2018 年 10 月 26 日，第十三届全国人民代表大会常务委员会第六次会议通过了《关于修改〈中华人民共和国公司法〉的决定》，对公司法第一百四十二条有关公司股份回购制度的规定进行了专项修改，增加了回购情形，简化了回购流程，完善了决策程序，明确了回购方式和库存制度，赋予了上市公司股份回购更大的自主权，提高了实施便利度。在此背景下，以公开市场回购方式进行股份回购的 A 股上市公司的数量较之前明显增加，2018 年上市公司发布公开市场回购公告预案达到 464 次，而 2017 年仅有 40 次，2005～2017 年的总和也只有 107 次。

随着股票回购这一资本市场工具在我国证券市场上发挥的作用进一步深化，上市公司管理者意识到在合适的时机实施股票回购对提升公司价值具有重要的意义。一方面，上市公司在公司股价持续下跌、市场投资者信心不足时，可利用回购来稳定股票价格，提振市场信心，避免造成市场的恐慌情绪蔓延和羊群效应等危害公司价值的情况发生，是避免公司陷入巨大经营风险的有力途径；另一方面，公司在进行股票回购时掌握十足的主动性，何时回购以及回购规模大小都单方面取决于上市公司管理层，因而公司可审慎、及时地利用回购调整自身财务杠杆接近最优值，更好地追逐公司价值最大化的目标。

在已有的学术研究中，国外学者关于股份回购形成了丰富的研究成果，一般认为上市公司通过公开市场回购方式进行股份回购，能在短期内产生显著为正的公告效应，但对于股价的超额收益能否在长期内继续保持，以及公开市场回购能否改善公司的经营业绩，结论并不一致。

在国内早期的研究中，由于公开市场回购的样本较少，许多研究是将各种回购方式的样本混在一起进行研究，并且，研究的主要内容是针对发布回购公告的短期市场效应，对长期市场效应以及经营效应的研究较少。至今，新《公司法》修正已过 4 年，这就为研究公开市场股份回购的长期市场效应和经营效应提供了良好的基础。新规背景下，市场对公开市场回购公告的短期和长期反应如何，是否真的使上市公司达到了提升市场价值及保护投资者利益的目的？影响公开市场回购短期和长期市场效应的因素有哪些？公开市场回购后能否帮助上市公司提升经营业绩？宣告回购但实际未回购的公司，其市场效应如何？这一系列问题亟待研究。

二、研究意义

上市公司股份回购作为一种资本市场基础性的制度安排，逐渐被上市公司所熟悉并越来越广泛地使用。本书通过对回购新规发布后，上市公司实施公开市场回购后各方面的效应研究，具有以下几个方面的理论意义和实践意义。

（一）理论意义

本书检验了西方有关股份回购的相关理论假说在我国的适用性，有助于发展符合我国股票市场制度背景下的股份回购理论。在现有文献中，西方学者围绕着股份回购对市场效应和经营绩效的影响，提出了盈余信号假说、价值低估假说、自由现金流假说等，但实证研究的结果并不一致。本书通过对我国股票市场公开市场回购的实证研究，可以检验西方成熟的股份回购理论假说在我国股票市场的适用性。

（二）实践意义

第一，对于监管者层面，本书的研究有助于监管层更好地完善股份回购相关法律法规并加强监管，规范上市公司的回购行为，避免部分公司大股东钻政策空子而侵害中小股东的利益，让这一资本市场工具更好地发挥作用。

第二，对于上市公司，本书的研究有助于公司认清在现有市场环境下，公开市场回购给公司带来的市场效应和经营效应，结合自身情况，决定是否进行回购，而不要盲目仓促决策，反而加剧自身融资约束程度，给公司带来负面影响。在确定回购股份的用途时，能积极应用于股权激励，从而能达到提升市场价值和提高经营绩效的双重目的。

第三，对于市场投资者，本书的研究有助于投资者理性做出投资选择。在面对回购公告时，不能盲目乐观，要善于识别公司股份回购的真实目的，从而对股份回购股价和经营业绩的影响做出客观判断，更好地进行投资决策，最大化投资收益。

第二节　研究思路及内容

一、研究思路

本书在现有国内外相关研究文献的基础上，构建了"公开市场回购的短期市场效应—长期市场效应—对公司经营的影响—'零回购'的动机与市场效应—具体案例分析"的逻辑框架，力求对在新规下我国上市公司公开市场回购的各方面效应进行较为系统和全面的研究。

第一，本书对上市公司发布回购公告后的短期市场效应进行研究。本书拟从一个新的角度——企业生命周期，探讨公司自身因素对公开市场回购公告效应的影响，并加入回购目的和拟回购比例等回购操作方面的特征因素，对上市公司公开市场回购公告效应的影响因素进行更深入地研究。

第二，本书对上市公司发布公开市场回购公告并实际实施回购后的长期市场效应进行研究。本书选择合适的长期事件超额收益的度量方法，运用事件研究法，对实施公开市场回购后是否有超额收益，并且超额收益能否在长期内保持进行检验，并且探讨公司规模、市值账面比、分析师关注度、实际回购比例等因素对长期市场效应的影响。

第三，本书对上市公司实施公开市场回购后，对其经营方面有无影响进行研究。通过与匹配公司在回购前后的对比，验证股份回购在长期内能否提升经营业绩，提高公司价值，对公司现金持有、资本支出和研发支出方面有无影响。

第四，本书针对某些上市公司"零回购"的情况，研究其动机和市场效应。在回购实践中，某些公司在发布回购公告后最终没有进行股票回购，本书计算其发布回购公告后的短期和长期市场效应，探讨最终没有实施回购可能的潜在的原因。

第五，本书聚焦于具体的回购案例，以小米集团为例，具体研究其从2019年1月首次发布公告并实施回购以来，股份回购的效果，有无实现提升市场价值的初衷，对其经营和研发有何影响。

二、研究内容

根据上述的研究思路，本书共分为 8 章，各章的主要内容如下：

第一章，导论。本章基于 2018 年《公司法》修正后，对股份回购做出了新的规定，界定本书的研究主题，阐述本研究的理论价值和实践意义，介绍本书的研究思路和内容，并指出本研究可能存在的贡献与创新之处。

第二章，股份回购的制度背景。本章首先介绍股份回购的不同方式与回购的作用，然后介绍股份回购在海外国家的发展，其次回顾了股份回购在我国的发展历程，分析 2018 年《公司法》修正后有关股份回购规定的变化，最后总结了我国目前公开市场回购的发展现状及存在问题。

第三章，公开市场股份回购的短期市场效应：基于企业生命周期理论。本书基于企业生命周期的角度，探讨影响公开市场回购短期市场效应的因素。本书先利用现金流分类组合理论对样本公司进行生命周期划分，利用事件研究法计算出各个公司在相应窗口期的超额收益，并通过分组研究法评估出不同生命周期公司的公开市场回购短期市场效应的区别，最后利用多元线性回归模型，研究累计超额收益率与公司所处生命周期、回购特征因素之间的相关关系，并探究在不同生命周期阶段影响回购公告效应的因素。

第四章，公开市场股份回购的长期市场效应。首先本书在梳理国内外现有关于衡量长期市场效应的研究文献后，选择适合的两种计算方法［累计超额收益率法（CAR 法）和买入持有超额收益率法（BHAR 法）］和两种度量基准（市场指数收益率和配对组合公司的收益率）作为本书衡量长期市场效应的方法；然后分别计算不同方法、不同基准下回购公告后 1～3 年的长期超额收益；接着本书运用分组检验方法，分别探讨公司规模、市值账面比、分析师关注度、实际回购比例等因素对长期市场效应的影响；最后，本书运用多元回归模型，检验影响公开市场回购长期市场效应的因素。

第五章，公开市场股份回购的经营效应。首先，本章基于现有关于股份回购动机的三个假说，提出相应的检验假设；然后为每一个公开市场回购样本按照一定标准，筛选出各方面相近但没有进行股份回购的配对样本；在此基础上，本书对回购样本和配对样本在回购后 0～2 年的经营业绩、市场价值、现金流水平、投资与研发支出等方面的变化进行比较检验，最终得到结论。

第六章，上市公司"零回购"的动因及市场效应。本章首先筛选发布回购公告，但在约定期限内没有实际进行回购的上市公司作为"零回购"的样本。通过研究样本公司现金流水平、股份质押、大股东减持、回购前三月股价情况，探讨上市公司"零回购"的真正动因。然后本书使用事件研究法，分别以市场收益率和匹配公司收益率为基准，计算"零回购"行为能否在短期和长期内为公司带来提升市场价值的效果。

第七章，小米集团股份回购的案例研究。本书选择小米集团为案例研究对象，从市场效应和经营效应两方面入手，深入剖析其2019年以后多次实施股份回购的效果，并分析结果背后可能的原因，为监管者、管理层和投资者提供参考。

第八章，研究结论、局限和未来研究方向。本章首先总结了本书各章的实证结果；其次根据研究结论提炼本书的启示和政策建议；最后，剖析了本书可能存在的研究局限性，以及展望未来的研究方向。

第三节　研究方法

一、事件研究法

事件研究法是研究某一事件的发生对一定时期样本公司股票价格影响程度的研究方法，由此来检验股价的变动是否与此事件相关。绝大多数学者认为市场具有反映信息的能力，而股价能够反映所有公开信息。根据事件期的长短，事件研究法可分为短期事件研究法和长期事件研究法，本书以有效市场假说作为基础，分别运用短期事件研究法和长期事件研究法来分析公开市场回购的短期和长期市场效应。

二、分组检验法

分组检验即根据单一变量对所有样本进行分组，分别检验各组样本某一统计指标的统计显著性，以此为回归模型解释变量的选择提供一定的参考。本书在对短期和长期市场效应进行研究时，使用分组检验的方法，将全部样本根据不同变量分组，对可能影响公开市场股份回购公告短期和长期市场效应的因素分别进行分组检验，检验各组样本超额收益的均值和中位数的差异是否和零有显著差异，以考察不同因素影响的显著性。

三、多元回归分析法

多元回归分析法用于考察在控制了其他影响因变量的因素之后，自变量对因变量的影响。本书对短期和长期市场效应的影响因素的探究采用的是多元回归分析的方法。相较于分组检验法，多元回归分析具有更为严格的要求。在进行多元回归分析之前，首先要进行相关分析，看各自变量和因变量的相关系数，只有选取的自变量和因变量存在一定的相关性，才能进行接下来的回归分析。

四、案例分析法

案例分析法是以真实案例为研究对象，通过不同角度的分析，得出结论和启示的研究方法。本书在对公开市场回购的大样本进行定量实证研究后，又选择著名的科技公司小米集团为研究对象，分别从其股份回购的动因、短期和长期市场效应以及财务效应方面进行深入探讨以及多角度分析，得出相应的结论。

第四节　可能的创新点

以下从两个方面总结本书可能的创新之处。

一、研究对象的创新

第一，本书是针对 2018 年回购新规发布以来，公开市场方式回购的公司为研究对象，重点从短期市场效应、长期市场效应和经营效应三个方面，对股份回购可能产生的效应进行研究。在 2018 年股份回购新规发布以前，我国上市公司股份回购以被动回购为主，回购方式以场外要约回购方式为主，公开市场回购方式所占比例不高。故此，现有文献因为样本数量的限制，多是将不同回购方式的样本混合在一起进行研究，场外要约回购的目的主要为购回离职股权激励对象持有的激励股票，回购股份数量较少，可以预期其对公司都长期股价和经营方面的影响非常有限。由于新规发布以来，实施公开市场回购的公司数量呈现井喷式增长，为本书的研究提供了很好的数据支持。

第二，本书全面探讨了上市公司"零回购"的动因和市场效应。现有文献针对"零回购"的情况多是以案例研究的方式，研究某一家"零回购"公司的回购动机与经济后果。本书筛选了回购新规发布以来，发布回购公告但在约定期限内没有实际进行回购的上市公司作为零回购的样本进行研究，结论更具有代表性和可靠性。

二、研究角度和方法的创新

第一，本书在研究公开市场回购的短期市场效应时，是从一个全新的视角——企业生命周期的角度来探究影响回购公告效应的影响因素。现有国内外文献的研究成果中，诸多影响回购公告效应的因素中主要包括两个方面：公司自身的因素和回购业务的特征。本书从企业生命周期的角度，探讨我国上市公司公开市场回购公告效应的影响因素，并加入回购目的和拟回购比例等回购操作方面的特征因素，最终验证了"自由现金流假说"在中国证券市场解释回购公告效应方面的适用性。

第二，本书在研究公开市场回购的长期市场效应时，研究方法更为全面。首先，国内现有相关文献中，通常仅使用 1 种或 2 种方法，或只选取 1 种基准收益进行计算，本书同时使用 BHAR 和 CAR 两种方法，采用市场指数和配对组合两种基准收益，即共使用 4 种方法计算我国公开市场股份回购公告的长期市场效应，增强了结果的稳健性。其次，在选取配对组合时，本书的选择标准考虑得更加全面。为使配对组合更具可比性，本书做了如下改进：一是加入动量因素，以往文献选取配对组合时通常仅考虑账面市值比、公司规模两个因素，本书在此基础上加入动量因素，使得样本公司和配对组合公司的收益率在回购公告发布前后的一段时间处于相对可比的水平，增强样本公司和配对组合的可比性。二是配对组合内包含多家公司，且控制交易板块。与以往文献仅选取单一一家公司作为比较基准不同，本书为每个样本寻找的配对组合中包含多家公司，计算得到各个组合的月度价值加权收益率，以此作为配对组合的基准收益，以避免一家公司的偶然性变动带来的影响。

第三，本书在研究公开市场回购对公司经营的影响时，方法更为严谨。现有国内文献在研究此问题时，往往仅以发生回购的公司为样本，对比回购前后的经营状况或企业价值有无改善，此研究方法只能证明回购与经营状况或企业价值的相关关系而不能证明其因果关系。本书借鉴国外学者的方法，为每个回购样本公司寻找一个回购前在同一行业、同一交易市场板块，且经营业绩、市值账面比都很接近的匹配组公司，将回购公告后当年到回购后两年间，回购组和匹配组的相应财务指标进行一一对应检验比较，并且将回购组在回购后财务指标的变化值与匹配组进行比较，以期对我国上市公司在公开市场回购后的长期经营效应如何，得出更为严谨的研究结论。

第二章

股份回购的制度背景

第一节　股份回购的方式和作用

2018 年 11 月 9 日，证监会、财政部、国资委联合发布的《关于支持上市公司回购股份的意见》对股票回购的定义做出了详细的解释，股票回购是指上市公司利用现金等方式，从股票市场上购回本公司发行在外的一定数额的股票的行为。

一、股份回购的方式

按照上市公司股份回购价格确定方式和具体的回购形式等标准，可将股份回购分为要约回购、协议回购和公开市场回购等。

（一）要约回购

要约回购是指上市公司向股东发出公开回购的要约而进行的股份回购，其价格确定的方式可以分为固定价格要约和荷兰式拍卖两种。

固定价格要约回购是指企业在特定时间以某一高出股票当前市场价格的价格水平来回购既定数量股票的方式。它的优点是可以使得所有股东都有同样的机会向公司出售其所持股票，并且通常情况下，企业享有在回购数量不足时取消回购或延长有效期的权力。为了在短时间内回购数量相对较多的股票，公司可以宣布固定价格回购要约。与公开收购相比，固定价格要约回购通常被认为是更积极的信号，其原因可能是要约价格存在高出市场当前价格的溢价。但是，回购溢价的存在某种程度上也增加了固定价格回购要约的执行成本。

荷兰式拍卖回购首次出现于 1981 年托德（Todd）造船公司的股票回购。此种方式的股票回购在回购价格确定方面给予公司更大的灵活性。在荷兰式拍卖的回购中，首先由企业指定回购的价格与数量范围，然后由股东进行投标，在企业汇总所有股东提交的价格和数量后，确定此次股票回购的"价格－数量曲线"，并根据实际回购数量确定最终的回购价格。此种方式的股票回购比固定价格要约要更为灵活。

（二）协议回购

协议回购是指公司按照与股东协商后的协议价格实施股票回购行为的方式，尤其适用于上市公司想从数量不多的股东手中来回购股票的情形。

针对回购主体区别以上两种回购形式的公开性，协议回购的主体具有特定性，即一对一模式。协议回购的弊端往往伴随着优势出现。首先，在上市公司股东有意愿出售自己手里的股份时，上市公司可以与股东相互协商，在一定程度上，回购成本会低于采取要约回购和公开市场时价回购时的成本，但这也会出现大股东或管理层操纵公司高价回购自身股份而产生财富转移的情况，使中小股东的权益受到损害。因此协议回购与其他的回购方式相比，其目的通常是管理层为了巩固其领导地位或者其他特定目的，而不是为了最大化公司所有股东的财富。

其次，协议回购的范围广，既包括市场上流通的股份，也包括公司限售的股份，这给予了上市公司灵活调整公司股权和控制权结构的便利，但在本质上无法维护好每一个股东的根本利益，使其在股东之间不能达到利益平衡。

最后，协议回购由于不像要约回购和公开市场回购那样透明和公开，往往无法给资本市场传递公司对于未来发展的乐观信号，甚至在某些情形下会传递大股东或管理层出逃的消极信号，因而对于提升公司市场价值是不利。

总体来说，协议回购的方式在国外资本市场运用不多，各国公司法也常对其做出一定程度的限制。在我国，特别是 2018 年《公司法》修正之前，协议回购是股份回购的主要方式。

（三）公开市场回购

公开市场回购，又称作集中竞价回购，是指上市公司在股票市场上实施股份回购时采取公开的形式，即使用证券交易所系统进行操作，回购价格采取的是当时公司股票的市场价格，回购对象为流通股东持有的自身公司股份。

公开市场回购模式最主要的优势是低成本、便利的操作系统。即便是在国际资本市场上，也是最受上市公司欢迎的回购形式。但同时也有其劣势所在——即回购行为本身涉及股票交易数量、价格巨大，其中便伴随着操纵市场的行为风险存在。各个国家在相应的法律制度中，其规定会贯穿股份回购的价格、数量、时间等各个环节，从而限制公开市场时价的实际运用。其优势是可以改善上市公司股票的流动性，并传达出公司经营状况良好的信号。因为公开市场操作在短期内可以带来公司股票市场价格的上升，因此当上市公司的股票在资本市场上表现不是很好时，上市公司会考虑通过公开市场小规模回购本公司股票以提振股价。股份回购方式分类详见表2-1。

表2-1 股份回购方式分类

回购方式	特点
要约回购	面向所有股东，其中，固定价格要约回购的价格事先确定；荷兰式拍卖回购的价格由参与回购股东的报价最后确定
协议回购	面向特定股东，以协定的价格，透明度较低
公开市场回购	在证券市场公开操作，面向所有股东，以公司股票的时价，操作简便，最为普遍，但存在操纵市场风险

二、股份回购的作用

通过查阅上市公司发布的公开市场股份回购预案可知，大多数公司进行股份回购时所表述的目的包括：提升市值，稳定股价；进行股权激励，用于员工持股计划；减少注册资本。以上是仅从公司自身角度来说的。作为资本市场的重要参与主体之一，上市公司的行为不仅对其自身，而且对投资者和资本市场的整体运行都会产生重要影响，这在其进行股份回购的行为中得到了很好的体现。上市公司进行股份回购的积极作用主要体现在以下几个方面。

（一）维护市值，提升股价，维护所有者权益

股份回购作为上市公司进行市值管理的手段之一，能够在股价低迷时提振投资者信心，提升股价，维护所有者权益，进而促进资本市场的平稳运行。其作用过程具体体现在以下三个方面：

1. 改变股票市场的供需情况

供求关系是股票二级市场价格最直接的影响因素。根据经济学基本的供求理论，股份回购减少了上市公司流通在外的股票数量，即股票的供给量减少；此外，股票的每股收益也因流通在外的股票数量减少而得到提高，由此又会增加市场对上市公司股票的需求。无论是供给量的减少还是需求的增加，都将体现为股票价格的提升。因此，上市公司可以通过股份回购的方式，在股价处于低迷时提升股价，维护市值和所有者权益，进而促进资本市场的平稳运行。稳定的股价有助于反映企业的真实价值，在市场普遍低迷时避免投资者的悲观情绪传导，降低股价崩盘风险（李园、聂艳明，2022）。

2. 间接增加股票的每股权益

股份回购能够减少参与公司盈余分配的总股本数，从而间接增加了股票的每股权益，能够提升股价。根据我国新《公司法》第一百四十二条的有关规定，上市公司在特定情况下可持有其回购股份的时间期限是 3 年，这里允许的特定情况具体包括："将股份用于员工持股计划或者股权激励、将股份用于转换上市公司发行的可转换为股票的公司债券，以及为维护公司价值及股东权益所必需"。这也就意味着我国自 2018 年起正式建立库存股制度。回购后的股票作为库存股，并不参加公司的盈余分配，因此，同样能够起到提升股票价值、稳定市场的作用。

3. 发送股价低估信号

根据信息不对称理论，市场上的买卖双方对交易所掌握的信息是不同的，即一方掌握的信息要多于另一方。股票在二级市场上的买卖同样如此。为了改善交易双方信息不对称的情况，一定程度上使市场价格真实反映价值，掌握信息优势的一方可以通过发送信号的方式传递信息，缓解信息不对称的问题。信号传递理论认为，企业进行股份回购，就是在向资本市场传递本公司股票价格被低估的信号。公司管理层通常掌握着公司前景与股票是否被低估

的私人信息，当这一私人信息向市场披露时，股价会获得向上的跳动（董竹、马鹏飞，2017）。因此，股份回购能够通过信号传递的方式，向市场透露公司管理层看好公司未来发展的积极信号，从而树立投资者信心，促进公司股价的合理回归。

（二）降低代理成本

现代企业两权分离的制度使得上市公司管理层和股东之间存在委托－代理问题。代理问题具体表现为，当公司拥有大量的自由现金流也即管理者认为目前没有净现值为正的项目值得投资时，便产生了资金上的闲置。此时，管理者出于个人利益的考量，会投资于一些次优项目或者进行效果不佳的收购。自由现金流假说认为，股份回购可以有效减少多余的现金流，在增加股东财富的基础上降低管理者随意支配现金流所带来的风险。当企业缺乏好的投资机会而又有多余现金时，可以采用股份回购的方式来处理闲置资金。通过股份回购，把多余现金分配给股东，能够促使管理者在支出方面更加规范，降低管理者使用自由现金流过度投资的代理成本（韩永斌，2005）。同时，上市公司通过股份回购也向市场释放出一个信号，即公司的管理者不会消耗公司的自由现金流，这对投资者来说是一个好消息，市场也将会对此作出积极反应。

（三）便于实施股权激励，提升公司绩效

股份回购为上市公司实施股权激励提供了股票来源。员工持股计划的实施意味着员工和股东融为一体，员工能够以股东的身份和企业共享盈利、共担亏损，这能够激发员工的积极性，更好地激发员工的工作热情，使其努力为公司创造价值，从而增强公司的凝聚力，实现长效激励机制；同时，实施股权激励也能完善公司治理，提高公司的经营绩效。现有研究表明，上市公司发布回购公告后，其经营绩效较之前未进行股份回购的公司相比得到了改善（Lie，2005）。

通常而言，用于股权激励的股份来源为发行新股和股份回购两种。但发行新股面临诸多条件上的限制，同时，新股发行存在一定的发行成本；此外，新股发行后其股价可能会产生波动，并会造成股权稀释，损害老股东的利益。与之相比，通过股份回购的方式为股权激励计划提供股票则大大规避了上述成本，便于公司股权激励的实施。

（四）优化资本结构

根据财务杠杆假说，公司通过回购股票可以减少权益资本，提高财务杠杆比率，获得公司债务利息费用的抵税效应，进而优化资本结构，增加公司价值。同时，资本结构的改变也可以改善公司的盈利指标，提高公司的融资能力和资本运作能力（李银香、骆翔，2020）。也即通过股份回购的方式，上市公司可以更加灵活地调整资本结构，使其得到进一步优化。

（五）代替现金股利，保持股利政策的连续性，并实现节税功能

公司的股利政策一般要有一定的连续性和稳定性，否则便会引起市场对公司经营等方面的不利猜测。但是，一旦派发了现金股利就会对公司产生未来的派现压力，股份回购作为现金股利的替代方式，不会对公司产生未来的派现压力。此外，股份回购的时间和价格都由公司自行控制，相比现金股利而言具有更大的弹性（王国俊等，2019），公司能够根据自身经营发展的情况，并结合二级市场股价适时进行股份回购。

从税收角度来看，股份回购可以为股东节税，有利于实现股东利益最大化。股利替代假说认为，当资本利得税低于股东的股利所得税时，上市公司会倾向于使用股份回购给予股东回报。以我国税法规定为例，目前个人从上市公司所取得的股息红利所得，应按收入全额适用20%的税率计算缴纳个人所得税[①]，但对于个人转让公司股票由买卖差价而获得的资本利得，免征个人所得税。因此，通过股份回购提升股价，既可让股东获利又可以节税，有助于实现股东财富的最大化。

（六）提高并购成本，防止恶意收购

当公司股价过低时，就很有可能成为市场并购的目标。公司管理层为了

---

① 但对于一些特定情况，税法给予一定的优惠，例如，自2013年1月1日起，对个人投资者从上市公司取得的股息红利所得实施差别化个人所得税政策。即：个人从公开发行和转让市场取得的上市公司股票，持股期限在1个月以内（含1个月）的，其股息红利所得全额计入应纳税所得额；持股期限在1个月以上至1年（含1年）的，暂减按50%计入应纳税所得额；持股期限超过1年的，暂减按25%计入应纳税所得额。

维持自身对公司的控制权，抵御敌意接管，可以采用公开市场股份回购的方式，减少发行在外的权益资本，以此提升股价，从而提高收购方的收购成本，防止恶意收购。此外，如果标的公司的股份回购行为受到公司大量中小股东的积极响应，将能够缩减二级市场流通的本公司股票的数量，巩固公司控股者的表决权比重，提高恶意收购方改组标的公司的难度。

总之，股份回购能够对上市公司在提升股价、降低代理成本、实施股权激励、优化资本结构、保持股利政策的连续性以及防止恶意收购等方面产生积极影响。

第二节　股份回购在海外的发展

一、美国

（一）历史

股票回购源于20世纪50年代的美国，但由于涉嫌内幕交易，所以其发展较为有限。直到1973年美国政府对于支付现金股利征收高税率，许多企业便纷纷通过股份回购的方式规避管制。到1982年，美国证监会对于回购的条件进行了明确的规定，在员工持股计划等多种因素的推动下，股份回购开始呈现出大规模持续增长的态势。

（二）制度

虽然美国各州对股票回购的规定不尽相同，但总体而言，它们对回购条件的限制都比较小，属于"原则允许，例外禁止"模式的典型代表（刘辉，2020）。大多数州的公司法以及判例认为，如果法律或公司章程未明示禁止，那么公司在善意且不侵害债权人和股东权利的条件下可以取得自身股份，如《美国标准公司法》第六条规定："公司应有权购买、取得、接受或以其他方式获得、持有、拥有、典质、转移或以其他方式处置本公司的股份"。但这并不意味着法律对股份回购的实施没有任何的限制，司法实践中，各州法院的司法判例已形成和发展出一定条件下的禁止性规则，也就是说，对上市公司股份回购原则上允许自由实施，但在例外情形下，司法实践予以禁止，例外的情形主要为：上市公司的管理者（董事）不得违背信义义务而实施股份回购（刘辉，2020）。

公司回购的股票可以直接注销，减少公司的实收资本；也可以将其作为库存股，用于发行可转债、股权激励、员工持股计划等。这些库存股仍然属于在外发行的股票，但不享受分红，不参与每股收益的计算，也不计入公司资产负债表中。目前，美国股票市场回购后以库存股方式留存为主。

如前所述，股份回购主要可分为三种方式：要约回购、协议回购和公开市场回购，目前，美国股票市场上的股份回购方式大多数是公开市场回购。

（三）现状

2009 年后，美国股票市场中的股份回购的规模出现明显上涨。首先，从回购次数看，2009～2011 年，标准普尔 500 指数成分股公司每个季度的回购次数从 200 次上升到 350 次，随后保持在 350 次附近，但 2019 年第二季度出现了比较明显的下滑；纳斯达克指数的成分股公司每个季度的回购次数则保持在 600～700 次左右，同样 2019 年第二季度出现了比较明显的下滑。其次，从金额看，自 2009 年开始，标普 500 指数与纳斯达克指数成分股公司的回购金额均出现了明显上升，到 2018 年，标普 500 成分股公司的回购金额为8019.7 亿美元，纳斯达克成分股公司的回购金额为 3759.3 亿美元，均创下了历史最高值。最后，从占比看，2018 年标普 500 和纳斯达克成分股公司的回购金额占总市值的比例分别为 2.89% 和 2.68%，快达到历史上的最高点，而在 2019 年第二季度均出现了非常明显的下滑。

从行业分布考察，信息技术、金融、医疗保健、工业、非日常生活消费品均是股份回购较多的行业，这些行业的一个共性特点是技术含量较高；而原材料、房地产、公用事业等则是回购较少的行业。进一步地研究，发现美国股票市场回购规模与行业股价呈现出明显的正相关关系（王国俊，2019），以标普 500 指数为例，2009 年至今，上涨幅度较大的行业为信息技术、非日常生活消费品、工业，基本对应的都是回购规模较大的几个行业。

二、德国

德国 1861 年《商法典》并无公司取得自己股份的规定。1870 年的《股份公司法》第一次修正则全面禁止，但公司以减资为目的回购自己股份在判例上是唯一的例外，这一规定遭到学界及实务界的极力反对。1886 年《股份公司法》第二次修正时该制度获得大幅度放宽，公司如执行业务受托代购与股份消除等可以回购股份，这次修订从立法上将"禁止规定"变为"命令规定"。

由于实务上对上述规定解释相当宽泛，致使许多上市公司为维持股市或操纵市场而大量持有自己的股份。1929 年经济危机爆发致使许多空壳公司倒闭，对债权人利益造成了极大损害。德国政府于 1931 年 9 月以紧急命令方式对《股份公司法》的规定进行修改，确立了"原则禁止、例外许可"模式。其后虽经历了几次修改，也只是对例外许可的增加。值得一提的是欧盟理事会的"公司法第二指令"对德国公司法股份回购制度的影响，因为其后德国公司法的修改是以此为主轴的。该指令基本上承接大陆法传统，同时又受英国公司法影响较大。显然该指令对股份公司股份回购的规制较德国公司法宽松很多，因此德国公司法对股份回购的禁止也放松了许多。

德国《股份公司法》第 71 条之（1）首先明确，股份有限公司仅在 8 种情形下才能取得自身股份，而第 71a 条至第 71e 条之规定则是对第 71 条的补充，分别从"避法行为""由自有股份产生的权利""自有股份的让与和收回""由第三人取得自有股份"和"接受自有股份作为质物"等方面对股份回购行为进行限制。因此，通常认为，《德国股份公司法》对于股份回购在原则上是禁止的，其例外允许的 8 种情形分别是（刘辉，2020）：

（1）为使公司免除重大的、迫近的损害而有必要取得的；

（2）应将股票提供给同公司或同与公司存在关联关系的企业有或曾有劳务关系的人的；

（3）为依第 305 条第 2 项、第 320b 条或依第 29 条第 1 项、第 125 条第 1 款结合《改组公司法》第 29 条第 1 项、第 207 条第 1 项第 1 款给予股东一次给付的补偿而进行取得的；

（4）以无偿方式进行取得，或金融机构以取得实行买入行纪的；

（5）以全部继受的方式；

（6）根据股东大会的决议，依关于减少股本的规定消除的；

（7）其为金融机构、金融服务机构或金融企业，根据股东大会的决议，以有价证券交易为目的的。决议必须规定，为该目的而应取得的股票的交易储备不得超过每日结束时股本的5%；决议必须规定最低和最高的对等价值。授权至多可以适用18个月。

（8）根据至多适用18个月的、规定最低和最高对等价值以及在股本中的应有部分、而该应有部分不得超过10%的股东大会的授权。作为目的，排除以自有股份进行交易。对于取得和让与，适用第53a条。通过交易所进行的取得和让与，符合此种要求。股东大会可以决议其他的让与；在此种情形，准用第186条第3、4项和第193条第2项第4点。股东大会可以授权董事会不经股东大会再行决议而收回自有股份。

三、日本

日本新旧商法典的编撰均与德国法学家紧密相关，从其正式起步时的公司法律制度以及直至第二次世界大战结束前的修改与完善，基本上都是在大陆法系的框架内，深受德国法系影响的情况下进行的。至今，日本在上市公司股份回购的立法问题上，仍可见德国公司法上"原则禁止，例外允许"的影子。在第二次世界大战之后，基于特殊的国际背景，尤其是美国对日本的影响，日本公司法律制度的修订和完善大量地吸收和引进了美国法律制度的内容。其在有机结合大陆法系与英美法系公司法律制度的基础上，在股份回购法制方面，从凸显刚性的"原则禁止，例外允许"的德国模式，通过不断扩展股份回购的事由，逐步演化为相对柔性的折中立法模式。

2001年6月29日，日本颁布了《修订部分商法等的法律》，并于当年10月1日开始实施。在这次商法的修订中，日本全面放开了对于股份回购的各项规定，加大了企业收购、持有、处置以及注销本公司股份的自由度，强化了公司经营者对于公司的控制权（王国俊等，2019）。日本对股份回购制度的规定可以以2001年为界分为两个阶段。

在2001年之前，日本对企业的股份回购进行了严格的管制，采取了"原则禁止、例外允许"的模式，以防止股份回购弊害的发生。究其原因，主要可以概括为以下几点：一是回购股份实质上是将公司的资金返还给股东，违反了资本保全、资本维持的原则，损害了企业资产的健全与完整；二是股份回购带来了股东间机会的不平等，违反了股东平等的原则；三是股份回购增强了经营者对于公司控制的随意性；四是有内部交易和操纵股价之嫌；五是企业可能会针对某些股东，有意抬高收购本公司股份的价格。

20 世纪 90 年代初，日本在泡沫经济崩溃后，股价一直处于低迷的状态。1994 年，旧商法第二百一十条之二中引入新的条款，规定"根据定期召开的股东大会决议，已将股份转让给董事等的股份回购行为可以在不超过已发行股份总额十分之一的范围内进行"。由此可见，此次修订是为了认股权证行权便宜而对股份回购进行的制度修改。

1997 年，亚洲金融危机爆发。这次危机，不仅给日本的金融体制也给整个日本经济带来了巨大的冲击，股票价格不断下跌。为了"提高资本市场效率、以期国民经济的健康发展"，1997 年 5 月 21 日，日本颁布了《关于股票注销手续的商法特例的法律》（2001 年 9 月 30 日，该法废止），认可了上市公司及另一类公司的股份回购行为。该法第一条明确了本特例法制定的目的，第三条对于作为旧商法中规定的股票注销的特例，"上市公司等根据章程规定，经过董事会决议可以收购、注销本公司股票。其收购范围以已发行股份总额的 10% 为上限，中期可供分配利润总额减去中期股利分配额之后的 1/2 为限"。

1999 年，该法的相关条款再次被修订。公司根据章程规定，可以把资本准备金作为收购、注销本公司股票的资金来源。具体来说，资本准备金可以"资本准备金和盈余准备金之和减去相当于股本 1/4 的金额"为限用于股份回购。但是，如果年终资产负债表的净资产小于可供分配利润的各种扣除项与中期利润分配额的合计数，换言之，企业没有可供分配的利润时，不能进行以注销为目的的股份回购。

经过 1994 年、1997 年和 1999 年连续三次通过增设或修订旧商法相关条款，日本股份回购的制度限制逐渐放宽。以资本保全、资本维持为原则，在限制财源的前提下，日本开始允许上市公司等回购本企业股份。2001 年，商法再次进行了全面改革，股份回购制度相关规定进一步放宽，日本采用了"原则允许并附加条件"的模式来鼓励企业积极进行股份回购。

但是在 20 世纪 90 年代之后，日本经历了"失去的十年"，经济陷入了长期的不景气，处于停滞不前的状态。"纵观最近的经济形势，以增强经济自由度、深化经济结构改革为目标的解禁库存股商法修订势在必行。同时，为了让个人投资者的股票投资更便宜，有必要废除股票相关的净资产限制。这就是提出本次商法修订案的理由。"2001年10月1日，《修订部分商法等的法律》开始实施，日本对于股份回购所涉及的收购本公司股份（商法第二百一十条）、持有和处置本公司股份（商法第二百一十一条）以及注销本公司股份（商法第二百一十二条）等条款进行了重新界定，原则上全面放开了企业的股份回购。同时，为了解决股份回购可能带来的弊害，商法等针对上述问题做出了相应的改变。一是公司能够回购本公司股份的范围控制在"可供分配利润"等之内。如果决算期可供分配利润额明显偏小时，禁止进行股份回购，以此来维护公司的资本基础，保护债权人的利益。二是禁止公司任意从特定股东手中购买本公司股份，要求股份回购所收购的本公司股份，一定从证券市场中购买。三是为了防止企业经营者滥用股份回购，商法规定，企业的股份回购，一定要经过定期股东大会决议通过。企业在市场上重新出售本公司股份时，必须要履行等同于新股发行的相关手续。四是在《证券交易法》中增设第一百六十二条之二，"关于上市公司进行上市股票交易的内阁府令"，并从2001年10月1日起执行。第一百六十二条之二的主要内容包括"一天之内不允许通过2家以上的证券公司进行交易""不能用超过前日的市场价进行交易"等，以此来降低操纵股价之嫌。至于股份回购中最容易形成的内部交易，《证券交易法》规定，"上市公司股份回购所涉及的收购和处置本公司股份等的决定，是管理内部交易的重要信息"，必须进行相应的披露。五是从特定股东手中回购本公司股票必须要经过股东大会特别决议的通过。

2003年，日本再次对商法进行了修订。如果公司章程中有根据董事会决议允许进行股份回购的条款，依据公司章程，企业通过董事会决议就可以进行股份回购。这款条文的修改，改变了过去需经定期股东大会决议通过才可以进行股份回购的程序，完善了企业利用股份回购进行资本运作，从而改善财务状况的制度基础。

2008年，世界金融危机爆发，金融市场的不稳定导致世界经济陷入不安的状态。日本的资本市场中，外国投资者（包括个人和外国机构投资者）、个人股东持股比例大幅上升，金融机构、企业等法人相互持股比例明显下降。外国投资者和个人股东多以获取资本利得和股利为目标，一般持股期较短。

经营者为了继续维持公司控制权，稳定公司股权结构，不得不将关注焦点从推动企业长期发展转移到提高股价、发放红利和维持市场运作上（箕轮德二，2008）。在这个大背景下，经营者为了自己的利益，为了更好掌握企业控制权，开始运用股票回购这一资本运作方式，以期能够在自己的权责范围内，较容易地改变公司资本结构、降低长期资本成本、提高股价，维护市场，促进企业的长期发展。

由此观之，从《日本商法典》到《日本公司法典》，日本虽然未像美国那样直接赋予上市公司股份回购自由权，但其通过多次修法逐步放宽了股份回购的合法事由，已然呈现与对股份回购持严格禁止立场的德国以及中国过去的"原则禁止，例外允许"的立法模式相异，转而确立了一种相对柔性的折中立法模式。

第三节　股份回购在我国的发展历程

我国的股票回购政策发端于 1992 年，其演进历史可以大致概括为以下三个阶段。

一、第一阶段（1992～2004 年）：股份回购制度的萌芽阶段

在第一阶段我国股份回购经历了从"一律禁止"到"原则禁止，例外允许"的过程。

1992 年，国家经济体制改革委员会发布的《股份有限公司规范意见》第三十二条规定，公司除了减少注册资本等特殊情况外不可以回购股票，该规范意见在 2015 年由国家发展和改革委员会发文废止。

1993 年的《公司法》首次规定了两种允许股份回购的例外情形：①公司因减少资本而注销股份；②与持有本公司股份的股东合并。

1993 年 4 月，国务院制定的《股票发行与交易管理暂行条例》第四十一条规定"未依照国家有关规定经过批准，股份有限公司不得购回其发行在外的股票"，2012 年国务院取消了上市公司回购股票需经过行政审批的要求。

1993 年 12 月，全国人民代表大会常务委员会审核通过《中华人民共和

国公司法》，该法规第一百四十九条规定"公司不得收购本公司的股票，但为减少公司资本而注销股份或者与持有本公司股票的其他公司合并时除外"。

1997 年，证监会根据《中华人民共和国公司法》制定《上市公司章程指引》，对上市公司实施股票回购的情形、回购方式等内容进行详细规定。1999 年中共中央第十五届第四次会议通过《关于国有企业改革和发展若干重大问题的决定》，该文件建议国有控股上市公司可以在不影响国家控股的前提下，适当减持部分国有股。1999 年以前，我国政府严格管控股票回购的发生，能满足实施股票回购条件的公司非常少。1999 年后为响应《关于国有企业改革和发展若干重大问题的决定》文件的要求，陆续有国有企业通过协议转让的方式回购非流通股，此时，股票回购的主要作用就是配合国家开展国企改制，具体的回购行为由政府主导。

我国早期的股票回购以政府主导为主，实施主体主要为国有企业，1992 年"大豫园"回购案就是这一时期的通过回购股份改善公司股权结构的一例成功个案。该方案是在政府主导下，由控股股东大豫园采取协议回购的方式将小豫园的股票全部回购并注销，吸收合并后的新公司将发行新股票，小豫园的原股东拥有优先认购新公司发行股票的权利。"大豫园"以"小豫园"大股东的身份，通过协议回购的方式对"小豫园"的所有股票进行了回购注销。这一案例体现出这一时期回购方式的主要特点，即以协议回购国有股为主，以调整股权结构和优化资本结构为主要目的。

第二个经典案例则是 1999 年 4 月上市公司云天化与云天化集团签署《股票回购协议》，上市公司以每股净资产 2.01 元/股的价格协议回购集团持有的国有法人股 2 亿股，占总股本的 35.2%。2000 年 11 月云天化董事会发布《关于回购并注销部分国有法人股的公告》，公告称回购方案已获得证监会和财政部的批准。公告当日云天化股价上涨 8.54%，三天内累计上涨 17.08%。通过回购股票，实现上市公司降低国有股持股比例，改善公司股本结构作用。

第三个典型案例则发生于 2000 年 12 月，长春高新公告拟向其国有股控股股东长春高新技术发展总公司协议回购并注销 7000 万股国有股，回购价格拟定为每股 3.44 元，回购所需资金来源为开发区应归还上市的欠款 2.4 亿元，不足部分将由上市公司补足，该案例的特点是为解决上市股东侵占上市公司资金的问题，用债权回购股权。

二、第二阶段（2005～2018年）：股票回购制度的发展阶段

我国从2005年开始正式启动股票回购制度。2005年6月16日证监会发布的《上市公司回购社会公众股份管理办法（试行）》规定了上市公司除了采取要约方式回购取票，还可以采用公开市场的方式进行。这进一步推动了上市公司的股票回购，并取得较好的效果。

并且结合当时的股权分置改革的背景，证监会鼓励上市公司采用包括"以股抵债"等多种方式解决上市公司的资金占款问题，解决大股东的资金侵占的"以股抵债"成为这一时期我国股票回购重要特点。

在此基础上，2008年和2013年，证监会进一步对股票回购制度进行了补充完善。

2008年10月的《关于上市公司以集中竞价交易方式回购股份的补充规定》，简化了上市公司进行股票回购的报批程序，有效提升了上市公司回购的积极性。

2013年的《公司法》在公司注册资本等方面做出了改革，但在股份回购上沿袭旧例，仍然是原则上不允许，在以下四种情形下允许：①公司因减少资本而注销股份；②与持有本公司股份的股东合并；③股份作为员工奖励；④股东因对股东大会做出的公司合并、分立存在异议，要求公司回购其股份。

到2013年12月，《国务院办公厅关于进一步加强资本市场中小投资者合法权益保护工作的意见》提出，完善股份回购制度，引导上市公司承诺在出现股价低于每股净资产等情况时回购股份，该文件对上市公司以集中竞价交易方式回购股票的行为进行详细规定，包括决策程序、回购报告书、购买价格、购买时间及相关信息披露义务等内容，进一步规范上市公司股票回购的操作行为。这个阶段是我国股票回购的过渡阶段，使得股票回购的功能不再局限于历史使命，回购方式也由协议回购转向通过证券交易所集中竞价回购，股票回购行为越来越市场化，为我国资本市场的发展提供新理念。

2018年7月5日，科达股份的回购方案经股东大会审议通过，8月3日实施了该次回购方案的首次回购。12月5日，公司召开董事会对回购方案进行了两项调整：一是修改了回购目的，从原来用于回购注销调整为用于员工持股计划或者股权激励及可转债转股两项；二是将原来的6个月实施期延长

为 12 个月。12 月 7 日，公司发布补充公告，在回购目的部分增加了各个目的的金额。该案例根据征求意见稿规定延长实施期的做法，未被监管机构要求更改或补充。

2018 年 11 月 8 日晚，赛腾股份披露了发行定向可转债及股份购买资产的重大资产重组预案，称公司购买标的资产的支付方式为可转债、股份和现金组合，其中定向可转债的转股股份来源为"定向增发股份或回购的库存股"，该案例是上市公司利用定向可转债实施并购重组的第一单。其中可转债转股的股份一般有两种来源：第一种是增量股份即上市公司新发行股份。该种情况无须动用上市公司资金，但转股后上市公司总股本增加，股东收益被摊薄，原股东的持股比例将被稀释；第二种是存量股份即上市公司回购股份，并在三年持有期将所回购股份用于转股。此种情况下，公司总股本不变，但需消耗上市公司资金。定向可转债与股份回购相结合，可以在总股本不变的前提下优化股东结构，引入符合自身发展战略的投资者。

2018 年 12 月 1 日，腾邦国际召开董事会审议了《公开发行可转换公司债预案》，根据《募集资金使用可行性分析报告》，公司拟将部分募集资金用于回购。募集资金总额不超过 84000 万元，其中股份回购项目 59000 万元，补充流动资金 25000 万元。并规定若本次扣除发行费用后的实际募集资金少于上述募集资金拟投入总额，公司董事会可根据项目的实际需求，在不改变本次募集资金投资项目的前提下，对上述项目的募集资金投入顺序和金额进行适当调整。本次公开发行可转债募集资金不超过 84000 万元，扣除发行费用后，拟将不超过 59000 万元的募集资金用于回购公司股份。该案例通过可转债募集回购资金，是响应回购新政中回购资金来源创新的第一单。公司披露的重点是可转债发行方案而不是股份回购，因此仅在募集资金用途部分披露了与回购有关的部分信息。一方面，公司保留了根据市场情况确定回购完整方案并择机实施的主动权；另一方面，市场已经对公司未来的回购产生了明确预期，并形成一定的外部压力。

三、第三阶段（2018 年至今）：股份回购制度的完善阶段

由于我国相关法律对上市公司的股票回购行为采取"原则禁止，例外允许"的方针，公司仅可在上述四种情形下实施回购，且当时国内不允许库存

股的存在，一般要求在回购后一定期限内注销或转让。这一系列约束对想要实施回购的上市公司带来了诸多不便，也阻碍了股份回购作为重要财务手段作用的发挥，资本市场亟须建立更完善的回购制度。

2018年10月，十三届全国人大常委会第六次会议审议通过了相关决定，对《公司法》第一百四十二条有关公司股份回购的规定进行了专项修改，有效地适应了社会经济发展的需要。就内容而言，《公司法》修正案，主要做出三大调整：放宽要求、简化程序和新建制度。

（一）放宽要求

放宽股份回购要求，在原来的基础上增加以下股份回购情形：①上市公司为配合可转换公司债债券、认股权证的发行用于股权转换的；②上市公司为维护公司信用及股东权益所必需的；③"法律、行政法规规定的其他情形等"作为兜底条款。

另外，将原来的"将股份奖励给本公司职工"更新为"用于员工持股计划"。具体内容见表2-2。

表2-2　　　　我国《公司法》中允许实施股份回购情形的规定

项目	2005年修订的《公司法》	2018年修正的《公司法》
允许实施股份回购的情形	（一）减少公司注册资本； （二）与持有本公司股份的其他公司合并； （三）将股份奖励给本公司职工； （四）股东因对股东大会做出的公司合并、分立决议持异议，要求公司收购其股份的	（一）减少公司注册资本； （二）与持有本公司股份的其他公司合并； （三）将股份用于员工持股计划或者股权激励； （四）股东因对股东大会做出的公司合并、分立决议持异议，要求公司收购其股份的； （五）将股份用于转换上市公司发行的可转换为股票的公司债券； （六）上市公司为维护公司价值及股东权益所必需

（二）简化程序

完善实施股份回购的决策程序，规定"公司在某些情形下（公司因将股份用于员工持股计划或者股权激励、用于转换上市公司发行的可转换为股票的公司债券，以及上市公司为避免公司遭受重大损害、维护公司价值及股东权益所必需而收购本公司股份的），可以依照公司章程的规定或者股东大会的授权，经三分之二以上董事出席的董事会会议决议，不必经股东大会决议"，这极大地简化了决策程序。

此外，还将公司持有本公司股份的数额上限从 5% 提升至 10%，并延长公司持有所回购股份的期限（允许持有期限由 1 年提升至 3 年）。

（三）新建制度

补充上市公司股份回购的规范要求。为防止上市公司滥用股份回购制度，增加规定上市公司收购本公司股份时应履行的信息披露义务，以及规定应通过公开的集中交易方式进行回购。

2018 年修订的《公司法》，因为完善了上市公司股票回购制度并简化回购过程为企业提供便利，从而掀起了新一轮的回购潮。A 股上市公司的股份回购行为逐渐活跃起来，尤其是在股价波动时期，上市公司回购方案披露数量和回购金额频繁创出新高。

2019 年 1 月 11 日，沪深交易所又正式发布了《上市公司回购股份实施细则》（《上海证券交易所上市公司回购股份实施细则》《深圳证券交易所上市公司回购股份实施细则》），进一步为深化金融体系改革、简化回购审批手续、释放市场主体活力提供了便利。

2022 年 1 月，证监会发布《上市公司股份回购规则》指出，之前关于回购的规定比较分散，涉及多份规范性文件，且部分规则出台时间较早，规则与规则之间存在不协调、不匹配、不一致的问题，给市场理解和使用带来不便，一定程度上影响了规则的执行。因此，证监会对相关规则进行了归并整合和修改完善，增进各方对规则的认识、理解，以更好地指导实践，有效回应市场需求。整合后的回购规则共七章四十二条，涉及回购条件、方式、实施期限，回购程序和信息披露等重要方面，并对"以集中竞价交易方式回购股份"和"以要约方式回购股份"提出具体要求。

2022 年 10 月，证监会发布关于就修订《上市公司股份回购规则》公开征求意见的通知。此次修订进一步提升了股份回购制度的包容性和实施便利性，放宽回购条件及窗口期限制，提升股份回购的灵活度。具体体现在以下四个方面：第一，优化上市公司回购条件。将上市公司为维护公司价值及股东权益所必需的回购触发条件之一，由"连续 20 个交易日内公司股票收盘价格跌幅累计达到 30%"调整为"连续 20 个交易日内公司股票收盘价格跌幅累计达到 25%"。第二，放宽新上市公司回购实施条件。将新上市公司的回购实施条件，由"上市满一年"调整为"上市满六个月"。新上市公司拟实施为维护公司价值及股东权益所必需的回购且回购股份用于减资的，仍然不受前述上市期限的约束。第三，进一步明确回购与再融资交叉时的限制区间，将现行规则规定的在回购期间不得实施的股份发行行为，明确仅在再融资取得核准或者注册并启动发行至新增股份完成登记前，不得实施股份回购。第四，优化禁止回购窗口期的规定，将季度报告、业绩预告或业绩快报的窗口期由"公告前十个交易日内"调整为"公告前五个交易日内"，降低窗口期对实施回购的影响。

第四节　公开市场回购在我国的发展现状和存在问题

一、股份回购在我国的现状

近年来，随着我国资本市场的不断发展，我国针对股份回购出台了一系列新规，鼓励上市公司进行股份回购。整体而言，股份回购在我国 A 股市场的发展呈现出如下特点。

（一）回购数量显著增加

根据国泰安数据库的统计数据（见表 2 - 3），2011～2021 年，我国 A 股上市公司发布的公开市场股份回购预案数量显著增加。

表 2 - 3　　　2011～2021 年我国 A 股公开市场股份回购预案数量统计

年份	发布的回购预案数量（份）
2011	6
2012	15
2013	16

续表

年份	发布的回购预案数量（份）
2014	7
2015	41
2016	11
2017	43
2018	496
2019	244
2020	224
2021	379

注：本表结果不包括 ST、*ST 上市公司；对同一年发布 2 份及以上回购预案的公司仅统计 1 份预案。

资料来源：国泰安数据库，笔者整理而得。

从表 2 - 3 中可以看出，2015 年上市公司发布的回购预案数量和之前几年相比有所提高，到 2018 年，回购预案数量大幅增加，达到顶峰；2018 年之后回购预案数量基本保持平稳。出现这一现象的原因可能有以下两个方面：

一是政策方面的原因。早在 2015 年，证监会等四部委联合发布了《关于鼓励上市公司兼并重组、现金分红及回购股份的通知》，其中提出"大力支持上市公司回购股份"，鼓励上市公司通过股份回购调整资本结构，回报投资者。结合表 2 - 3 的结果可以看出，2015 年，A 股上市公司发布的回购预案数量较之前几年有所增加，这在一定程度上和国家政策的支持有关，之后的 2016 年、2017 年两年股份回购预案数量基本保持稳定。第二个时间节点是 2018 年，2018 年 10 月 26 日，第十三届全国人民代表大会常务委员会第六次会议决定对我国《公司法》第一百四十二条有关股份回购的内容进行修改，如前所述，新法中新增了两条允许实施股份回购的情形，分别为"上市公司为维护公司价值及股东权益所必需""将股份用于转换上市公司发行的可转换为股票的公司债券"两项。同时，对原有允许股份回购的情形之二也进行了修改，由"将股份奖励给本公司职工"改为"将股份用于员工持股计划或者股权激励"。此次《公司法》对股份回购有关内容的修改，较大的改变体现在新法中新增的第（六）条适用股份回购的情形，即"上市公司为维护公司价值及股东权益所必需"。这一修改从法律层面明确了股份回购作为上市公司市值管理方式之一的合法性。此外,新法也简化了上市公司内部进行股份回购的决策程序,并将上市公司可持有其所回购股份的时间期限由1年延长至3年。表2-3的统计结果显示,2018年,A股发布的公开市场股份回购预案数量达到了近十年来的顶峰,在此之后,这一数量也基本保持稳定,说明在国家政策的大力鼓励和支持下,我国上市公司对此反应迅速,开始积极地运用股份回购这一资本运作工具以提升市值或进行股权激励,从而更好地促进自身的经营发展。

二是我国宏观经济方面的原因。股份回购行为本身减少了上市公司发行在外的股票,因而会使股票的每股收益提高,从而助推股价的提升。因此,股份回购是上市公司进行市值管理方式之一,可在市场低迷时提升股价,稳定市场。结合我国股票市场的整体情况,2018年,A股股指呈下跌趋势,多数上市公司在此情形下纷纷启动股份回购,以维护市值、增强投资者信心。

表2-4显示了2018~2021年A股上市公司公告和实际实施股份回购的相关信息。可以看到,总体而言,A股上市公司在2018~2021年4年的时间内,每年平均实际回购了约2938万股股票,每年平均实际回购金额为11.1亿元;从回购天数来看,实际回购天数平均为182.45天。按照我国现有规定,上市公司为维护市值而进行的股份回购,回购期限为"自董事会或者股东大会审议通过最终回购股份方案之日起不超过3个月",而其他情形的股份回购期限则为"自董事会或者股东大会审议通过最终回购股份方案之日起不超过12个月",由此可见,多数上市公司的回购天数符合我国《公司法》关于回购期限的要求。回购比例方面,实际回购比例和拟回购比例相差不大,拟回购比例均值为1.83%,实际回购比例均值为1.64%。

表2-4　　　　2018~2021年A股上市公司股份回购信息

指标	N	均值	中位数	最小值	最大值	标准差
拟回购数量（万股）	1258	17009.35	1000.00	11.42	1.82e+07	512539.35
拟回购金额（亿元）	1258	3.06	1.31	0.004	140	8.34
拟回购比例（%）	1258	1.83	1.33	0.01	15.41	1.63
实际回购比例（%）	1258	1.64	1.24	0.01	13.74	1.39

续表

指标	N	均值	中位数	最小值	最大值	标准差
实际回购天数（天）	1971	182.45	162.00	1.00	757.00	126.80
实际回购数量（万股）	1971	2938.49	922.83	3.73	215123.99	9534.88
实际回购金额（亿元）	1971	11.10	1.00	0.00	16230.38	365.62

注：1. N为统计数量，实际回购指标中存在一家公司在不同年份多次回购的情况，故统计数量和公布回购预案的上市公司统计数量有所差异；2. 各家公司拟回购数量为公告预案中拟回购数量上限和下限的平均值，若某公司只公布了上限或下限，则将该上限或下限算为拟回购数量。

资料来源：国泰安数据库，笔者整理而得。

表2-5显示了2018~2021年我国A股上市公司回购信息指标分年度统计的结果。结果显示，2018年起，我国A股上市公司拟回购股份金额有所提高，均值基本稳定在3亿元左右。回购比例方面，2018年和2019年两年，A股上市公司的平均实际回购比例均低于平均拟回购比例，而在2020年和2021年两年间，公司的平均实际回购比例均高于平均拟回购比例。

表2-5　　2018~2021年A股上市公司回购信息统计（分年度均值）

序号	指标	2018年	2019年	2020年	2021年
	N	455	233	221	354
1	拟回购数量（万股）	42598.45	3229.13	2783.45	1844.14
2	拟回购金额（亿元）	2.48	3.78	3.23	3.20
3	拟回购比例（%）	2.33	2.05	1.54	1.22
4	实际回购比例（%）	1.77	1.72	1.66	1.38
	N	676	399	378	518
5	实际回购天数（天）	196.01	187.77	178.21	163.76
6	实际回购数量（万股）	2079.02	3149.41	3847.71	3234.15
7	实际回购金额（亿元）	2.03	2.92	3.86	34.52

注：1. N为统计数量，指标1~指标4对同一年度进行多次回购的公司只统计一次；指标5~指标7对一家公司在同一年度的多次回购事件都进行了保留。2. 各家公司拟回购数量为公告预案中拟回购数量上限和下限的平均值，若某公司只公布了上限或下限，则将该上限或下限算为拟回购数量。2018年发布回购公告预案的公司，多家公司只公布了拟回购股票上限，故该年度的拟回购数量均值较高。

资料来源：国泰安数据库，笔者整理而得。

此外，2018～2021 年，我国 A 股上市公司的实际回购天数基本保持在 160～200 天的区间，且呈逐年递减趋势，符合新《公司法》对回购期限的要求（"股东大会或者董事会审议通过最终回购股份方案之日起不超过 12 个月"）。关于实际回购数量和金额，实际回购数量整体呈递增趋势，2020 年的实际回购数量最多，均值为 3847.71 万股；实际回购金额同样呈逐年递增趋势，其均值在 2021 年最高，为 34.52 亿元。

（二）回购公司以制造业为主，覆盖多个行业

表 2－6 显示了 2018～2021 年 A 股发布公开市场股份回购预案的上市公司的行业分布，从中可以看出，制造业上市公司占比最高，占全部数量的 68.25%，其次是软件和信息技术服务业，占比为 9.51%，部分行业如：餐饮业、居民服务、修理和其他服务业的回购公司只有 1 家上市公司进行公开市场股份回购。

表 2－6   2018～2021 年 A 股回购公司行业分布

行业分类代码	行业名称	公司数量（家）	占比（%）
A	农业	6	0.58
B	石油和天然气开采业	14	1.36
C	制造业	703	68.25
D	燃气生产和供应业	16	1.55
E	土木工程建筑业	20	1.94
F	批发和零售业	36	3.50
G	水上运输业	20	1.94
H	餐饮业	1	0.10
I	软件和信息技术服务业	98	9.51
J	金融业	15	1.46
K	房地产业	29	2.82
L	商业服务业	22	2.14
M	专业技术服务业	16	1.55
N	公共设施管理业	14	1.36

行业分类代码	行业名称	公司数量（家）	占比（%）
O	居民服务、修理和其他服务业	1	0.10
P	教育	2	0.19
Q	卫生	5	0.49
R	新闻出版业	10	0.97
S	综合业	2	0.19
合计	—	1030	100.00

注：本表的行业分类代码为2012年证监会行业分类标准。
资料来源：国泰安数据库，笔者整理而得。

（三）回购公司以民营企业为主

表2-7显示了2018~2021年A股发布公开市场股份回购预案的上市公司经营性质的统计结果，从中可以看出，共有735家民营企业发布回购预案，占比高达71.85%，其次是国有企业和中外合资企业，占比分别为14.37%、12.02%，说明民营企业进行股份回购的积极性比其他类型的企业更高。

表2-7 2018~2021年回购公司经营性质统计

企业性质	数量（家）	占比（%）
民营	735	71.85
国有	147	14.37
中外合资	123	12.02
集体企业	2	0.20
外商独资	4	0.39
政府机关	1	0.10
事业单位	1	0.10
其他	10	0.98
合计	1023	100.00

资料来源：国泰安数据库，笔者整理而得。

综上可知，近年来，在国家的大力鼓励和支持下，股份回购越来越成为上市公司灵活进行资本运作的方式。我国 A 股市场的股份回购预案数量和之前相比明显增加，尤其是在 2018 年之后增速迅猛，实际回购金额多、数量大，呈逐年上升趋势；回购公司的行业主要为制造业，公司性质以民营企业为主。

二、我国股份回购存在的问题

目前，股份回购在我国存在的问题主要有以下 6 个方面：

（一）存在"零回购"现象

部分上市公司在发布股份回购预案之后，在其之后的回购进展公告中披露的实际回购数量为 0，即上市公司并未实际进行股份回购，且公告中并未说明具体原因。虽然多数公司在回购公告的风险提示中说明"公司将在回购期限内根据市场情况择机做出回购决策并予以实施"，但"零回购"的做法还是会让投资者质疑公司的经营能力，影响市场预期；从长远来看，不利于建立良好的投资者关系，一定程度上也会影响公司的声誉，产生负面舆论。

（二）回购信息披露不完善

在上市公司披露的回购预案中，部分公司的回购目的并未严格按照新《公司法》中允许股份回购的情形进行披露，而是含糊其词，让投资者产生疑问，不知道公司真正的回购目的是什么。一个可能的原因是，按照目前规定，"为维护公司价值及股东权益所必须"而进行的回购，应当符合以下条件之一：第一，公司股票收盘价格低于最近一期每股净资产；第二，连续 20 个交易日内公司股票收盘价格跌幅累计达到 25%[①]。某些上市公司进行股份回购的真实目的是"维护公司价值及股东权益"，但股价下跌程度没有达到上述条件，只好含糊其词。此外，某些公司在一次回购同时包含多种回购目的，没有突出重点。此外，部分回购目的是"将回购股份用于员工持股计划

---

① 在 2022 年 1 月证监会公布的《上市公司股份回购规则》中，该比例为 30%，在 2022 年 10 月证监会发布的《上市公司股份回购规则（征求意见稿）》中，该比例降为 25%。

或股权激励"的上市公司,在其回购预案中并没有明确说明其股权激励方案,这也会影响投资者的判断。总之,回购目的不明确,体现出上市公司披露回购预案信息的完善程度还有待加强。

(三) 盈余管理与股份回购

上市公司进行股份回购可能会出于盈余管理的动机,目的是达到"在回购前隐藏利润、压低股价;回购后释放利润,提高股价"的效果(李曜等,2013)。在此情形下,股份回购就并非公司管理层迫于二级市场股价下跌压力之下的一种被动行为,而是管理层基于公司财务战略的一种主动的、有谋略的诉求和行动,这就违背了股份回购维护公司价值和所有者权益的初衷,严重损害了广大投资者的权益。

(四) 内幕交易与利益输送

新法规简化了股份回购的决策程序,针对为进行股权激励、转换可转债的股票以及维护公司价值 3 种情形而实施的股份回购,由之前必须召开股东大会进行决议改为"可以依照公司章程的规定或者股东大会的授权,经三分之二以上董事出席的董事会会议决议,不必经股东大会决议",即直接由董事会决议的回购事项增多,这大大减少了股份回购方案后期被股东大会否决的不确定性(高榴,2021)。由此,就会出现上市公司内部人在股份回购预案正式公布之前大量买入公司股票,待股份回购方案公布实施推高股价后,再以高价卖出获利。在股份回购数量和金额都不断增长的情况下,极易引发内幕交易风险,扰乱资本市场的正常运行。

此外,在现实情况中,还存在一些上市公司在发布股份回购公告后,就接连发布减持公告,即通过股份回购进行利益输送。由于股份回购通常向市场传递的是公司股价被低估,未来发展前景良好的信息,因而往往被投资者看好,预计股价也会因此上涨。但部分公司在回购公告发布之后出现大股东减持现象,将不利于股份回购这一"积极信号"的传递。市场可能会认为公司存在经营问题,因此不看好公司未来的发展,由此弱化股份回购对公司提升股价产生的积极影响。

利益输送的另一种表现形式是,大股东利用股份回购缓解其高比例股权质押风险。在高比例股权质押的背景下,控股股东会利用公司回购预案向市场发出信号以提振股价，缓解股价下行导致的控制权转移风险（沈红波等，2021），且高比例的股权质押往往是上市公司"零回购"的动因之一。存在高比例股权质押的上市公司在发布股份回购预案后并不能获得积极的市场回报，一定程度上会损害中小投资者的利益（秦帅等，2021）。

（五）"ST"股与股份回购

一些 ST、*ST 等存在退市风险的上市公司在发布股份回购公告的同时并未及时调整公司的经营战略，盈利能力也没有如回购目的中所述得到提高，最终依然走向退市。部分"ST"公司宣称回购的目的是"有效维护投资者利益，同时看好自身未来的盈利能力和发展规划"。但公司股价的提升最根本的是公司的经营管理水平良好、核心业务具备较强的市场竞争力。若公司的财务状况和经营发展战略已经出现了问题，而希望通过发布股份回购公告的方式暂时规避退市风险，此时拿出大笔资金实施股份回购，虽然作为现金分红的替代方式回馈了投资者，但从公司长远经营发展的角度来看，并不能从根本上解决公司面临的经营发展问题。

（六）回购资金的使用存在风险

我国《公司法》规定，上市公司用于股份回购的资金来源主要有自有资金和银行借款。现有研究表明，对于回购前受到融资约束的上市公司来说，股份回购会降低公司的现金流，并提高公司的杠杆率，这两者都会使公司面临更大的财务困境风险（Chen and Wang，2012）。因此，对于自由现金流并不充足的上市公司来说，在进行股份回购时若未能全面评估公司的财务情况，盲目使用自有资金进行回购将减少公司的流动性，不利于公司的正常经营。此外，上市公司还可以通过银行借款的方式获得资金进行股份回购，但若大量举债回购，会加大公司自身的还款负担，同时也会增加金融市场的潜在风险。

综上，目前我国股份回购存在"零回购"、回购信息披露不完善、出于盈余管理、内幕交易和利益输送动机的股份回购等问题，此外，从公司经营发展的角度来看，存在公司盈利能力不足、回购资金的使用存在风险等问题。

| 第三章 |

公开市场股份回购的短期市场效应：
基于企业生命周期理论

　　国内外学术界通过对不同国家资本市场大量上市公司回购事件的实证研究，一般认为公开市场回购向市场传达的是企业的积极信号，因而股票在二级市场上会取得正向的短期市场效应。但对于超额收益的大小受何种因素影响，以及受何种程度的影响，还没有统一的结论。本书拟从一个新的角度——企业生命周期，研究处于不同生命周期阶段的公司，其股份回购的短期市场效应有无不同，以及产生不同效应的原因，并加入其他公司和回购特征方面的因素，综合考察股份回购公告效应的影响因素。

第一节　文献综述

一、股票回购短期市场效应的综述

　　许多国内外学者的研究都表明股票回购公告的发布会在短期内对公司股价产生正向的提升效应，即回购公告的短期市场效应。

　　维尔马伦（Vermaelen, 1981）考察了 1970~1978 年美国纽约股票交易所的 243 个公开市场回购样本，发现在回购前三个月，这些样本会有大约 7% 的股价下跌，但在发布回购公告后约有 3% 显著的超额收益。科门特和贾雷尔（Comment and Jarrell，1991）针对 1984 ~ 1989 年股份回购样本的研究也得到了相似的结论，公开市场回购的方式平均会获得 2% 的超额收益，低于其他两种回购方式。伊肯伯里等（Ikenberry，Lakonishok and Vermaelen，1995）以 1980 ~ 1990 年的 1239 个公开市场回购事件为样本，研究发现 5 天的超常回报约为 3.54%。此外，格鲁伦和迈克利（Grullon and Michaely，2002）、湛可南等（Chan，Ikenberry and Lee，2004）、约克和佳格帕德（Yook and Gangopadhyay，2010）针对美国市场对研究都得到了相似的结论。

除此之外，一些学者针对其他国家或地区的股票市场也进行了股份回购公告效应的研究。张华（Zhang，2005）针对我国香港地区，考尔和辛格（Kaur and Singh，2010）针对印度市场，李和麦克纳利（Li and McNally，2007）针对加拿大市场，均得出了公开市场回购可以获得短期的正向效应的结论。

在国内研究中，因为 2018 年之前公开市场回购的样本较少，早期的研究将不同回购方式的样本混合在一起，只有几位学者针对公开市场股份回购事件进行研究。何瑛等（2014）以我国 2005 ~ 2013 年间进行公开市场股份回购的上市公司为样本进行研究，研究结果显示我国上市公司股份回购的短期市场效应显著，累计超额收益率变化大致为 4.51%。董竹、马鹏飞（2017）以 2005 ~ 2014 年我国公开市场股票回购事件为研究对象，选择可比公司作为参照，对回购动机和市场反应进行研究，发现只有真回购公司在宣布计划时会获得超额收益。陈东鸿（2020）以我国 2018 年进行股份回购的 A 股上市公司为样本，发现上市公司进行股票回购能获得正向市场效应。邢嘉威（2020）选取的研究对象是我国 A 股市场的公开市场回购事件，这些样本公司在 2011 ~ 2017 年间实施股票回购，也得到一致的结论。

二、有关股票回购短期市场效应影响因素的综述

学者们还研究了有哪些因素影响回购公告市场反应的大小，诸多因素中主要包括两个方面：公司自身的因素和回购业务的特征。公司自身的因素包括：公司规模、公司信息不对称程度、融资约束程度、股价被低估程度，等等。而回购操作的特征主要包括回购的规模和比例，以及回购目的。

伊肯伯里等（Ikenberry，Lakonishok and Vermaelen，1995）的研究表明，

影响股份回购的短期效应的因素包括公司规模、回购规模以及回购目的，公司规模越小，拟回购比例越高，回购目的为"提升市值"的回购有更高的公告效应，但没有发现公告效应与账面市值比（代表股票被低估程度）有显著关系。

里亚诺等（Liano，Huang and Manakyan，2003）对不同行业上市公司回购的公告效应进行了研究，结果显示，所有行业的5日超额收益都显著为正，其中，建筑业最高，食品业最低，但两个行业的β值相近，即有相近的资本成本，作者认为可能是由于两个行业的市值不同引起的。

湛可南等（Chan，Ikenberry and Lee，2004）的研究成果表明，小型公司和前一年的股票收益率偏低、回购比例高的公司，其回购的公告效应越高，市场对价值型公司（账面市值比较低的公司）的回购公告反应不积极，但对实际进行回购的价值型公司反应更为积极。

张华（Zhang，2005）使用我国香港市场的数据，发现小型公司、价值型公司股份回购的市场反应更好。

约克和佳格帕德（Yook and Gangopadhyay，2010）将托宾Q值小于1和有较高现金流的公司认为是有自由现金流的公司，通过对比和截面回归分析发现，有自由现金流的公司获得了显著性更高的公告效应，由此验证了自由现金流假说。

陈和王（Chen and Wang，2012）重点研究了公司融资约束程度与回购后市场效应和财务效应的关系，结果显示，有融资约束的公司，其回购的短期效应和长期效应都比没有融资约束的公司差。

比利特和于苗苗（Billett and Yu，2016）着重研究了信息不对称程度与回购公告效应之间的关系，发现相对于信息透明的公司，信息模糊的公司有更高的超额收益，是其约两倍，在控制了公司规模、账面市值比、过去收益和盈余管理后，该结论依然成立，即信息模糊的公司有显著为正的公告收益。

在国内研究中，邢嘉威（2020）的研究证实了股份回购对公告效应与上市公司的信息不对称程度成正比，与既有估值水平成反比，验证了"信号传递假说"在A股市场的适用性。

董竹等（2017）等研究表明，投资者对真假回购公司具有识别能力。假回购公司宣布回购的市场反应不显著，真回购公司可以获得显著的超额收益。真回购公司的授权回购规模在计划宣布时，对超额收益也有显著的影响，规模越大，公司获得的累计超额收益越多，但假回购公司则没有体现这点。

综上所述，在国内外有关公开市场回购的公告效应影响因素的研究中，一般认为，公司规模越小，信息不对称程度越高，融资约束程度越低，回购前股价被低估的程度越高的公司，其回购的公告效应越高；回购的规模和比例越高，回购目的若以提升股价为目的，回购的公告效应越高。

第二节　理论分析与研究假设

本章拟从一个新的角度——企业生命周期，探讨公司自身因素对公开市场回购公告效应的影响，并加入回购目的和拟回购比例等回购操作方面的特征因素，对上市公司公开市场回购公告效应的影响因素进行更深入的研究。

一、生命周期因素

企业生命周期理论将企业生命周期划分为初创期、成长期、成熟期和衰退期。考虑到 A 股市场的上市公司满足了上市的诸多要求，已度过了初创期，因而将全体公司划分为三个生命周期，即成长期、成熟期与衰退期，在不同的生命周期阶段，公司的成长性、盈利性以及现金流情况等方面均存在明显差异。成长期企业发展处于上升阶段，规模和市场份额往往较小，但投资机会多，成长性好；成熟期企业进入发展平缓期，经营状况较为稳定，盈利能力较强，经营现金流平稳增长；衰退期企业发展处于下滑阶段，市场份额、销售增长率及业绩往往有下滑趋势，投资增长机会下降。

关于上市公司股份回购的公告效应，现有研究中有多个假说解释短期正向的公告效应，其中最为有影响力的假说包括：价值低估假说和自由现金流假说。

价值低估假说认为，回购公告被市场解释为管理层认为当前股价被低估而发出的信号（Vermaelen，1981；Ikenberry，Lakonishok and Vermaelen，1995；Stephens et al.，1998；Chan，Ikenberry and Lee，2004）。价值低估假说源于信息不对称理论，该理论认为，管理层对企业日常生产经营活动进行控制，更了解公司实际经营状况，而股东基于各种原因不能有效监督企业的正常运转，与管理层相比，股东处于信息劣势地位。价值低估假说认为，公司发布股份回购的公告，是向市场传递公司价值被低估的一个正向的信号，因此，信息不对称程度越高的公司，其回购的公告效应就越大，如前所述，在以往的实证研究中也得到证实。在不同的生命周期阶段，成长期企业往往规模和市场份额较小，企业的信息不对称程度较高（周晓苏等，2016），故此，如果价值低估假说能够解释我国上市公司股份回购的公告效应，相对于成熟期和衰退期企业，成长期企业股份回购的公告效应应当最高。

但也有一些研究不支持价值低估假说，一些行业调研的结果认为公司进行股份回购的主要动因不是为了传达股价被低估的信号，而是为了减少多余现金（Baker, Powell and Veit, 2003；Grullon and Michaely, 2004；Brav et al., 2005）。代理理论认为，当公司的现金流超过其有利的投资机会，即拥有自由现金流时，管理层倾向于进行无利可图的投资或发放过多的福利而导致资金的浪费。自由现金流假说认为，公司进行股票回购是为了向股东发放多余的现金从而降低代理成本，进行公开市场回购的公司可能面临着成长机会缺乏、资金利用率低等问题，因此资产回报率并不高，在公司通过股票回购发放自由现金流后不仅能够降低代理成本，还能够有效提升资本运用效率，从而增加股东财富。

对于成熟期和衰退期企业来说，公司业务增长速度放缓，现金流水平高于其投资机会所需要配置的现金流的可能性较高，代理成本问题突出，其进行股票回购之后可以减少公司未配置到投资机会的自由现金流量，有效地减少了过度投资问题，降低了代理成本，从而更有效地利用资产来改善业绩，其股价也会获得正向的公告效应。对于成长期企业来说，情况恰恰相反。公司业务增长速度迅猛，需要大量资金来布局诸多业务，面临着严重的融资约束（Dickinson, 2011）。因而公司账面上并不会闲置较多的自由现金流，代理成本问题并不突出。故此，如果自由现金流假说能够解释我国上市公司股份回购的公告效应，相对于成熟期和衰退期企业，成长期企业回购的公告效应应当最低。

综上所述，不同生命周期企业公开市场回购公告效应的高低，取决于市场如何判断其公告发出的信号。如果市场认为，成长期企业的信息不对称程度更高，故而价值被低估的程度更高，那么其公告效应将高于其他周期的企业。如果市场认为，成长期企业本来就存在有融资约束情况，股份回购对其将来经营业绩的提升效果有限，其回购的公告效应将低于其他周期的企业。

基于上述分析，本研究提出以下假设：

H1：不同生命周期的企业，其公开市场回购的公告效应存在显著差异。

H1a：成长期公司回购的公告效应显著低于成熟期与衰退期公司。

H1b：成长期公司回购的公告效应显著高于成熟期与衰退期公司。

二、回购目的与拟回购比例因素

（一）回购目的

为研究回购目的对股份回购短期效应的影响，本书按照回购目的将回购事件区分为股权激励回购与非股权激励回购两类。通常情况下上市公司有两种方法处理回购所得的股票，要么是注销以降低资本总额，要么窖藏起来另作他用，而窖藏起来的股票便可以日后用于员工持股计划实行股权激励。企业可以通过实施包括员工持股计划在内的股权激励措施将员工和企业的经济利益捆绑在一起，使员工具备更加努力工作为公司创造更大价值的动力，最终实现公司长期可持续的稳定发展。科尔等（Core, Guay and Larcker, 2003）、连玉君等（Lian, Zhi and Gu, 2011）以及陈胜军等（2016）学者通过研究发现，股权激励方案的实施有助于统一公司管理者与雇佣人员的核心利益，最终达到提升企业业绩的目的。因此从这一角度看，相较于非股权激励，以股权激励为回购目的的企业，其公开市场回购的短期市场效应应该更为显著。

基于上述分析本章提出假设：

H2：不同回购动机的企业在不同生命周期，其公开市场回购的短期市场效应有所不同，其中以股权激励为目的的企业短期市场效应更高。

（二）拟回购比例

本书所指拟回购比例衡量的是回购公告中约定的回购股份数量占总股数的比例。拟回购比例越高，则企业所需要支付的回购资金越高，既可以表明公司当前现金流量充足，经济实力不俗，向外界投资者传递出公司经营状况良好的积极面貌，也能够表明企业提振股价稳定市场的意愿越强烈。依据前文所叙述的股票回购的信号传递假说，公司回购预案中公告的回购比例越高，投资者越会将其视作上市公司发出强烈的信号与决心来稳定市场，市场接收到强烈信号后对公司股价的反应也会越强烈，产生强势的短期市场应。现有国内外研究文献也均证实，股份回购的短期市场效应与拟回购比例存在显著的正相关关系。

基于上述分析本书提出假设：

H3：股票公开市场回购事件的短期市场效应与拟回购比例呈正相关关系。

第三节　实证分析

根据前面所论述的理论与相关假设，笔者通过事件研究法计算公开市场回购的短期效应，并利用分组 t 检验、中位数检验和回归分析法对假设进行验证。

一、样本的选取与来源

本章以《公司法》修正，也是公开市场回购事件剧增的 2018 年作为起始研究时点，选择我国沪深 A 股宣告回购的公司作为研究对象，研究范围选定为 2018 年 1 月 1 日～2021 年 5 月 30 日，并对初始样本按下述条件进一步筛选：

（1）仅筛选出回购方式为公开市场回购的公司。

（2）考虑金融行业的特殊性，对金融行业公司予以剔除。

（3）去除 *ST、ST 公司。

（4）公告日前后 10 天有停牌或缺乏交易数据的公司。

（5）将在研究时段内发生吸收合并和重组等短期内大幅度影响股票价格的重大事件的公司去除处理，避免出现显著的造成股价波动的因素干扰。

（6）倘若一个自然年度内，同一家上市企业发布过两次或两次以上的回购公告，则选定首次回购公告作为研究事件，原因在于若选取后续回购事件，容易导致事件研究的估计期间内股价会受到上一次回购事件的影响，影响估计期内相关参数的估计准确性，因此选定第一次回购事件作为研究对象。

经过以上条件的层层筛选，最终共获得样本数 874 个。

股票回购公告的日期分布和演变趋势如图 3 – 1 所示。

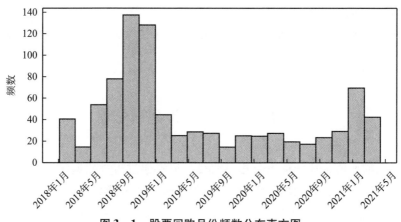

图 3 – 1　股票回购月份频数分布直方图

资料来源：CSMAR 数据库，笔者整理绘制。

由图 3 – 1 可知，自 2018 年 9 月《中华人民共和国公司法修正案》向社会征求意见后，当月回购宣告事件数目激增，这种势头持续到 2018 年底。

从股票回购的目的来看，将全部回购事件划分为非股权激励回购和股权激励回购两类。笔者采用的划分依据是手动整理上市公司回购方案中关于回购目的的措辞，将回购目的中明确提及股权激励和员工持股计划的回购定义为股权激励回购，未提及的回购事件定义为非股权激励回购。

从图 3 – 2 可以看出，我国发生股票回购的原因很大一部分是非股权激励，而股权激励回购的比例相对少一些（占比为 32%）。非股权激励的样本数目大约是以股权激励为目的的回购事件的两倍，足以看出当前 A 股市场上的回购事件主要是以非股权激励为主。

本章研究样本的股票回购数据和财务主要来自 CSMAR 数据库，F – F 三因子、F – F 五因子数据来自中央财经大学中国资产管理研究中心数据库。

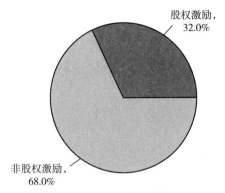

图 3 - 2 股票回购目的情况

资料来源：CSMAR 数据库，笔者整理绘制。

二、企业生命周期指标的构建

关于企业生命周期的划分方法，现有研究文献提出过不同的划分方法，曹裕等（2010）对学术界三种常用的企业生命周期划分方法展开了逐一评估，最终得出现金流分类法是最适合中国市场上划分生命周期的方法。鉴于此，本书也是选取现金流分类法明确企业所处的生命周期，具体情况如表 3 - 1 所示。

表 3 - 1 生命周期划分方法

项目	成长期	成熟期	衰退期				
经营现金净流量	+	+	−	+	+	−	−
投资现金净流量	−	−	+	+	+	+	+
筹资现金净流量	+	−	−	+	+	+	−

注："＋"表示现金净流量为正，"－"表示现金流量为负。

本书采用公司回购事件所在年份上一年年底的财务数据指标，即经营现金净流量、投资现金净流量、筹资现金净流量，作为现金流分类组合法划分企业生命周期的底层依据。

按照现金流组合法划分的三种生命周期企业结果如图 3 - 3 所示。

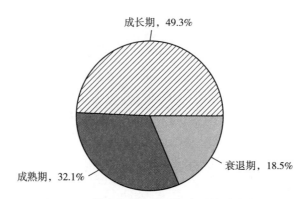

图3-3　样本公司生命周期类型的划分结果

资料来源：CSMAR 数据库，笔者整理绘制。

由图3-3可知，在三种生命周期类型中，成长期企业所占比例最高（占49.3%），成熟期次之（占32.1%），衰退期占比最低（占18.5%）。

三、公开市场回购短期市场效应的估计

由于事件研究法要求划分事件日、窗口期、估计期，并选定合适的估计模型，划分出恰当的时间段，便能够实现在某段时间跨度内个股超额收益率的合理计算，研究回购公告的短期市场效应并探究深层次的驱动因素。

超额收益率（abnormal return）是基于事件研究法，通过对事件日之前较长时间段个股收益率的分析，预测得出事件日之后较短时间段的个股预期收益率，则个股事件日之后较短时间段的真实收益率与预测所得的预期收益率之间的差值即为累计超额收益率，是事件日所宣布的回购公告造成的。通过超额收益率的正负与显著性，判断该事件是否对股价产生影响，以及何种影响。计算超额收益率，首先要定义所研究事件的各个阶段，如图3-4所示。

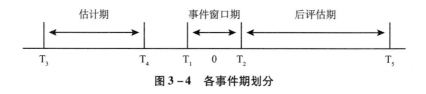

图3-4　各事件期划分

确定事件日。以公司发布股票回购公告的日期作为事件日，记为 t = 0。若公告当天处于休市状态，事件日往后顺延至开市后的第一个交易日。

确定事件窗口期 $T_1 - T_2$。窗口期时间跨度的选择需要把握好，过短的窗口期容易导致未能捕捉到完整的短期市场效应波动，造成研究结果失真，过长的窗口期则会导致股价受其他因素影响的可能性增加，不利于计算准确的短期市场效应，最终结合前人研究，本书分别以事件日前后 10 个、5 个、3 个、2 个和 1 个交易日，作为本次事件研究法的窗口期。

确定估计期 $T_3 - T_4$。本书综合考虑利用事件研究法计算短期市场效应的前人文献，最终选取事件日前 180 个交易日至事件日前 61 个交易日，共计 120 日的时间段作为估计窗口期。

确定估计模型。综合前人研究，本书决定选取了 F – F 三因子模型。法玛（Fama）和法兰奇（French）从市场组合、市值与账面市值比三个维度解释投资组合产生不同的原因，分别确定市场资产组合因子、市值因子和账面市值比因子，分别记为（$R_m - R_f$）、SMB 和 HML。模型表达式为：

$$R_i - R_f = \alpha_i + \beta_i(R_m - R_f) + S_i E(SMB) + h_i E(HML) + e_i \qquad (3-1)$$

式中，R_i 为投资组合的预期收益率，R_f 为无风险收益率，R_m 为市场组合的预期收益率。

计算超额收益率：

$$AR_{it} = R_{it} - E(R_{it}) \qquad (3-2)$$

式中，R_{it} 是股票 i 在时刻 t 的实际收益率，可由 CSMAR 数据库得出，$E(R_{it})$ 是股票 i 在 t 时刻的预期收益率。

（$R_m - R_f$），SMB 和 HML 等三个因子值则由中央财经大学中国资产管理研究中心数据库得到。

通过三因子的数值将估计期三因子模型中的各参数（α_i、β_i、S_i）得到，代入即可得出 $E(R_{it})$，再分别将事件窗口期的相应数据代入，计算得出 AR_{it}。

计算窗口期超额收益率：

$$CAR_{it} = \sum_{t=T_1}^{T_2} AR_{it}, \ t \in [T_1, T_2] \qquad (3-3)$$

本章中只研究事件的短期效应，不考察事件的长期市场反应，因此不涉及 $T_2 - T_5$ 的后评估。

四、分组 t 检验、中位数检验分析

（一）不同生命周期样本的检验结果

将总体样本划分为成长期、成熟期和衰退期三个生命周期，按照 CAR（-10，10）、CAR（-5，5）、CAR（-3，3）、CAR（-2，2）、CAR（-1，1）五个窗口期，对总体样本和不同的生命周期样本进行均值 t 检验和中位数检验，结果如表 3-2 所示。

表 3-2   全体样本和不同生命周期企业在不同窗口期的超额收益

类型	窗口期	均值	t 值	中位数	Z 值
全体样本 （N = 831）	（-10，10）	0.0048	1.18	0.0138	2.85 ***
	（-5，5）	0.0098	3.02 **	0.0139	5.19 ***
	（-3，3）	0.0134	5.00 ***	0.0170	7.72 ***
	（-2，2）	0.0152	6.54 ***	0.0153	8.42 ***
	（-1，1）	0.0191	10.04 ***	0.0180	11.67 ***
1. 成长期 （N = 410）	（-10，10）	-0.0014	-0.22	0.0037	0.67
	（-5，5）	0.0002	0.05	0.0056	1.46
	（-3，3）	0.0069	1.62 *	0.0148	3.75 ***
	（-2，2）	0.0079	2.20 **	0.0085	3.67 ***
	（-1，1）	0.0134	4.84 ***	0.0131	6.20 ***
2. 成熟期 （N = 259）	（-10，10）	0.0074	1.16	0.0187	1.94 **
	（-5，5）	0.0198	4.15 ***	0.0216	4.72 ***
	（-3，3）	0.0194	5.18 ***	0.0170	5.69 ***
	（-2，2）	0.0210	6.01 ***	0.0200	6.59 ***
	（-1，1）	0.0250	8.30 ***	0.0224	8.63 ***

续表

类型	窗口期	均值	t 值	中位数	Z 值
3. 衰退期 （N = 162）	（-10，10）	0.0162	1.95**	0.0295	3.08***
	（-5，5）	0.0179	2.63**	0.0188	3.52***
	（-3，3）	0.0209	3.32***	0.0240	4.38***
	（-2，2）	0.0246	4.51***	0.0225	4.90***
	（-1，1）	0.0242	5.11***	0.0220	5.56***

注：*、**、***分别代表在10%，5%和1%水平上显著，下同。

1. 总体样本及不同生命周期样本短期市场效应的对比

利用事件研究法，本书首先对全体样本回购的短期市场效应进行计算并检验，平均值和中位数的结果如表3-2所示，其中，t值和z值分别为双尾t检验和双尾Wilcoxon符号秩检验的结果。

结果显示，（-1，1）、（-2，2）、（-3，3）、（-5，5）、（-10，10）五个窗口期的CAR均显著为正，并且以（-1，1）窗口期的CAR最高，为1.91%，并随着窗口期的长度增长而递减，（-10，10）窗口期的CAR最低，为0.48%，由此可知，股票回购的短期公告效应确实存在，与已有文献的结论一致。

2. 不同生命周期样本短期市场效应的对比

为比较不同生命周期阶段回购公告短期市场效应的差异，本书再将不同窗口期不同生命周期企业超额收益分别进行比较，结果如表3-3所示。由表3-3第一部分可知，成长期与成熟期样本相比，短期市场效应在（-5，5）、（-3，3）、（-2，2）、（-1，1）四个窗口期均存在显著性差异，且成长期样本的各个窗口期CAR均值都低于成熟期，以CAR（-5，5）窗口期为例，成长期公司的CAR比成熟期公司的CAR平均低1.9%。再从中位数检验结果可知，成长期公司的短期市场效应在（-5，5）、（-2，2）、（-1，1）三个窗口期均显著低于成熟期样本，以CAR（-5，5）窗口期为例，成长期公司CAR的中位数比成熟期公司的低1.6%。

表 3 - 3   不同生命周期阶段企业回购公告效应的差异

周期	窗口期	均值差	t 值	中位数差	Z 值
成长期 - 成熟期	（-10, 10）	-0.0088	-0.98	-0.0150	-1.01
	（-5, 5）	-0.0196	-2.79 ***	-0.0160	-2.72 ***
	（-3, 3）	-0.0125	-2.21 **	-0.0022	-1.69 *
	（-2, 2）	-0.0131	-2.63 ***	-0.0115	-2.71 ***
	（-1, 1）	-0.0116	-2.83 ***	-0.0093	-2.98 ***
成长期 - 衰退期	（-10, 10）	-0.0176	-1.68 *	-0.0258	-0.06 *
	（-5, 5）	-0.0177	-2.07 **	-0.0132	-1.84 *
	（-3, 3）	-0.0140	-1.84 *	-0.0092	-1.60
	（-2, 2）	-0.0167	-2.56 **	-0.0140	-2.32 **
	（-1, 1）	-0.0108	-1.96 *	-0.0089	-1.88 *
成熟期 - 衰退期	（-10, 10）	-0.0088	-0.84	-0.0108	-0.85
	（-5, 5）	0.0019	0.23	0.0028	-0.49
	（-3, 3）	-0.0015	-0.20	-0.0070	-0.21
	（-2, 2）	-0.0036	-0.55	-0.0025	-0.13
	（-1, 1）	0.0008	0.15	0.0004	-0.50

由表 3 - 3 第二部分可知，成长期与衰退期样本相比，短期市场效应在（-5, 5）、（-3, 3）、（-2, 2）、（-1, 1）等四个窗口期均存在显著性差异，且成长期样本的各个窗口期 CAR 均值都低于衰退期。以 CAR（-5, 5）窗口期为例，成长期公司的 CAR 比衰退期公司的 CAR 平均低1.6%。再从中位数检验结果可知，成长期短期市场效应在（-5, 5）、（-3, 3）、（-2, 2）、（-1, 1）等四个窗口期均显著低于衰退期样本，以 CAR（-5, 5）窗口期为例，成长期公司 CAR 的中位数比成熟期公司的低1.3%。

由表 3 - 3 第三部分可知，无论是均值 t 检验和中位数结果，成熟期与衰退期样本相比，二者的短期市场效应在各个窗口期均无显著性差异。

3. 小结

综合上述表 3 - 2、表 3 - 3 显示的结果，由均值 t 检验、中位数检验结果可知，成长期与成熟期、衰退样本相比较，其利用 CAR 刻画的短期市场效应在多个窗口期均存在显著性差异，且成长期样本的各个窗口期 CAR 均值都低于成熟期、衰退期样本。其中成长期与成熟期组较之成长期与衰退期组，其差异的显著性水平更高，但成熟期组与衰退期组并无显著性差异。

综上分析，成长期公司股份回购的公告效应显著低于成熟期和衰退期企业，而成熟期与衰退期企业的公告效应没有显著性差异，假设 H1a 得到验证，说明市场认为成长期企业在可能存在融资约束的情况下进行股份回购，对其将来经营业绩的提升效果有限，故对其回购公告的反应不如其他阶段的公司积极，自由现金流假说可以解释我国目前阶段上市公司公开市场回购的公告效应。

（二）不同回购目的检验结果

为研究回购目的对公告效应的影响，本书将样本按照回购目的区分为股权激励和非股权激励，如前所述，本书采用的划分依据是手工整理上市公司回购方案中关于回购目的的措辞，将回购目的中明确提及股权激励和员工持股计划的回购定义为股权激励回购，未提及上述目的的回购事件定义为非股权激励。

接下来，本书对于不同回购目的样本，在总体样本和成长期、成熟期、衰退期样本内按照五个窗口期对短期市场效应分别进行差异性对比并检验。

1. 不同回购目的回购公告在总体样本中短期市场效应的比较

由表 3-4 可知，股权激励和非股权激励样本相比，两者利用 CAR 刻画的短期市场效应在 (-10, 10)、(-5, 5) 两个较长的窗口期存在显著性差异，股权激励样本的 CAR 均值在 (-10, 10)、(-5, 5) 两个较长的窗口期分别为 0.022 和 0.022，分别在 1%、5% 的显著性水平上高于非股权激励样本相应窗口期的 CAR 均值 -0.002 和 0.004。而在 (-3, 3)、(-2, 2)、(-1, 1) 三个较短的窗口期不存在显著性差异，且股权激励回购产生的 CAR 均值仍高于非股权激励。再看中位数检验结果，股权激励和非股权激励样本相比，两者短期市场效应在全部五个窗口期均存在显著性差异，股权激励样本的 CAR 中位数在 (-10, 10)、(-5, 5)、(-1, 1) 三个窗口期分别为 0.028、0.024、0.023，分别在 5%、1%、5% 的显著性水平上高于非股权激励样本相应窗口期的 CAR 中位数 0.006、0.009、0.015，且股权激励回购产生的 CAR 中位数都高于非股权激励。

表 3 - 4　　　总体样本中股权激励和非股权激励公司的 CAR 比较

类别		窗口期	项目	统计值	类别		窗口期	项目	统计值
全体样本 (N =785)	股权激励 (N =236)	(-10, 10)	均值	0.022	全体样本 (N =785)	股权激励与非股权激励对比	(-10, 10)	均值差	0.024
			中位数	0.028				t 值	2.663 ***
		(-5, 5)	均值	0.022				中位数差	0.022
			中位数	0.024				Z 值	-2.481 **
		(-3, 3)	均值	0.018			(-5, 5)	均值差	0.018
			中位数	0.023				t 值	2.461 **
		(-2, 2)	均值	0.019				中位数差	0.015
			中位数	0.018				Z 值	-2.767 ***
		(-1, 1)	均值	0.023			(-3, 3)	均值差	0.007
			中位数	0.023				t 值	1.162
	非股权激励 (N =549)	(-10, 10)	均值	-0.002				中位数差	0.008
			中位数	0.006				Z 值	-1.733 *
		(-5, 5)	均值	0.004			(-2, 2)	均值差	0.006
			中位数	0.009				t 值	1.146
		(-3, 3)	均值	0.011				中位数差	0.005
			中位数	0.015				Z 值	-1.827 *
		(-2, 2)	均值	0.013			(-1, 1)	均值差	0.006
			中位数	0.013				t 值	1.293
		(-1, 1)	均值	0.018				中位数差	0.008
			中位数	0.015				Z 值	-2.203 **

注: *** 、 ** 、 * 分别表示在 1% 、5% 和 10% 的水平上显著。

2. 不同回购目的回购公告在成长期样本中短期市场效应的比较

由表 3 - 5 可知,在成长期样本中,无论是均值 t 检验还是中位数检验结果,两者利用 CAR 刻画的短期市场效应在各个窗口期均无显著性差异。

表 3 - 5　　　　　成长期样本股权激励和非股权激励公司的 CAR 比较

类别	窗口期	项目	统计值	类别	窗口期	项目	统计值
成长期样本（N=389）				成长期样本（N=389）			
股权激励（N=107）	(-10, 10)	均值	0.010	股权激励与非股权激励对比	(-10, 10)	均值差	0.015
		中位数	0.014			t 值	0.992
	(-5, 5)	均值	0.005			中位数差	0.012
		中位数	0.009			Z 值	1.013
	(-3, 3)	均值	0.005		(-5, 5)	均值差	0.007
		中位数	0.007			t 值	0.602
	(-2, 2)	均值	0.005			中位数差	0.005
		中位数	0.004			Z 值	0.777
	(-1, 1)	均值	0.013		(-3, 3)	均值差	-0.002
		中位数	0.015			t 值	-0.236
非股权激励（N=282）	(-10, 10)	均值	-0.006			中位数差	-0.005
		中位数	0.002			Z 值	-0.044
	(-5, 5)	均值	-0.002		(-2, 2)	均值差	-0.003
		中位数	0.004			t 值	-0.373
	(-3, 3)	均值	0.007			中位数差	-0.003
		中位数	0.012			Z 值	-0.417
	(-2, 2)	均值	0.008		(-1, 1)	均值差	0.000
		中位数	0.007			t 值	0.019
	(-1, 1)	均值	0.013			中位数差	0.003
		中位数	0.012			Z 值	0.341

注：***、**、*分别表示在1%、5%和10%的水平上显著。

3. 不同回购目的回购公告在成熟期样本中短期市场效应的比较

由表 3 - 6 可知，均值 t 检验和中位数检验结果都显示出，在成熟期样本中，两者利用 CAR 刻画的短期市场效应在 (-10, 10)、(-5, 5) 两个较长的窗口期存在显著性差异。从 CAR 均值水平来看，股权激励样本的 CAR 均值在 (-10, 10)、(-5, 5) 两个较长的窗口期分别为 0.029、0.036，都在 5% 的显著性水平上高于非股权激励样本相应窗口期的 CAR 均值 -0.002、0.014。从 CAR 中位数水平来看，股权激励样本的 CAR 中位数在 (-5, 5)、(-2, 2)、(-1, 1) 三个窗口期分别为 0.046、0.034、0.029，都在 5% 的显著性水平上高于非股权激励样本相应窗口期的 CAR 中位数 0.016、0.016、0.020。而在

（-10，10）、（-3，3）两个窗口期同样存在10%显著性水平的差异。无论是基于均值还是中位数水平来看，股权激励回购产生的CAR值都高于非股权激励。

表3-6　　　　　成熟期样本股权激励和非股权激励公司的CAR比较

类别	窗口期	项目	统计值	类别	窗口期	项目	统计值
成熟期样本（N=242）				成熟期样本（N=242）			
股权激励（N=84）	（-10，10）	均值	0.029	股权激励与非股权激励对比	（-10，10）	均值差	0.032
		中位数	0.031			t值	2.389**
	（-5，5）	均值	0.036			中位数差	0.025
		中位数	0.046			Z值	1.929*
	（-3，3）	均值	0.027		（-5，5）	均值差	0.022
		中位数	0.035			t值	2.149**
	（-2，2）	均值	0.028			中位数差	0.030
		中位数	0.034			Z值	2.484**
	（-1，1）	均值	0.029		（-3，3）	均值差	0.009
		中位数	0.029			t值	1.122
非股权激励（N=158）	（-10，10）	均值	-0.002			中位数差	0.020
		中位数	0.006			Z值	1.827*
	（-5，5）	均值	0.014		（-2，2）	均值差	0.008
		中位数	0.016			t值	1.070
	（-3，3）	均值	0.018			中位数差	0.018
		中位数	0.015			Z值	2.362**
	（-2，2）	均值	0.020		（-1，1）	均值差	0.004
		中位数	0.016			t值	0.611
	（-1，1）	均值	0.025			中位数差	0.009
		中位数	0.020			Z值	2.028**

注：***、**、*分别表示在1%、5%和10%的水平上显著。

4. 不同回购目的回购公告在衰退期样本中短期市场效应的比较

由表3-7可知，先看均值t检验结果，在衰退期样本中两者利用CAR刻画的短期市场效应在（-10，10）、（-5，5）、（-2，2）、（-1，1）四个窗口期均存在显著性差异，股权激励样本的CAR均值在（-10，10）、（-5，5）、（-2，2）、（-1，1）四个窗口期分别为0.040、0.038、0.037、0.035，分别在10%、5%、10%、5%的显著性水平上高于非股权激励样本相应窗口期的CAR均值0.008、0.007、0.018、0.018。再看中位数检验结果，两者的短期市场效应在各个窗口期均无显著性差异。无论是基于均值还是中位数水平来看，股权激励回购产生的 CAR 值都高于非股权激励。

表 3 - 7　　　　衰退期样本股权激励和非股权激励公司的 CAR 比较

类别	窗口期	项目	统计值	类别	窗口期	项目	统计值
衰退期样本（N = 154）	股权激励（N = 45）	(-10, 10)	均值	0.040	衰退期样本（N = 154）	(-10, 10)	均值差	0.032
			中位数	0.037			t 值	1.783 *
		(-5, 5)	均值	0.038			中位数差	0.019
			中位数	0.023			Z 值	1.362
		(-3, 3)	均值	0.034		(-5, 5)	均值差	0.030
			中位数	0.034			t 值	2.125 **
		(-2, 2)	均值	0.037			中位数差	0.007
			中位数	0.029			Z 值	1.641
		(-1, 1)	均值	0.035	股权激励与非股权激励对比	(-3, 3)	均值差	0.021
			中位数	0.026			t 值	1.624
	非股权激励（N = 109）	(-10, 10)	均值	0.008			中位数差	0.018
			中位数	0.018			Z 值	1.338
		(-5, 5)	均值	0.007		(-2, 2)	均值差	0.019
			中位数	0.016			t 值	1.729 *
		(-3, 3)	均值	0.013			中位数差	0.014
			中位数	0.016			Z 值	1.590
		(-2, 2)	均值	0.018		(-1, 1)	均值差	0.017
			中位数	0.015			t 值	1.682 *
		(-1, 1)	均值	0.018			中位数差	0.011
			中位数	0.015			Z 值	1.519

注：*** 、** 、* 分别表示在1%、5%和10%的水平上显著。

5. 小结

综合上述表3 - 4、表3 - 5、表3 - 6、表3 - 7，由均值 t 检验、中位数检验结果可知，除成长期以外，在总体、成熟期、衰退期样本中，以股权激励和非股权激励为目的的股票回购所产生的短期市场应均在部分窗口期产生显著性差异，其中以（-10，10）、（-5，5）两个较长窗口期出现显著性差异的频率最高，均出现显著性差异，并且股权激励回购产生的 CAR 值都高于非股权激励，假设 H2 得到验证。而成长期样本内，股权激励和非股权激励所产生的市场效应并无显著性差异，笔者分析，正如上文所提及，成长期企业因为业务发展势头较为迅猛，因而自由现金流量并不富余，从而代理问题并不突出，因而造成其股份回购公告的短期市场效应明显低于成熟期与衰退期企业，因而在短期市场效应较低的情况下，区别股权激励和非股权激励两类回购目的的短期市场效应差距自然也趋于下降，乃至于不存在显著性的差异。

（三）稳健性检验

上述的研究结果虽然已证实了前文所提出的 H1、H1a、H2 等三个假设，但为了使研究结果更令人信服，故通过更换 CAR 的估计模型进行稳健性检验。具体来说，利用 F - F 五因子模型来替换 F - F 三因子模型作为累计超额收益率的估计模型，也就是在三因子模型的基础上增加盈利水平风险和投资水平风险两个因子来共同解释个股的超额收益率的形成。再将利用五因子模型估计出的 CAR 重复上述的分类检验过程检验当更换估计模型后，上文得到的结论是否还保持稳定性。

F - F 五因子模型在三因子模型的基础上，新增盈利水平、投资水平等两个新维度对投资组合超额收益率解释，共计五个因子，这也就是五因子模型得名的所在。分别是市场资产组合因子，记为（$R_m - R_f$）；市值因子，记为 SMB；账面市值比因子，记为 HML；盈利水平因子，记为 RMW；以及投资水平因子，记为 CMI。模型表达式为：

$$R_i - R_f = \alpha_i + \beta_i(R_m - R_f) + S_i E(SMB) + h_i E(HML)$$
$$+ r_i E(RMW) + c_i E(CMI) + e_i \qquad (3-4)$$

式中，R_i 为投资组合的预期收益率，R_f 为无风险收益率，R_m 为市场组合的预期收益率。接下来的计算步骤与上文三因子估计模型基本一致，其中，（$R_m - R_f$），SMB、HML、RMW、CMI 等五个因子值由中国资产管理研究中心数据库可得。

最终将改用 F - F 五因子模型的 CAR 结果进行分组研究，结果汇总在表 3 - 8 和表 3 - 9 中。

从表 3 - 8 中可以看出，从不同的生命周期样本来看，成长期与成熟期、衰退样本相比较，其利用 CAR 刻画的短期市场效应在多个窗口期仍然存在显著性差异。与之前的结论一致，即成长期公司股份回购的公告效应显著低于成熟期和衰退期企业，而成熟期与衰退期企业的公告效应没有显著性差异。

表 3 - 8　　不同生命周期阶段企业回购公告效应的差异（利用五因子模型）

周期	窗口期	均值差	t 值	中位数差	Z 值
成长期 - 成熟期	（-10，10）	-0.007	-0.760	-0.010	-0.748
	（-5，5）	-0.019	-2.697 ***	-0.015	-2.678 ***
	（-3，3）	-0.012	-2.062 **	-0.007	-1.617
	（-2，2）	-0.012	-2.510 **	-0.012	-2.552 **
	（-1，1）	-0.012	-2.857 ***	-0.012	-3.096 ***
成长期 - 衰退期	（-10，10）	0.016	1.414	-0.020	-1.833 *
	（-5，5）	0.018	2.060 **	-0.016	-2.227 **
	（-3，3）	0.012	1.553	-0.006	-1.431
	（-2，2）	0.015	2.318 **	-0.010	-2.233 **
	（-1，1）	0.010	1.841 *	-0.005	-1.795 *
成熟期 - 衰退期	（-10，10）	-0.007	0.009	-0.010	-1.129
	（-5，5）	0.003	-0.001	-0.001	-0.047
	（-3，3）	0.000	0.001	0.001	-0.094
	（-2，2）	0.004	0.003	0.002	-0.090
	（-1，1）	0.001	-0.001	0.007	-0.692

注：*** 、** 、* 分别表示在 1%、5% 和 10% 的水平上显著。

表 3 - 9　　　　　不同生命周期样本股权激励与非股权激励的
公告效应差异（五因子模型）

项目	周期	窗口期	均值差	t 值	中位数差	Z 值
股权激励与 非股权激励	成长期样本	（-10，10）	0.014	0.906	0.027	0.762
		（-5，5）	0.008	0.674	0.007	0.288
		（-3，3）	-0.001	-0.095	-0.006	-0.219
		（-2，2）	-0.002	-0.251	-0.011	-0.333
		（-1，1）	0.000	0.053	-0.008	-0.091

续表

项目	周期	窗口期	均值差	t 值	中位数差	Z 值
股权激励与非股权激励	成熟期样本	（-10，10）	0.040	2.859 ***	0.020	2.394 **
		（-5，5）	0.023	2.157 **	0.028	2.415 **
		（-3，3）	0.010	1.226	0.013	1.709 *
		（-2，2）	0.008	1.088	0.011	1.649 *
		（-1，1）	0.005	0.700	0.010	1.483
	衰退期样本	（-10，10）	0.029	1.446	0.015	0.975
		（-5，5）	0.031	2.108 **	0.011	1.810 *
		（-3，3）	0.024	1.731 *	0.012	1.460
		（-2，2）	0.022	1.895 *	0.015	1.798 *
		（-1，1）	0.018	1.734 *	0.011	1.412

注：***、**、* 分别表示在1%、5%和10%的水平上显著。

从表3-9中，可以看出，成熟期、衰退期样本中，以股权激励和非股权激励为目的的股票回购所产生的短期市场效应均在部分窗口期产生显著性差异，而在成长期样本中没有差异，此稳健性检验结果与上文所得结论一致。

五、回归分析

在对不同生命周期、回购目的的样本进行完分组检验后，初步实现了对前文所述假设的验证。为了更科学、深入研究短期市场效应的驱动因素，在前文利用分组统计方法的基础上，本书再采用回归分析法，构建回归模型，在控制相应变量后，进一步分析回购的公告效应与企业生命周期和回购因素之间的相关关系。

（一）研究方法与变量选取

具体的变量名称及选取方法如表3-10所示。

表 3 – 10　　　　　　　　　　　　变量定义

类型	名称	符号	定义
被解释变量	累计超额收益率	CAR	累计超额收益率 CAR
解释变量	生命周期虚拟变量 1	Growth	如该上市公司处于成长期则取 1，否则取 0
	生命周期虚拟变量 2	Maturity	如该上市公司处于成熟期则取 1，否则取 0
	回购目的虚拟变量	RM	出于股权激励回购目的则取值为 1，否则为 0
	拟回购比例	RP	拟回购股票数量上限/总股本数
控制变量	公司规模	Size	公司总资产金额取自然对数
	资产负债率	Lev	回购公告日发布的上一年度末总负债与总资产的比值
	账面市值比	MB	每股市价与每股净资产之比
	净资产收益率	ROE	回购公告日发布的上一年度末税后净利润与所有者权益的比值
	股权集中度	CRS	回购公告发布的前一个月大股东持股比例

1. 被解释变量

本研究分别以（−1，1）、（−2，2）和（−3，3）各不同窗口期的 CAR 作为被解释变量。

2. 解释变量

本研究设定两个有关生命周期的虚拟变量 Growth 和 Maturity，如该上市公司处于成长期，则 Growth 变量为 1，否则为 0；如该上市公司处于成熟期，则 Maturity 变量为 1，否则为 0。

为研究回购目的对公告效应的影响，本书设定回购目的虚拟变量 RM，如前所述，将全部回购事件划分为非股权激励和股权激励回购两类，出于股权激励回购目的则取值为 1，否则为 0。

拟回购比例 RP 为回购公告中拟回购股票数量占总股本数量的比值。伊肯伯里等（Ikenberry, Lakonishok and Vermaelen, 1995）、约克和佳格帕德（Yook and Gangopadhyay, 2010）的研究均证实，回购的规模和比例越高，回购的公告效应越高。

3. 控制变量

参考已有文献，本研究选择公司规模（Size）、资产负债率（Lev）、账面市值比（MB）、净资产收益率（ROE）、股权集中度（CRS）为控制变量。

（1）公司规模因素（Size）。总体而言，以资产总额衡量的公司规模是外部投资者对公司实力强弱的初始印象，外界投资者一般认为较大规模的公司总资产体量较大，则市场地位较为稳固，内外信息传递机制较为透明，对该公司股票信心较强，故较大规模公司股价被低估的可能性较低。当规模较大的公司股价下行，公司管理层为提升股价发布股票回购预案时，投资者并不认可该公司当前股价存在低估情况，因而其短期市场效应也不够积极。与之形成对比的是，较小规模公司因为体量较小，外界投资者对其内部信息了解较少，内外信息传递途径较为闭塞，因而存在股价被低估的可能性较大，当管理层发布回购预案时其短期市场效应更为强烈。伊肯伯里等（Ikenberry，Lakonishok and Vermaelen，1995）、张华（Zhang，2005）、比利特和于苗苗（Billett and Yu，2016）的成果证明，公司规模越小，回购公告的短期市场效应越高。

（2）资产负债率因素（Lev）。根据财务杠杆假说理论，公司可利用股票回购降低权益资本，提高财务杠杆，使其接近最优值。由于适度的财务杠杆具有税盾效应，有助于提升公司价值，而资产负债率较低的企业提升财务杠杆的幅度较大，对公司价值提升的幅度更高，因而财务杠杆较低的企业回购的短期市场效应比财务杠杆较高的企业短期市场效应更高。

（3）股价低估因素（MB）。股价低估程度也是影响短期市场效应的重要因素，已有研究成果验证，股价低估程度越高，回购传递的正向信号越强，产生的短期市场效应也就越高（Zhang，2005）。本章选取账面市值比（MB）作为衡量股价被低估的程度。

（4）盈利能力因素（ROE）。公司主营业务盈利能力越强，则外界投资者对该公司未来前景较为看好，故管理层发布回购公告后对股价的抬升程度更加明显，会产生更高的短期市场效应。

（5）控制权因素（CRS）。上市企业的股权集中度高低将会显著的影响代理成本的大小，较高的股权集中度有助于将管理层和股东的捆绑一致，有助于降低代理成本，对公司发展有正向促进效应。当股权集中度较高的公司发布回购预案时，外界投资者更加认可高管是为了稳定股价、提升市值的原因而采取的措施，而非其他操纵股价、内幕交易的原因，因此投资者对回购公告的反应较为强烈，对股价的提升情况也更加明显。

（二）模型设计

通过提出相关研究假设，并进行变量的选取和定义，构建多因素回归模型如下。

（1）对于总体样本：

$$CAR = \beta_0 + \beta_1 Growth + \beta_2 Maturity + \beta_3 RM + \beta_4 RP + \beta_5 MB$$
$$+ \beta_6 Size + \beta_7 LAR + \beta_8 ROE + \beta_9 CRS + e_i \qquad (3-5)$$

（2）对于各生命周期样本：

$$CAR = \beta_0 + \beta_1 RM + \beta_2 RP + \beta_3 MB + \beta_4 Size + \beta_5 LAR + \beta_6 ROE + \beta_7 CRS + e_i$$
$$(3-6)$$

其中 β_0 为常数项，β_1、β_2、β_3、β_4、β_5、β_6、β_7、β_8、β_9 为系数，e_i 为残差项。

（三）结果分析

1. 描述性统计

描述性统计结果如表 3 – 11 所示，2018 年 1 月 1 日至 2021 年 5 月 30 日间，上述变量没有缺失的样本数有 793 个，接下来给出初步的描述性统计分析。首先分析累计超额收益率［CAR（ – 1，1）］，其最小值为 – 0.210，最大值为 0.189，均值为 0.015，由此可见 CAR 的分布区间范围较广，高低值差异明显，但均值与中位数皆为正值，初步认为多数公开市场回购公司能产生正向的市场效应。标准差值为 0.062，表明不同公司的 CAR 差异度较高。其次从解释变量的角度分析，生命周期（Growth、Maturity）采用的是虚拟变量，从 Growth、Maturity 的取值可知，成长期企业的数目大于成熟期大于衰退期企业。从回购目的（RM）的取值可知，以非股权激励为目的的回购样本数目高于以股权激励为目的的回购样本数。从回购变量与金额的结果来看，回购比例（RP）均值为 0.019，数值不大，整体回购比例不高，这与前文的信号传递假说相切合，股票回购的比例较小表明上市公司进行回购更主要的是想向市场传递信号的意图，此时的股票回购更像是一种象征意义。控制变量中，公司规模（Size）、账面市值比（MB）、资产负债率（Lev）等变量标准差与波动范围数值差异皆较大，表明参与到公开市场回购浪潮中的上市公司自身差异很大，进一步表明股票回购参与者的多元化发展趋势。

表 3 - 11 变量的描述性统计分析

变量	N	均值	标准差	最小值	中位数	最大值	波动值
CAR	793	0.015	0.062	-0.210	0.015	0.189	0.399
Growth	793	0.498	0.500	0	0	1	1
Maturity	793	0.304	0.460	0	0	1	1
RM	793	0.280	0.449	0	0	1	1
RP	793	0.019	0.020	0.001	0.014	0.100	0.099
Size	793	22.46	1.235	20.21	22.30	26.34	6.128
MB	793	2.897	2.748	0.581	2.187	21.86	21.28
Lar	793	0.380	0.184	0.063	0.371	0.836	0.772
ROE	793	0.057	0.065	-0.247	0.050	0.254	0.501
CRS	793	0.320	0.126	0.093	0.306	0.660	0.567

2. 相关性检验

相关性分析结果如表 3 - 12 所示，累计超额收益率 [CAR(-1，1)] 与成长期变量（Growth）的相关系数为 -0.114，且通过了 1% 的显著性水平检验，说明成长期的企业进行回购，将会对市场效应产生负向影响。累计超额收益率（CAR）与成熟期变量（Maturity）的相关系数为 0.068，并通过了 10% 的显著性水平检验，说明成熟期的企业进行回购，将会对市场效应产生正向影响。CAR 与解释变量中的回购比例（RP）是正相关的，且通过了 1% 的显著性水平检验，说明两者之间的变动方向相同，并且回购比例越大，其累计超额收益率也越大。CAR 与解释变量中的回购目的（RM）、回购金额（RS）呈正相关关系，但并未通过显著性水平检验。其他控制变量公司规模的相关系数通过了 10% 显著性水平检验，表明公司总资产规模越大，产生的市场反应也越高。其他控制变量系数皆为正值，表明该变量同市场效应存在正相关关系，但并不显著，还需要进一步地回归分析。从相关性系数检验的结果可知，大部分变量相关系数较小，最大绝对值为 0.658。表明总体来看，该模型各自变量之间不存在明显的相关性，满足相关性系数检验的要求。

表 3 – 12 变量相关性检验结果

变量	CAR	Growth	Maturity	RM	RP	MB	Size	Lar	ROE	CRS
CAR	1									
Growth	−0.114***	1								
Maturity	0.068*	−0.658***	1							
RM	0.053	−0.043	0.052	1						
RP	0.146***	−0.048	0.000	−0.083**	1					
MB	0.017	0.060*	−0.011	−0.012	−0.167***	1				
Size	0.062*	0.026	0.005	0.001	0.036	−0.237***	1			
Lev	0.051	0.122***	−0.092***	0.024	−0.004	−0.108***	0.606***	1		
ROE	0.032	0.039	0.066*	−0.039	−0.088**	0.127***	0.071**	−0.025	1	
CRS	0.051	−0.055	0.070**	0.040	−0.047	−0.030	0.104***	0.080**	0.116***	1

注：***、**、* 分别表示在1%、5%和10%的水平上显著。

3. 总体样本多元线性回归分析

回归结果如表 3 - 13 所示，从各回归方程的 F 值和调整的 R 方值看，说明该模型的拟合程度较高，回归系数具有研究意义。

表 3 - 13　　　　　　　　总体样本的多元回归结果

变量	被解释变量		
	Car（-1，+1）	Car（-2，+2）	Car（-3，+3）
Growth	-0.008 * （-1.67）	-0.015 *** （-2.66）	-0.012 * （-1.84）
Maturity	0.002 （0.46）	-0.002 （-0.38）	-0.000 （-0.07）
RM	0.009 ** （2.26）	0.008 * （1.74）	0.008 （1.48）
RP	0.514 *** （5.66）	0.498 *** （4.48）	0.511 *** （4.15）
MB	0.001 ** （1.99）	0.004 * （1.70）	0.002 （1.63）
Size	0.002 （1.01）	0.002 （0.89）	0.003 （1.11）
Lev	0.006 （0.46）	0.015 （0.98）	0.016 （0.98）
ROE	0.052 * （1.84）	0.039 （1.12）	0.024 （0.62）
CRS	0.016 （1.11）	0.019 （1.11）	0.015 （0.75）
_cons	-0.047 （-1.18）	-0.052 （-1.07）	-0.072 （-1.34）
N	793	793	793
Adj. R^2	0.0507	0.0377	0.0272
F	5.70 ***	4.45 ***	3.46 ***

注：*、**、*** 分别表示在 10%、5% 和 1% 的水平上显著，括号中为 t 值。

成长期虚拟变量 Growth 的系数均显著为负，表明成长期企业回购公告的 CAR 显著低于成熟期和衰退期企业的 CAR，例如，对于（-2，2）窗口期，成长期企业的 CAR 平均低 1.5%，而成熟期变量（Maturity）的系数不显著，这与前文分组检验的结果是一致的，成长期公司回购的短期公告效应显著低于成熟期与衰退期公司，假设 H1a 得到了验证。

与此同时，回购目的虚拟变量（RM）显著为正［除（-3，3）窗口期只在 14% 水平上显著外］，表明如果公司股份回购的目的之一是将回购股份用于股权激励，投资者会将其视为降低代理成本，提升公司价值的正向信号，会带来更高的公告效应（约提高 0.8% ~ 0.9%），由此，假设 H2 也得到了验证。

拟回购比例（RP）的系数均显著为正，表明回购公告中，公司拟回购股份占总股本的比例越高，公告效应越高，平均拟回购比例每提高 1%，公告效应提高约 0.5%。投资者认为拟回购比例越高，公司回购的诚意越足，同时流通在外的股份减少越多，越能提高每股收益、净资产收益率等盈利能力指标，因此，公告效应越高，由此，假设 H3 也得到了验证。

最后观察控制变量中的回归系数，包括公司规模（Size）、市值账面比（MB）等在内的控制变量回归系数皆为正值，但仅有公司规模变量的系数通过了 10% 的显著性水平检验，表明公司规模越大，对回归的短期市场效应作用越明显。其余控制变量虽回归系数为正，但未通过显著性检验，尚待未来更细致的研究。

4. 不同生命周期样本多元线性回归分析

为进一步验证回购目的和拟回购比例以及其他因素对公告效应的影响，本书以（-2，2）窗口期的公告效应为被解释变量，将总体样本按不同生命周期阶段分别回归，结果如表 3-14 所示。

表 3-14　　　　不同生命周期样本变量多元回归结果分析

解释变量	成长期CAR	成熟期CAR	衰退期CAR
RM	-0.004 (-0.48)	0.017** (2.20)	0.026** (2.18)

续表

解释变量	成长期 CAR	成熟期 CAR	衰退期 CAR
RP	0.547 *** (3.08)	0.250 (1.41)	0.730 *** (2.84)
PB	0.001 (1.17)	-0.001 (-0.47)	0.006 * (1.67)
Size	0.006 (1.56)	0.001 (0.16)	0.003 (0.49)
Lev	-0.020 (-0.83)	0.008 (0.32)	0.088 ** (2.53)
ROE	0.025 (0.42)	0.149 ** (2.47)	-0.002 (-0.05)
CRS	0.058 ** (2.15)	-0.041 (-1.41)	0.022 (0.49)
_CONS	-0.144 * (-1.88)	0.028 (0.38)	-0.115 (-0.93)
样本数	395	241	157
Adj R-squared	0.031	0.040	0.093
F	2.55 **	2.43 **	3.28 ***

注：*、**、*** 分别表示在10%、5%和1%的水平上显著，括号中为 t 值。

回归结果显示，对成长期企业，除了拟回购比例系数外，股权集中度（CRS）的系数也显著为正，表明第一大股东持股比例越高，公告效应也越高，可能的原因是，对成长期企业，企业发展面临的新问题较多，股权的相对集中可提高各项业务决策的执行效率，从而有助于提升公司的经营业绩（李斌等，2007；颜爱民等，2013；张力派等，2020）。而回购目的虚拟变量（RM）的系数不显著，即成长期企业的公告效应与回购目的没有显著关系。本研究分析得出，成长期企业成长性好，自由现金流往往不富裕，甚至可能存在融资约束的情况，代理问题并不突出，所以市场对于成长期企业是否将回购股份用于股权激励，进而降低代理成本提升业绩并不在意，因此，其公告效应与回购目的是否包括股权激励没有相关关系。

对成熟期企业，除回购目的（RM）外，净资产收益率（ROE）的系数显著为正，而拟回购比例（RP）系数不显著，可能的原因是成熟期企业的信息不对称程度相对于其他周期的企业更低，拟回购比例的提升并不能显著降低成熟期企业的信息不对称程度，因此，公告效应和拟回购比例之间没有显示出显著的正向关系。

对衰退期企业，回购目的、拟回购比例、账面市值比（MB）和资产负债率（Lev）的系数均显著为正，表明这四个因素均能提升衰退期企业股份回购的公告效应，且回购目的和拟回购比例的系数均高于总体样本以及其他周期样本的系数，说明对于衰退期企业，回购目的包含股权激励以及较高的拟回购比例更能向市场传达正向的信号，从而产生更高的公告效应。

第四节　本章小结

一、本章主要研究结论

在对前人关于股票回购市场效应和市场效应影响因素的文献理论进行系统性的研究梳理后，本研究最终选取了 2018 年 1 月 1 日至 2021 年 5 月 30 日在 A 股市场进行公开市场回购的公司作为本研究的事件样本。首先利用现金流分类组合理论对企业进行生命周期的划分，再按照回购目的是否存在股权激励进行了区分，接下来利用事件研究法计算出各个公司在相应窗口期的 CAR 值，接着通过分组研究法评估出不同生命周期的公司公开市场回购的短期市场效应的区别，最后笔者利用多元线性回归模型，来研究累计超额收益率与生命周期、回购因素之间的相关关系，并在区分了企业生命周期的基础上，探究不同生命周期样本内以非股权激励为目的的样本和以股权激励为目的的样本的短期市场效应差别，得出的结论如下：

（1）分组检验结果显示，成长期企业股份回购的公告效应显著低于成熟期和衰退期企业，而成熟期和衰退期企业之间的公告效应没有差异。说明市场认为成长期企业在可能存在融资约束的情况下，股份回购不能对其未来经营业绩带来正向影响，故其公告效应偏低。

（2）多元回归结果验证了成长期企业的公告效应显著偏低。除此之外，发现回购目的和拟回购比例也会对公告效应产生影响。回购目的中包含股权激励的样本，其公告效应越高；拟回购比例越高，其公告效应越高。

（3）在分不同生命周期阶段的回归中显示，在不同的企业生命周期阶段，影响回购公告效应的因素不尽相同。主要结论是，对成长期企业，公告效应与回购目的无关；对成熟期企业，公告效应与拟回购比例无关；而对衰退期企业，回购目的和拟回购比例均对公告效应有更大的影响作用。

二、启示

结合前述结论，为了防范化解上市公司股权回购风险，促进资本市场的可持续发展，完善资本市场的运行机制，提出下列建议：

（1）市场在面对上市公司回购公告时，会结合公司所处不同的生命周期阶段，分析判断公告所发出的信号，对于成熟期和衰退期企业，市场认为股份回购将减少多余现金流从而降低代理成本，进而会有更高的公告效应。而对于成长期企业，市场认为其可能存在融资约束的情况下进行股份回购，对其将来经营业绩的提升效果有限，因此公告效应偏低。因此，上市公司在面临股价下跌，试图用股份回购方法向市场发出正面信号以维护公司市值及投资者利益时，应结合自身情况，特别对于处于成长期的企业，不要盲目决策，否则可能会使自身融资约束情况雪上加霜，同时也不能获得理想的市场反应。

（2）市场在分析上市公司的回购公告时，回购目的同样是影响市场对回购信号判断的重要因素，如果回购目的中包含有股权激励，会被认为在未来经营中将降低代理成本，从而提升经营业绩，这要比单纯以提升市值为目的的回购更受市场认可。因此，从长远看，上市公司进行股份回购时，可着重考虑将回购股份用于股权激励，以期获得更理想的效果。

第四章

公开市场股份回购的长期市场效应

　　股份回购的市场效应可分为短期市场效应和长期市场效应。以往的研究多聚焦于研究股份回购的短期市场效应，检验上市公司进行股份回购是否在短期内获得了显著为正的异常收益。由于在 2018 年我国《公司法》修改之前，我国上市公司进行股份回购的数量较少；此外，在长期市场效应研究方法的选择上，国内外研究尚存在一些争议。因此，关于公开市场股份回购的长期市场效应，目前针对我国 A 股市场的研究十分有限。

　　上市公司维护公司价值和股东权益应该是一个持续的过程。如果说在短期，上市公司通过股份回购可以达到提升股价的效果，那么宣告并在之后实际进行股份回购的上市公司在长期是否依然能够稳定市值，使投资者获得投资收益，这一问题尚待解答。因此，本章聚焦于研究公开市场股份回购的长期市场效应。以 2018 年我国《公司法》修正后以及 2019 年全年 A 股宣告公开市场股份回购的公司为样本，分别采用 BHAR（买入持有超额收益）和 CAR（累计超额收益）两种方法，同时使用市场指数和配对组合公司的价值加权收益率作为基准收益率，考察在我国 A 股市场，上市公司进行股份回购后是否存在长期市场效应，从而为上市公司更好地通过股份回购提升股价、维护市值、促进资本市场的平稳运行提供参考。

第一节 文 献 综 述

一、长期事件超额收益的度量方法

(一) 国外相关文献

长期市场效应的研究通常采用的是长期事件研究法，其中的首要问题是超额收益的度量。国外学者较早地针对长期事件超额收益的度量方法及应用进行了研究，并比较了不同方法的优缺点。里特尔（Ritter，1991）在研究首次公开发行（IPO）的长期市场效应时，使用 CAR 和 BHAR 方法，以市场指数、规模及行业寻找的配对组合为基准收益进行计算。迈克利等（Michaely，Thaler and Womack，1995）在研究股价对发放股利与漏发股利的长期市场反应时，使用 BHAR 方法，以市场指数和规模寻找配对组合为基准收益进行计算。施皮斯等（Spiess et al.，1995）在研究股票增发的长期市场效应时，采用 CAR 和 BHAR 方法，同时使用市场指数和基于规模、账面市值比及行业寻找的配对公司为基准收益进行计算。巴伯和莱昂（Barber and Lyon，1997）探究了股票长期超额收益率的计算方法和基准收益率的选择。在计算方法上，作者重点比较了 CAR 和 BHAR 两种方法，他们认为应该采用 BHAR 而不是 CAR 衡量长期市场效应，原因是 CAR 是 BHAR 的有偏预测值；此外，即使基于 CAR 的推断是正确的，CAR 也无法反映样本公司在所记录的时间区间内的投资价值；在基准收益的选择方面，他们考察了投资组合（市场指数）、基于规模或账面市值比（或同时考虑二者）寻找的控制公司以及 Fama-French 三因素模型等 3 种基准。他们认为，使用投资组合基准计算股票的长期超额收益会产生新上市偏差、再平衡偏差和偏度偏差，而使用基于具体企业特征（如企业规模与 B/M 等）选择配对企业则可以消除上述 3 种偏差，产生明确的统计检验数据，是长期事件研究中较好的方法。法玛（Fama，1998）则认为 BHAR 产生的复合收益放大了偏度偏差，而 CAR 产生的此类偏差更小，因而能够更好地衡量长期超额收益。莱昂、巴伯和蔡知令（Lyon，

Barber and Tsai，1999）又进一步探究了股票长期超额收益率的改进方法，提出使用日历时间组合法（等权或价值加权）来衡量股票的长期市场效应，并将之与 BHAR 方法进行比较。他们认为两种方法各有优缺点：BHAR 方法的优点是通过计算股票的超额收益，能够准确衡量长期投资者的投资收益，其本身也代表一种投资策略；但这种方法的缺点在于对样本公司之间的横截面依赖性的处理存在问题。日历时间组合法的优点是可以控制样本公司之间的横截面依赖性，但却不能精确衡量投资者的经验。两种方法究竟孰优孰劣，至今尚无定论。詹森（Jensen，1986）使用 BHAR 和日历时间组合法计算了私募股权后的长期市场效应，其中，BHAR 的基准收益分别采用市场指数、基于规模和行业、规模和账面市值比寻找的配对组合。阿尔瓦雷斯等（Álvarez et al.，2010）在研究西班牙 IPO 的长期表现时，使用 BHAR 方法，以市场指数、规模和账面市值比标准寻找的配对组合作为基准收益进行计算。

（二）国内相关文献

我国诸多学者在度量长期事件的超额收益时选用了上述方法的一种或几种进行计算。原红旗（2002）使用 CAR 和 BHAR 两种方法，基于市场指数和规模、行业的配对组合作为基准收益，计算了我国上市公司配股的长期业绩。徐丽萍等（2005）使用 BHAR 方法衡量了股票市场对控制权转移的长期市场反应。杨丹、林茂（2006）使用 BHAR 和日历时间组合法研究了我国IPO 的长期市场表现。袁显平、柯大钢（2007）对国内外的长期事件研究方法论进行了系统梳理和总结，关于 BHAR 和 CAR 两种方法的基准收益的度量，具体包括期望收益模型、对照组合和控制企业三大类，期望收益模型又包括市场模型、资产定价模型，Fama-French 三因子模型和 Carhort 四因子模型。袁显平、陈红霞（2010）同时使用 CAR 和 BHAR 方法研究了可转换债券发行的长期股票市场价格绩效。雷光勇等（2012）使用 BHAR 方法研究了公司治理和投资者信心对股票长期收益的影响。钱燕、万解秋（2013）分别采用 BHAR 方法和日历时间组合法，检验了我国券商声誉与 IPO 长期回报之间的关系。张学勇等（2017）使用 BHAR 方法，基于规模和账面市值比寻找的配对组合作为基准收益，同时使用日历时间组合法计算了我国上市公司的长期并购业绩。宋顺林、唐斯圆（2019）在研究首日价格管制对新股投机的作用中，使用 CAR 和 BHAR 方法计算了股票的长期超额收益。

（三）长期事件超额收益度量方法在股份回购有关研究中的应用

在有关股份回购的研究方面，诸多学者在度量长期事件超额收益时也选用了上述方法的一种或几种进行计算。里亚诺等（Liano, Huang and Manakyan, 2003）使用 BHAR 方法计算了回购公告后 3 年的超额收益，研究了不同行业公开市场股票回购的市场效应。宫国瑾等（Gong, Louis and Sun, 2008）在研究公开市场回购后的盈余管理与公司绩效时，采用日历时间组合法进行计算，为控制横截面相关性，对单个公司的月度基准收益采用基于规模、账面市值比和动量因素的配对组合进行调整。陈和王（Chen and Wang, 2012）研究了融资约束对股份回购后公司的经营业绩和超额收益的影响，使用 BHAR 方法计算了公司回购后 4 年的超额收益率，将之与配对公司比较。郑（Zheng, 2020）研究了卖空活动与股票回购公告超额收益之间的关系，使用 BHAR 方法计算回购公告发布后 1 年的超额收益。王自干等（Wang, Yin and Yu, 2020）针对全球 1985～2010 年的股份回购事件，研究了股份回购合法化对公司行为的现实影响，使用 BHAR 方法计算回购后的长期超额收益，结果表明虽然回购后的样本公司产生了长期超额收益，但该策略会导致托宾Q 值、盈利能力、增长和创新的长期下降，并伴随着内部持股的减少。张梦瑜、谢德仁（2022）计算了股份回购后 1 年的 BHAR，认为股份回购新规下投资者获得的长期收益因内部人减持而未得到提高。

二、股份回购的长期市场效应

（一）针对其他国家或地区的股票市场的研究

诸多学者针对其他不同的股票市场进行了研究。研究成果汇总至表 4 - 1。在早期的研究中，伊肯伯里等（Ikenberry, Lakonishok and Vermaelen, 1995）以美国股票市场 1980～1990 年的公开市场股份回购事件为样本进行研究，结论是，在发布回购公告之后，样本公司 4 年的平均 BHAR 为 12.1%，其中，价值股（即被低估的公司）的平均超额收益为 45.3%，作者认为产生这一结果的原因是市场对股份回购公告的"反应不足"，特别是对于那些股价被低估的公司来说。伊肯伯里等（Ikenberry, Lakonishok and Vermaelen, 1999）

采用三因素模型和日历时间组合法研究了加拿大股票回购后的长期表现，结果表明回购公告 3 年后的 CAR 为 21.4%。张华（Zhang，2005）研究了实际股份回购后的长期市场效应，以中国香港股票市场 1993 ~ 1997 年宣告的公开市场股份回购公告为样本进行研究，结果表明采用规模和账面市值比选取匹配公司为基准，全样本中并未发现长期具有正的超额收益率，但对于账面市值比最高的公司（价值股），计算出的 3 年 BHAR 为 20%，说明价值被低估可能是股份回购后产生长期市场效应的原因。蒂默等（Timmer，Raaij and Groenland，2007）采用 OLS 和日历时间组合法对 1995 年 1 月至 2006 年 12 月期间美国和欧洲 8 个市场 275 个回购项目的长期价格效应进行了研究，结果表明回购公告后的 24 个月与市场指数相比能够产生超额收益，说明投资者对回购公告反应不足，且投资者在回购前的负估值中没有过度反应；但与此不同的是，李等（Lee，Jung and Thornton Jr.，2006）针对韩国公开市场股份回购之后的长期市场效应进行了研究，实证结果不支持韩国股票市场存在回购后 3 年内的长期市场效应，作者认为韩国股票回购法规的特殊性，即要求公司宣告之后 3 个月必须完成回购，可能是导致这一结果产生的原因。此外，阿拉巴蒂和赛义德（Albaity and Said，2016）针对马来西亚 2009 ~ 2010 年公开市场股份回购的样本进行了研究，结果表明 3 年内没有产生长期超额收益，支持半强有效市场假说，但同时作者也指出该研究估计期的时间区间可能受之前金融危机的影响。卡斯特罗和克劳迪亚（Castro and Claudia，2019）采用 CAPM 资本资产定价模型和 Fama-French 三因子模型对巴西 2003 ~ 2014 年宣告公开市场股份回购的样本进行了研究，结果表明宣布回购计划的公司在宣布回购计划后，3 年内的平均超额收益率为 5.4% ~ 7.9%，对于价值型公司，超额收益率每年为 11.5%。德罗西亚等（Drousia，Episcopos and Leledakis，2019）研究了雅典实际股票回购后的市场反应，发现回购公司的长期异常收益高于未进行回购的控制公司，回购后 1 ~ 3 年的买入持有超额收益均显著为正；王等（Wang，Nguyen and Dinh，2020）使用 2008 ~ 2016 年的样本研究了越南上市公司股票回购公告后的长期超额收益，采用 BHAR 方法并基于行业、上市交易所等指标选取控制公司作为基准收益，结果表明在回购后的 1 年存在显著为正的超额收益，但 2 年的超额收益不再显著。

表 4-1   股份回购长期市场效应研究成果汇总（其他国家或地区）

文献	研究样本	计算方法	是否产生长期超额收益
Ikenberry, Lakonishok and Vermaelen, 1995	美国	BHAR 与 Fama-French 三因子模型	是
Ikenberry, Lakonishok and Vermaelen, 1999	加拿大	Fama-French 三因子模型与日历时间投资组合法	是
Su and Lin, 2016	中国台湾	CAR、BHAR；Fama-French 三因子模型、Carhort 四因子模型	否
Timmer, Raaij and Groenland, 2007	美国和欧洲	CAPM 资本资产定价模型、日历时间投资组合法	是
Lee, Jung and Thornton Jr., 2006	韩国	CAPM 资本资产定价模型与 Fama-French 三因子模型	否
Albaity and Said, 2016	马来西亚	BHAR 与日历时间投资组合法	否
Castro and Claudia, 2019	巴西	CAPM 资本资产定价模型和 Fama-French 三因子模型	是
Drousia, Episcopos and Leledakis, 2019 *	雅典	BHAR（单一公司作为配对基准）	是
Wang, Nguyen and Dinh, 2020	越南	BHAR	是

注：＊该研究的事件日为股份回购实际发生的日期。

（二）针对 A 股市场的研究

目前只有少数学者针对我国 A 股公开市场股份回购的长期市场效应进行了研究。杨向英（2012）针对我国 2005～2010 年 A 股市场发生股份回购的共 59 家公司进行了研究，使用 CAR 方法进行计算，结果发现回购后 1 年内存在显著为正的月度超额收益率。吴友兵（2012）选取 2005～2010 年我国 A 股市场的 40 个公开市场股份回购样本进行研究，使用 CAR 方法计算了回购公告后的中长期市场效应，结论为回购公告后半年和 1 年能够产生显著为正的平均累计超额收益。黄虹、李焱（2014）选取 2008～2012 年的回购事件为样本，以市场指数为基准收益，采用 API 方法计算了回购公告后 1 年的长期市场效应，结果表明回购公告 1 年的累计超额收益为 0.67%。袁筱月（2017）针对我国 2006～2015 年的 119 起回购事件进行研究，使用 BHAR 和日历时间组合法进行计算，结论为我国上市公司在股份回购后长期股价表现强势。何瑛等（2014）以 2005～2013 年沪深两市共 40 家宣告公开市场回购公告的公司为样本，使用 BHAR 研究了长期市场效应，认为不能证明我国股份回购具有长期市场效应。顾小龙、辛宇（2021）使用 RATS（returns across time and securities）方法，计算了我国股份回购后 12、24、36、48 个月的累计超额收益率，结果表明主动式回购并没有带来显著的正向长期超额收益。

三、股份回购市场效应的影响因素

（一）针对其他股票市场的研究：长期和短期

针对其他股票市场公开市场股份回购长期市场效应影响因素的研究中，伊肯伯里等（Ikenberry, Lakonishok and Vermaelen, 1995）重点研究了账面市值比对股份回购公告长期市场效应的影响，研究发现"价值股"（被低估的公司）能够产生更高的超额收益。张华（Zhang, 2005）针对中国香港市场实际股票回购的研究同样支持价值低估是长期市场效应的重要影响因素，同时作者还考虑了回购间隔天数和回购频率对长期市场效应的影响。里亚诺（Linao, 2003）研究了行业关联性在公开市场股份回购公告后长期回报中的作用。近期的研究中，德罗西亚等（Drousia, Episcopos and Leledakis, 2019）针对雅典实际股票回购后的长期市场效应的研究结果显示，小公司、被低估的公司以及在过去 3 个月频繁回购的公司，在实际回购后的长期能够产生更高的超额收益。卡斯特罗和克劳迪亚（Castro and Claudia, 2019）针对巴西股票市场的研究结果表明，价值低估是股份回购公告产生长期超额收益的重要影响因素。王等（Wang, Nguyen and Dinh, 2020）针对越南股票市场的研究结果表明回购公告后经营业绩的改善有助于解释长期超额收益。股份回购短期市场效应的影响因素方面，吴（Wu, 1995）针对美国股票市场，研究了回购比例、管理层所有权以及回购公告前的内幕交易对股份回购短期市场效应的影响。邢（Xing, 2014）针对中美两国股份回购中短期市场效应的对比研究表明，我国股份回购公告后获得的超额收益符合股利替代假说和自由现金流假说。

（二）针对 A 股市场的研究：长期和短期

目前针对我国 A 股公开市场股份回购长期市场效应影响因素的研究相对较少。吴友兵（2012）研究了股份回购的中长期市场效应在不同回购目的、市场类型组别中的差异。袁筱月（2017）研究了投资者情绪对公开市场股份回购的长期市场效应的影响。

在影响因素方面，由于长期市场效应和短期市场效应并不像计算方法那样存在较大差别。因此，作为初步探索，短期市场效应的影响因素对于长期市场效应影响因素的研究仍然具有重要的借鉴意义。梁丽珍（2006）选取净资产收益率等会计信息、公司规模等信息不对称的代理变量以及预计回购比例等信息含量的可信度的代理变量，研究了公司特性对股票回购公告短期市场效应的影响。刘东霖、张俊瑞等（2009）从回购业务，具体包括回购对象、回购规模和回购时机以及财务杠杆、信息不对称和公司治理等公司层面的因素，研究了股票回购短期市场反应的影响因素。李斌、戴夫等（2010）使用 API 法对 2005～2010 年 A 股回购事件为样本，研究了支付方式（债权或现金）对股份回购短期市场效应的影响，结果表明债权回购下的短期收益率高于现金回购的情形。汪启涛、王丽娟（2011）研究了市净率、每股收益等公司特征方面的因素对股份回购公告短期市场效应的影响。何瑛（2014）从企业自身角度和回购行为本身诸如回购目标、方式等角度系统总结了影响股份回购公告市场效应的因素。刘洋翔宇（2017）研究了回购比例、回购目的和回购价格对股份回购公告短期市场效应的影响。邢嘉威（2020）选取 2011～2017 年 A 股的公开市场股份回购事件，研究了信息不对称回购公告短期市场效应的影响，以应计质量、分析师关注度、无形资产相对规模和公司规模作为信息不对称的代理变量，结果表明信息不对称程度高的公司在回购公告后的短期能够产生更高的超额收益。牛永寿（2020）研究了回购比例、回购规模、公司治理及财务指标对股份回购的短期市场效应的影响。张莹（2020）研究了市净率对股份回购公告短期市场效应的影响，结果表明二者呈显著的正向关系。张本照、李国栋（2021）研究了产权性质对股份回购短期市场效应的影响，认为产权性质通过盈余管理和激励约束对股份回购产生作用。董莹（2021）研究了回购目的对股份回购中短期市场效应的影响。潘婉斌、汪国俊（2021）研究了企业声誉对股票回购公告短期市场效应的影响。

四、文献述评

综上可知，关于长期市场效应的衡量方法，常见的方法有 CAR、BHAR 以及日历时间组合法。其中，CAR 和 BHAR 两种方法各有千秋，日历时间组合法和 BHAR 方法相比同样各有优缺点。具体如图 4 - 1 所示。使用 BHAR 和 CAR 方法计算长期市场效应时对基准收益的选择十分敏感，常用的是使用市场指数（投资组合），或根据规模、账面市值比（或二者兼有）选取配对公司作为基准收益进行计算，其中，使用基于规模、账面市值比的配对组合作为基准收益计算产生的偏差较小。总之，综观现有针对不同股票市场的长期市场效应的研究，BHAR 方法使用得最多，为保证结果的稳健性，多数学者同时使用 CAR 或其他方法进行计算。

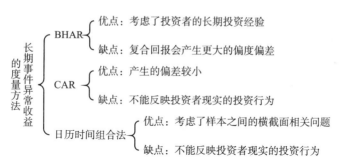

图 4 - 1 长期市场效应衡量方法的优缺点比较

关于公开市场股份回购公告长期市场效应的研究，以往国内针对我国 A 股市场的研究十分有限，之前的研究即使是研究长期效应，针对公开市场回购的很少，多数并未将公开市场回购和其他类型的回购进行严格区分。此外，由于我国 A 股市场在 2018 年《公司法》修订之后才出现明显的回购热潮，因此，整体而言，目前国内已有研究的样本数量较少、研究方法的选择也较为单一，就我国 A 股上市公司公开市场股份回购是否具有长期市场效应，结论不一。而针对其他股票市场的相关研究则较为丰富，研究方法的选择上，多数研究以根据账面市值比、公司规模等寻找配对公司以及使用资产定价模型得到期望收益率两种方法为主。由于各个国家（地区）针对公开市场股份回购的相关法律规定不同，且股票市场环境存在较大差异，因而回购公告在长期是否具有市场效应也得到了不同的结论。例如：针对越南、巴西等新兴市场国家的研究支持回购公告后的长期能够产生显著为正的超额收益；针对股份回购开始较早的美国，研究结果也表明存在长期市场效应；而韩国关于股份回购有着特殊监管规定，研究结果不支持存在回购公告后的长期市场效应。那么现阶段，在我国出台新规的背景下，我国公开市场股份回购是否具有长期市场效应，值得深入研究。

在股份回购长期市场效应的影响因素方面，目前只有少数学者从回购目的、市场类型和投资者情绪三个方面研究了我国 A 股市场股份回购长期市场效应的影响因素，但尚缺乏对公司特征层面因素的考察。相比而言，目前国内针对股份回购短期市场效应影响因素的研究更为丰富，具体包括公司特征层面如市值账面比、公司规模、财务指标、分析师关注度，以及股份回购本身如回购比例、回购目的、回购资金来源、产权性质等方面的因素。针对其他股票市场股份回购长期市场效应影响因素的研究，重点考察了账面市值比对股份回购长期市场效应的影响，同时考虑了公司规模和股份回购本身等因素的影响，多数研究的结果支持价值低估假说。

基于此，本研究以我国《公司法》的修改为背景，同时使用 BHAR 和 CAR 两种方法，使用市场指数以及根据账面市值比、公司规模和动量因素三个指标寻找的配对组合两种基准收益，计算我国公开市场股份回购公告的长期市场效应。在此基础上从公司特征和股份回购本身等角度出发，探究我国公开市场股份回购长期市场效应的影响因素，从而进一步丰富国内现有关于这一问题的研究。

第二节　理论基础与研究假设

一、有效市场假说

有效市场假说（efficient markets hypothesis，EMH）是由美国经济学家尤

金·法玛在1970年提出的假说。有效市场即证券的价格能够对各种影响价格的信息做出快速反应，体现了资本市场配置资金的效率。根据信息类型的不同，有效市场共分为3种类型：弱有效市场、半强有效市场和强有效市场。其中，半强有效市场是指证券的价格能够迅速反映所有公开发布的信息，这部分公开信息通常是指上市公司定期发布的财报等财务数据以及与公司经营活动有关的重大事项等。

如果不满足有效市场，那么事件对股票价格产生的外部冲击将会在一定时期内表现为两种情况：反应过度和反应不足，如图4-2所示。若市场反应不足，则投资者可在一定时期内获得超额收益。理想的情况是资本市场是有效市场，正如法玛（Fama，1970）的相关描述："资本市场的基础作用是分配经济体的股本所有权，理想的市场是一个价格为资源配置提供准确信号的市场"。然而，现实中信息传递和投资者决策等多种因素都会影响证券市场的效率。国内外部分学者的研究结果也表明，事件公告期间持有股票能够产生正的超额收益，即存在不支持半强有效市场的证据，但多数学者认为并不能因此而完全否定证券市场的有效性。

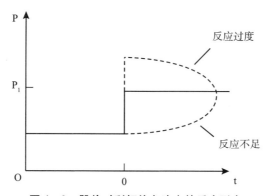

图4-2 股价对利好信息冲击的反应形态

注：P_1为有效市场情况下的均衡股价。

股份回购作为上市公司资本运作的方式之一，被认为是上市公司在向投资者传递公司经营良好的信息。因为根据经济学的供求理论，实施股份回购后，公司发行在外的总股本减少，在净利润不变的情况下，每股收益（EPS）就会提高，因此，公司的股票在资本市场上的需求就会增加，作用于资本市场，即股票的价格会提高，进而股票的收益率也会提高。国外的诸多相关研究发现了公开市场股份回购公告发布后存在 1 年及以上长期超额收益的证据。针对我国 A 股市场的早期研究，也有存在长期超额收益的结论。2018 年，受中美贸易争端等国内外复杂经济形势的影响，我国 A 股市场整体呈下跌趋势，在此情况下，新《公司法》中明确提出支持上市公司通过股份回购维护公司价值，这无疑会给投资者以信心，从而助推股价的提升。但是，从信息发布到投资者对信息做出判断及做出最终的投资决策均需要一个时间传导的过程，因而股票价格对回购公告的反应会产生时间上的延迟。此外，部分投资者出于保守心理，或者对股份回购公告发布后市场的反应持观望态度等都会影响信息传递的效率，且从上市公司发布股份回购公告到实际进行股份回购也有一个过程，因此，预计股票价格会在长期对股份回购公告传导的信息反应不足。据此，本研究提出如下假设：

假设 1：我国 A 股公开市场股份回购公告具有长期市场效应，即在回购公告发布后能够产生显著为正的超额收益。

二、价值低估假说

价值低估假说认为，如果公司的管理者认为公司目前股价被低估，预期未来盈利水平较高，则会发布股份回购公告，以调整投资者对公司股价的预期，使公司的股票价格和其内在价值相匹配。国外文献多采用账面市值比（市净率的倒数）作为衡量公司股价低估程度的指标，如伊肯伯里等（Ikenberry, Lakonishok and Vermaelen, 1995）根据账面市值比的大小对样本公司进行分组检验，发现"价值股"（即被低估的公司）回购公告 4 年的平均超额收益为 45.3%。张华（Zhang, 2005）对中国香港股票市场的研究中，发现实际回购后的第 3 年，账面市值比最高的公司（价值股）的买入持有超额收益为 20%，认为价值低估是上市公司进行股份回购的主要原因，且公告前股价的低估程度越高，回购后的长期能够产生更高的超额收益。而针对我国 A 股市场的研究则多采用回购公告前的累计超额收益（CAR）作为股价低估的衡量指标。例如，董竹、马鹏飞（2017）以我国 2005 ~ 2014 年公开市场股份回购公告事件为样本，用 CAR（−65，−5）衡量股价低估的程度，结果发现回购公告的短期市场效应受回购前股价低估的影响。综上，本书猜测我国 A 股市场回购公告的长期市场效应也有可能受到回购公告前股价低估的影响，由此提出本研究的第 2 个假设：

假设 2：回购公告前股价低估程度越高的公司，在回购公告后的长期能够产生更高的超额收益。

三、信息不对称和信号传递理论

微观经济学中的信息不对称理论广泛应用于公司金融领域的研究中。信息不对称最初的含义是：在市场活动中，拥有信息优势的一方可能利用自身掌握的信息优势而损害另一方的利益，这在经济学上被认为是无效的，即市场没有达到最优状态。在资本市场中，上市公司往往是具有信息优势的一方，而投资者则为信息劣势方。发送信号可以在一定程度上可以缓解信息不对称的问题，使投资者获取更多关于上市公司的信息。

股份回购等同于发送信号。信号传递理论认为，上市公司发布股份回购公告就是在向市场传递公司未来具备发展潜力的信号，这一信号可以让投资者了解到更多关于公司内部经营发展的信息，从而改变投资者对未来的预期，因此会在一定时期内助推股价的提升。尤其是对于回购公告前信息不对称程度高的公司，预计发送这一信号的效果将更为明显。由此，本研究提出：

假设 3：上市公司信息不对称程度的大小，是影响公开市场股份回购长期市场效应的重要因素。

（一）公司规模

国内外文献中常用的衡量公司信息不对称程度的代理变量之一是公司规模。通常认为，小规模公司的信息不对称程度更高，因此，一旦小公司发布公开市场股份回购公告，将大大提高公司的信息透明度，缓解投资者和上市公司之间的信息不对称问题。国内外多数学者的研究表明：公司规模和回购公告效应呈负相关关系。梁丽珍（2006）对股份回购公告短期市场效应的影响因素的研究结果表明，公司规模越大，产生的公告效应越小。德罗西亚等（Drousia, Episcopos and Leledakis, 2019）针对雅典实际股票回购后的长期市场效应的研究结果显示，小公司在发布回购公告后的长期，能够产生更高的超额收益。但也有学者的实证研究结果没有得到支持公司规模与回购公告市场效应呈负向关系的证据。邢嘉威（2020）以 2011～2017 年间发生在我国 A 股市场的公开市场回购事件为样本，研究结果显示公司规模和回购公告短期市场效应的回归系数为正，但不显著。结合国内外现有研究的结论，通过分析，本研究猜测，小规模公司和大规模公司相比，在发布公开市场股份回购公告后的长期，能够产生更高的超额收益。据此，本研究提出：

假设 3a：公司规模越小的公司，在发布回购公告并进行股份回购后，长期内能够产生越高的超额收益。

（二）分析师关注度

衡量信息不对称程度的另一个常用代理变量是分析师关注度。常见的度量分析师关注度的指标有：一定时期内对公司进行跟踪分析的分析师（团队）数量、对公司进行跟踪分析的研报数量以及上市公司透明度（根据沪、深交易所披露的等级）。以往有学者对分析师关注度对股份回购市场效应的影响进行了研究。邢嘉威（2020）使用分析师关注度作为信息不对称的代理变量，研究了信息不对称程度对股票回购公告短期市场效应的影响，结果表明，上市公司通过公开市场回购取得的显著的短期正向公告效应和回购公告前的信息不对称程度成正比，即：回购公告前分析师关注度低——信息不对称程度高——回购公告效应高，分析师关注度和回购公告效应负相关。

但也有学者从另一个角度研究了分析师关注度对股份回购市场效应的影响，认为二者之间呈正向关系。潘婉斌、汪国俊等（2021）的研究结果表明：声誉越大的企业，短期回购公告的价值效应越好。此外，从分析师关注度对股票投资收益率本身的影响来看，荆博诚（2021）以我国 A 股 2004～2019 年的上市公司为样本，研究了分析师关注度与股票投资收益率之间的关系，研究结果表明，分析师关注度对股票的投资收益率有积极影响，分析师关注度越高的公司，其股票的投资收益率越高。从上述研究可以得知，回购公告前分析师关注度高——降低信息不对称程度——回购公告效应高，分析师关注度和回购公告效应正相关。出现这一结果的原因是，一般来说，分析师作为证券市场的信息媒介，在缓解证券市场信息不对称问题方面发挥着重要的作用。分析师缓解公司内部人和投资者之间信息不对称问题的方式是发布研究报告。分析师往往会在过去的 1 年对 1 家或多家上市公司进行持续跟踪研究，通过专业性分析发布研究报告，以此向市场传递有关上市公司的更多信息。分析师发布的研究报告中往往会包含有价值的信息，能够给投资者提供一定的专业性建议，投资者将在此基础上做出理性的投资决策，进而获取投资收益。

综上，关于分析师关注度对股份回购市场效应的影响出现了两种截然相反的结论。前者是单纯将其作为衡量信息不对称程度的代理变量，而后者则更关注分析师关注度本身对信息不对称问题的缓解作用。本研究经分析更支持第二种结论，即认为分析师关注度对股票的超额收益率有积极影响，且股份回购公告会进一步放大这一影响，也即分析师关注度高的公司在发布股份回购公告后的长期预计能产生更高的超额收益。因为从公司本身的影响力来看，分析师关注度高的公司往往是具有一定知名度、目前市场上比较"热"的公司，因而市场和投资者在此影响下也会看好这些公司未来的发展，再加上股份回购公告本身向投资者和市场传递出的公司管理者认为自身股价低估，未来盈利水平更高的积极信号，二者叠加将会进一步对回购公告后的股价表现产生积极影响。因此，本研究猜测回购公告的长期市场效应也有可能受到分析师关注度的影响。据此，本研究提出：

假设3b：分析师关注度越高的公司在回购公告发布后，在长期内能够产生越高的超额收益。

第三节 研究设计与长期市场效应的计算

一、样本选取与数据来源

（一）样本选取及描述性统计

以2018年10月26日《公司法》修改为时间节点，本章选取了我国A股市场2018年10月27日至2019年12月31日公告的所有公开市场股份回购公告（即交易所公开形式交易）事件，只保留同一家公司在所选时间区间内发生的第1次回购事件。本研究使用的样本数据均来自国泰安（CSMAR）数据库。

其中，2019年的样本若在2018年10月27日～12月31日发布过公开市场股份回购公告，则将之剔除；同时删除 ST，*ST 的样本；剔除金融业的样本，最终共得到 376 家公司宣告的 376 起公开市场回购事件。需要说明的是，本研究样本的选择是以回购预案公告日作为事件发生日，对于发布回购公告，但未实际进行回购的样本，本研究也进行了剔除。

表 4-2 展示了本研究选取的样本的时间分布，由于《公司法》是 2018 年 10 月 26 日修改的，在 10 月份即《公司法》修正后 5 天就发生了 28 起公开市场回购公告事件，且 2018 年 10~12 月三个月的回购公告数量超过了 2019 年全年发布回购公告事件数量的一半还多，可见 2018 年底确实是我国 A 股上市公司宣告股份回购的一个高峰期。总体来看，2018 年的样本更多分布在 11 月份，在这个月共有 87 起公开市场回购公告事件；而 2019 年的样本各月份之间相差不大，1 月份的样本数相对较多，有 42 起。

表 4-2　　　　　　　　　　　**回购样本的月份分布统计**

项目		回购公告数量（家）
2018 年	10 月	28
	11 月	87
	12 月	50
	总计	165
2019 年	1 月	42
	2 月	14
	3 月	15
	4 月	11
	5 月	24
	6 月	13
	7 月	14
	8 月	25
	9 月	7

续表

项目		回购公告数量（家）
2019 年	10 月	13
	11 月	19
	12 月	14
	总计	211
全样本合计		376

表 4-3 展示了样本相关回购信息的描述性统计结果。其中，拟回购数量均值为 0.31 亿股，拟回购金额均值为 3.11 亿元；实际回购数量均值为 0.26 亿股，实际回购金额均值为 2.11 亿元。拟回购比例均值为 2.27%，最小值为 0.015%，最大值为 15.42%。

表 4-3　　　　　　　　**样本回购信息的描述性统计**

项目	样本数	均值	中位数	最小值	最大值	标准差
拟回购数量（亿股）	374 家	0.31	0.11	0.001	6.6	0.65
拟回购金额（亿元）	374 家	3.11	1.50	0.021	106.37	7.86
实际回购数量（亿股）	374 家	0.26	0.09	0.001	6.0	0.61
实际回购金额（亿元）	374 家	2.11	0.96	0.005	57.93	4.98
拟回购比例（%）	368 家	2.27	1.74	0.015	15.42	1.93

注：因部分样本的回购信息缺失，统计的样本数少于全样本。"拟回购数量"取回购公告中回购数量上限和下限的平均值，部分公司仅公布回购数量上限或下限，因此均值统计结果出现低于实际回购数量的情况。
资料来源：国泰安（CSMAR）数据库。

表 4-4 展示了样本的行业分布。由此可知，在 2018 年《公司法》修正后至 2019 年底宣告回购的样本中，制造业行业的样本数量最多，达到 265 家，占样本总数的 70.48%；而教育行业的样本数量很少，仅包括 1 家上市公司。

表4-4   样本的行业分布

行业分类代码	行业名称	样本数（家）	占比（%）
A	农业	3	0.8
B	石油和天然气开采业	5	1.33
C	制造业	265	70.48
D	燃气生产和供应业	6	1.6
E	土木工程建筑业	7	1.86
F	批发业	12	3.2
G	水上运输业	9	2.4
I	软件和信息技术服务业	29	7.71
K	房地产业	10	2.66
L	商务服务业	8	2.13
M	专业技术服务业	8	2.13
N	公共设施管理业	3	0.8
O	居民服务、修理和其他服务业	1	0.27
P	教育	1	0.27
Q	卫生	2	0.53
R	体育	5	1.33
S	综合业	2	0.53
	合计	376	100

（二）数据来源

本研究使用的股份回购数据、个股收益率数据及市场指数数据均来自国泰安（CSMAR）数据库，回购信息的部分数据来自东方财富网数据中心。使用 Stata15 进行计算。

样本收益率使用的是"考虑现金红利再投资的月个股回报率"，市场指数收益率使用的是"考虑现金红利再投资的综合月市场回报率（流通市值加权平均法）"，并根据市场类型进行区分，将样本与对应的市场收益率类型相对应；市值账面比的定义为收盘价当期值/（所有者权益合计期末值/实收资本本期期末值）。

二、研究方法与异常收益率的计算

（一）长期事件研究法

传统上，研究市场效应采用的方法是事件研究法。根据事件期的长短，又可分为短期事件研究法和长期事件研究法。研究上市公司股份回购后的长期市场效应，应采用的方法是长期事件研究法，即计算事件发生日（月）之后的超额收益率，并采用统计检验的方法，判断事件发生之后是否产生了显著为正的超额收益。在这里，要解决的两个问题是超额收益率的度量和基准收益率的选择。已有关于长期市场效应的研究成果表明，长期事件研究更加突出的是长期持续的过程，因此关注的是事件发生后样本股未来的收益率。

本书的计算方法具体如图 4-3 所示，图 4-3 以 2018 年 10 月宣告并在之后进行实际回购的上市公司为例，其他月份的样本依此类推。

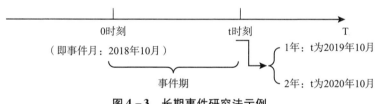

图 4-3　长期事件研究法示例

市场指数基准关注的是 0~t 时刻，样本股与大盘指数相比是否产生了超额收益；而配对组合中选取的公司对其在 0 时刻前的一段时间内发生实际回购的行为进行了控制，从而可得出在本书研究的时间区间内，样本公司仅因股份回购行为而产生的超额收益。此外，本书加入动量因素指标作为配对公司的选择标准之一，也使得二者的收益率在开始的一段时间处于大致相同的水平，避免因股票收益率的剧烈波动而影响分析的结果。

（二）超额收益率的度量

巴伯和莱昂（Barber and Lyon，1997）认为，BHAR 本身代表着一种投资策略（被动投资策略），即购买股票就一直持有，直到投资期末才卖出全部股票，兑现收益。因而能够反映长期投资者的投资经验，更加符合投资者现实的投资行为，而 CAR 则无法反映样本公司在所记录的时间区间内的投资价值。但法玛（Fama，1998）认为，BHAR 产生的复合收益可能会放大股票收益率的偏度偏差，而 CAR 方法产生的此类偏差更小。由此可见，BHAR 和 CAR 两种方法各有千秋，故本书同时采用 BHAR 和 CAR 两种方法计算股票的长期超额收益率，从而更加全面地考察股份回购公告的长期市场效应，增强结论的稳健性。

1. 买入并持有超额收益率（BHAR）[①]

$$BHAR_{it} = \prod_{t=1}^{t}\left[1 + R_{it}\right] - \prod_{t=1}^{t}\left[1 + R_{mt}\right] \tag{4-1}$$

即 $$BHAR_{it} = BHAR_{样本} - BHAR_{基准组合} \tag{4-2}$$

其中，R_{it} 为样本公司 i 第 t 月的收益率，R_{mt} 为基准收益率。

2. 累计超额收益率（CAR）

参考原红旗（2002）中采用的方法，本书对 CAR 的计算具体如下：

$$AR_{it} = R_{it} - R_{mt} \tag{4-3}$$

$$CAR_{it} = \sum AR_{it} \tag{4-4}$$

其中，AR_{it} 为样本公司 i 第 t 月的超额收益率，由样本公司 i 第 t 月的收益率 R_{it} 减去第 t 月作为比较基准的收益率 R_{mt} 得到。将一段时间（如 1 年）内 AR_i 加总，得到样本公司 i 在给定时间段的累计超额收益率 CAR_i，以此衡量上市公司股份回购公告后的长期市场效应。

（三）基准收益率的选择

基准收益率即正常情况下投资某只股票产生的收益率。本书分别选取市场指数收益率和配对组合公司的收益率两种基准。市场指数收益率数据可直接从国泰安数据库中获得。关于配对组合，张华（Zhang，2005）采用的是控

[①] 买入持有超额收益率（BHAR）的初始计算公式为 $BHAR_{it} = \prod_{t=1}^{t}\left[1 + R_{it}\right] - 1$，式（4-1）中前后两项减 1 后相互抵销，因而在此省略式中的减 1 项。

制公司规模和账面市值比两个指标，在一定范围内选择单一一家和样本公司最接近的公司作为对照组合。何瑛等（2014）根据规模和权益－市值比两两交叉分组的方法寻找配对组合。本书借鉴宫国瑾等（Gong，Louis and Sun，2008）构造配对组合的方法进行构造，在以往研究的基础上增加了动量因素作为匹配标准。关于动量因素的计算，以往国内的研究中，黄苑等（2018）使用过去 12 个月的累计收益作为动量因素，本研究考虑到公司股价在短期可能发生剧烈波动，故选取 6 个月的 BHAR 计算动量因素。

本书寻找配对组合的具体步骤为：首先，按照 2019 年 6 月末流通市值的大小将 A 股所有上市公司由大到小分成 5 组；在分好的每一组内，再根据 2019 年 6 月末的市值账面比按照大小排序分成五分位；接着，在根据市值账面比划分的每一组内，再根据 2019 年 1~6 月的 BHAR（动量因素）的大小分成五组，共形成 125 个组合。在上述三个标准下同时和样本公司处在同一组的公司，即为最终寻找的配对组合。同时，配对组合内的公司还应满足：在样本公司发布公告并实际进行公开市场回购（即事件月）的前后一段时间内（具体为 2016 年 1 月 1 日至 2021 年 11 月 30 日）没有发布过除样本事件之外的其他公开市场股票回购公告事件（发生过场外协议回购的并不考虑在内）；此外，还控制配对组合内的公司和样本公司处于同一交易板块，即同为主板、中小板或创业板，以消除不同交易板块因上市条件不同而对股票收益率的影响。

本研究对有以下情况的样本在寻找配对组合时进行了特殊处理：

（1）如果深圳 A 股的样本的配对组合内没有同一板块的公司，则放开至上海 A 股寻找，得到配对组合；

（2）因目前我国深圳 A 股主板和中小板合并，故属于中小板的样本如果配对组合内没有相同板块的公司，可放开至深圳 A 股主板板块中寻找；

（3）除以上两种情况外，如果属于创业板的样本未寻找到配对组合公司，则将该样本剔除；

（4）尽量保持配对组合内的公司数量不只有一家。即，如果样本公司为深圳 A 股，配对公司所在组中深圳 A 股仅有 1 家公司，但组内还有上海 A 股的几家公司，则将上海 A 股的几家公司也纳入选取的配对组合之中，拓展公司数量的依据是两个板块的公司规模相近。

在得到最终的配对组合之后，本书根据 2019 年 6 月末的流通市值计算每

个组合的价值加权收益率，得到式（4 - 4）中配对组合的 BHAR。即

$$BHAR_{配对组合} = \sum_{i=1}^{N} w_i \times BHAR_{it} \qquad (4-5)$$

其中，

$$w_i = \frac{V_i}{\sum_{i=1}^{N} V_i} \qquad (4-6)$$

其中，V_i 表示配对组合内各公司在 2019 年 6 月末的流通市值。

同理，对 CAR 算法中的 R_{mt}，也根据 2019 年 6 月末的流通市值计算得到各个组合每个月的价值加权收益率。表 4 - 5 总结了本研究计算长期市场效应的方法、使用的基准收益以及计算的事件期。

表 4 - 5　　　　　　　　超额收益率的度量及基准收益率的选取

项目	BHAR	CAR
市场指数收益率	（1，12）、（1，24）、（1，36）	（1，12）、（1，24）、（1，36）
配对组合收益率	（1，12）、（1，24）、（1，36）	（1，12）、（1，24）、（1，36）

（四）超额收益率的显著性检验

本研究对 CAR 和 BHAR 方法计算的结果分别采用 t 检验和 Wilcoxon 秩和检验，以检验长期内进行公开市场回购的公司是否获得了显著的异常收益。其中，t 检验是对平均值的检验，Wilcoxon 秩和检验是对中位数的检验。

三、长期市场效应计算结果分析

（一）市场指数基准计算结果

下面分别展示使用 BHAR 和 CAR 两种方法计算的我国 A 股上市公司宣告回购后 1 ~ 3 年的市场效应，以市场指数收益率基准进行计算。最终的计算结果见表 4 - 6。

表 4 - 6　　以市场指数为基准计算的宣告回购后的 BHAR 和 CAR

项目	事件期		BHAR		CAR	
			t 值/z 值		t 值/z 值	
全样本 (N = 376)	(1, 12)	均值	0.1900	7.14 ***	0.0876	4.80 ***
		中位数	0.0525	5.30 ***	0.0322	3.04 ***
	(1, 24)	均值	0.2089	2.97 ***	0.1134	3.63 ***
		中位数	− 0.1530	− 0.49	− 0.0222	2.17 **
2018 年样本 (N = 165)	(1, 12)	均值	0.0546	1.54	0.0574	2.31 **
		中位数	− 0.0468	− 0.84	0.0168	0.98
	(1, 24)	均值	0.2499	2.48 **	0.1540	3.34 ***
		中位数	− 0.0707	0.31	0.0523	2.35 **
	(1, 36)	均值	0.5395	4.05 ***	0.3318	5.77 ***
		中位数	− 0.0320	1.88 *	0.2033	4.76 ***
2019 年样本 (N = 211)	(1, 12)	均值	0.2959	8.00 ***	0.1113	4.28 ***
		中位数	0.1415	7.41 ***	0.0473	3.13 ***
	(1, 24)	均值	0.1768	1.81 *	0.0816	1.92 *
		中位数	− 0.2436	− 0.84	− 0.0862	0.94

注：均值和中位数的显著性分别基于双尾 t 检验和双尾 Wilcoxon 秩和检验，对应的 t 统计量和 z 统计量报告在不同事件期对应的均值和中位数右侧；＊、＊＊、＊＊＊分别代表 10%、5%、1% 的显著性水平。

表 4 - 6 报告了以市场指数收益率为基准计算的样本公司宣告公开市场股份回购后 1 ~ 3 年的超额收益率，用 BHAR 和 CAR 两种方法进行计算，同时，对每一计算结果进行 t 检验和 Wilcoxon 秩和检验。表 4 - 6 的左半部分展示了 BHAR 法的计算结果。从全样本数据来看，公告后 1 年的 BHAR 的均值为 19%，这一结果在 1% 的水平上显著不等于 0；1 年 BHAR 的中位数为 5.25%，同样在 1% 的水平上和 0 有显著差异，这说明公开市场股份回购公告在 1 年内具有十分显著的市场效应，假设 1 得到验证，同时也说明被动投资策略在该情形下的可行性。表 4 - 6 右侧展示的 CAR 方法的计算结果和 BHAR 法计算的结果保持一致，计算结果显示：回购公告后 1 年 CAR 的均值为 8.76%，中位数为 3.22%，二者均在 1% 的水平上和 0 有显著差异，进一

步说明我国 A 股市场公开市场股份回购存在长期市场效应。两种方法计算的 2 年期市场效应，BHAR 的均值为 20.89%，CAR 的均值为 11.34%，均在 1% 的水平上显著不等于 0，但回购公告后 2 年的 BHAR 和 CAR 的中位数为负，与均值存在差距。因此，本书认为，回购公告后 2 年的市场效应依然存在，显著性和 1 年期相比有所下降。

表 4 - 6 同时也展示了分时间段的样本计算结果，同时也展示了分时间段的样本计算结果，同样使用 BHAR 和 CAR 两种方法进行计算。结果显示，2019 年宣告回购的样本公司，其 1 年的 BHAR 均值为 29.59%，在 1% 的水平上显著，而 2018 年宣告回购的样本公司的 BHAR 均值仅为 5.46%，且并不显著，即 2018 年宣告并在之后实际进行股份回购的公司，其 1 年的平均 BHAR 低于 2019 年宣告并实际回购的样本公司。后文将在回归模型中加入回购宣告时间虚拟变量进行实证检验。CAR 计算方法下，2018 年样本 1 年期的平均 CAR 为 5.74%，同样低于 2019 年样本的 11.13%，和 BHAR 算法的结果一致。本书认为，出现上述现象的原因可能有以下两点：一是受大盘指数的影响。2018 年，我国 A 股市场整体呈下跌趋势，因而在宣告回购后的 1 年内，2018 年宣告回购的样本公司的股价涨幅较小，难以获得高的超额收益。二是和投资者信心有关。2019 年之后，由于 A 股市场整体有所反弹，因此，投资者对 2019 年宣告回购的样本公司通过股份回购提升市值更加有信心，投资者普遍认为这部分上市公司在发布回购公告后的长期能够达到提升市值的目的，因此，这些上市公司的股价也有所上涨。

受本书研究时间所限，回购公告 3 年市场效应的计算仅包含 2018 年样本，表 4 - 6 的结果显示，3 年平均 BHAR 为 53.95%，但中位数为负，且和均值差距较大；平均 CAR 为 33.18%，中位数和均值较为接近。总体来看，回购公告后 3 年内依然存在一定程度的市场效应，只是从统计意义角度来说，不如公告后 1 年和 2 年的市场效应显著。

总之，市场指数基准的计算结果说明在我国 A 股市场，公开市场股份回购公告具有 1~3 年的长期市场效应，其中，回购公告后 1 年的市场效应更为显著。

（二）配对组合基准计算结果

为了确保结果的稳健性，本研究同时以配对组合公司的价值加权收益率为基准，使用 BHAR 和 CAR 两种方法计算样本公司发布回购公告后的 1～3 年的长期市场效应，计算结果分别如表 4-7、表 4-8 所示。

表 4-7　　　　　　　以配对组合为基准计算的宣告回购后的 BHAR

项目	事件期		回购公司	配对组合	Diff	t 值/z 值
全样本 （N = 368）	（1，12）	均值	0.2824	0.2029	0.0795	2.92 ***
		中位数	0.1441	0.1198	-0.0041	1.71 *
	（1，24）	均值	0.6324	0.4841	0.1484	1.96 *
		中位数	0.2465	0.3766	-0.0571	-0.49
2018 年样本 （N = 163）	（1，12）	均值	0.2613	0.1681	0.0932	3.19 ***
		中位数	0.1364	0.1047	0.0125	2.21 **
	（1，24）	均值	0.7473	0.4848	0.2625	2.47 **
		中位数	0.4126	0.4178	0.0247	1.24
	（1，36）	均值	1.1601	0.9728	0.1873	1.09
		中位数	0.5307	0.5762	-0.0755	0.64
2019 年样本 （N = 205）	（1，12）	均值	0.2992	0.2306	0.0687	1.59
		中位数	0.1479	0.1227	-0.0293	0.63
	（1，24）	均值	0.5411	0.4835	0.0576	0.54
		中位数	0.1175	0.3080	-0.1400	-1.64

注：1. Diff = BHAR$_{回购公司}$ - BHAR$_{配对组合}$，Diff 即为样本公司的买入持有超额收益率。2. 均值和中位数的显著性分别基于双尾 t 检验和双尾 Wilcoxon 秩和检验，对应的 t 统计量和 z 统计量报告在不同事件期对应的均值和中位数右侧；*、**、*** 分别代表 10%、5%、1% 的显著性水平。3. 全样本的数量和市场指数基准全样本数量存在差异，原因是将无法寻找到配对公司的样本进行了剔除。

表 4-8　　　　　　　以配对组合为基准计算的宣告回购后的 CAR

项目	事件期		CAR	t 值/z 值
全样本 （N = 368）	（1，12）	均值	0.0720	3.71 ***
		中位数	0.0289	2.97 ***
	（1，24）	均值	0.0472	1.44
		中位数	-0.0081	0.41

续表

项目	事件期		CAR	t值/z值
2018 年样本 （N = 163）	（1，12）	均值	0.0725	3.69 ***
		中位数	0.0344	2.97 ***
	（1，24）	均值	0.0928	2.17 **
		中位数	0.0201	1.61
	（1，36）	均值	0.1356	2.26 **
		中位数	0.1064	1.92 *
2019 年样本 （N = 205）	（1，12）	均值	0.0717	2.30 **
		中位数	0.0107	1.60
	（1，24）	均值	0.0109	0.23
		中位数	- 0.0483	- 0.73

注：均值和中位数的显著性分别基于双尾 t 检验和双尾 Wilcoxon 秩和检验，对应的 t 统计量和 z 统计量报告在不同事件期对应的均值和中位数的右侧；＊、＊＊、＊＊＊分别代表 10%、5%、1% 的显著性水平。

表 4 - 7 报告了以配对组合公司的价值加权收益率为基准，计算的样本公司宣告公开市场股份回购后 1～3 年的买入持有超额收益率，对每一计算结果均进行 t 检验和 Wilcoxon 秩和检验。通过根据市值账面比、公司规模和动量因素寻找配对组合，为研究样本公司回购公告的长期市场效应提供了可供参照的比较基准。由表 4 - 7 可知，全部样本回购公告 1 年的平均 BHAR 为 7.95%，说明与回购公告之前（2016 年 1 月 1 日）至之后（2021 年 11 月 30 日）这段时间内没有发布公开市场股份回购公告的公司相比，宣告并在之后实际进行回购的上市公司能够产生显著为正的超额收益，这也给持有此部分公司股票的投资者以信心，上市公司在发布回购公告后 1 年的长期，也达到了提升股价，维护市值的目的，上述结果和以市场指数为基准计算的结果保持一致。2 年期的平均 BHAR 为 14.84%，在 10% 的水平上显著不为 0，但和市场指数基准计算的结果类似，2 年期 BHAR 的中位数为负且和均值存在差异，同样说明公开市场股份回购公告的 2 年期的市场效应不如 1 年期显著。

分时间段来看，表 4 - 7 的结果显示，2018 年和 2019 年宣告并在之后实际进行回购的样本公司，其 1 年平均 BHAR 分别为 9.32% 和 6.87%，前者在 1% 的水平上和 0 有显著差异，二者差距不大。2018 年和 2019 年宣告并实际回购的样本 2 年期的平均 BHAR 分别为 26.25% 和 5.76%，前者在 5% 的水平上和 0 有显著差异，直观上看在回购后的更长时间（2 年）里，2018 年样本具有更强的 2 年期市场效应。结合上文分析的原因，2018 年我国 A 股市场整体行情较为低迷，到 2019 年有所回升，即 A 股上市公司的股票收益率在 2019 年整体高于 2018 年，因而 2019 年宣告回购的公司很难在回购后的长期，与配对公司相比获得较高的超额收益。

总之，在 BHAR 方法下，采用配对组合基准和市场指数基准计算的结果基本保持一致，说明本节的计算结果具有稳健性。

表 4 - 8 汇报了以配对组合公司的价值加权收益率为基准，计算的样本公司宣告公开市场股份回购后 1~3 年的累计超额收益率，对每一计算结果均进行了 t 检验和 Wilcoxon 秩和检验。表 4 - 8 的结果显示，全部样本公司回购公告 1 年的平均 CAR 为 7.20%，和以市场指数为基准的计算结果 8.76% 较为接近，二者均在 1% 的水平上具有统计学意义，进一步说明了计算结果的稳健性。同样，1 年期 CAR 的中位数为 2.89%，和以市场指数为基准的计算结果 3.22% 的中位数较为接近，二者均在 1% 的水平上具有统计学意义。2 年期的平均 CAR 较 1 年期相比有所下降，仅为 4.72%，且和 0 没有显著差异。

分时间段来看，2018 年样本 1 年期的平均 CAR 为 7.25%，在 1% 的水平上和 0 有显著差异，而 2019 年样本 1 年期的 CAR 为 7.17%，在 5% 的水平上显著不为 0，即 1 年的市场效应，二者相差不大。而 2 年期，2018 年样本的平均 CAR 为 9.28%，直观上看是高于 2019 年样本的 1.09% 的平均 CAR 的。回购公告后 3 年的结果（仅包含 2018 年样本）显示，平均 CAR 为 13.56%，在 5% 的水平上显著不为 0。因而说明，根据全体样本的计算结果，回购公告后 2 年的市场效应弱于 1 年期市场效应；使用 2018 年样本计算得到的结论是：回购公告后的 3 年内仍存在一定程度的市场效应。

表 4 - 9 汇总了两种基准计算的长期超额收益的平均值，图 4 - 4 直观地展示了回购公告后样本产生的平均超额收益率。结合表 4 - 5 ~ 表 4 - 8 的结

果可以得出，在我国 A 股市场，公开市场股份回购公告后的 1 年存在显著为正的超额收益，即宣告并实际进行公开市场股份回购的上市公司能够在一定程度上达到提升股价、维护市值的目的，假设 1 得到验证。

表 4 - 9　　　　　　　回购公告后长期超额收益率均值结果汇总

事件期	BHAR 市场指数	BHAR 配对组合	CAR 市场指数	CAR 配对组合
(1, 12)	0.1900 ***	0.0795 ***	0.0876 ***	0.0720 ***
(1, 24)	0.2089 ***	0.1484 *	0.1134 ***	0.0472
(1, 36)	0.5395 ***	0.1873	0.3318 ***	0.1356 **

注：*** 、** 、* 分别代表1%、5%、10%的显著性水平。

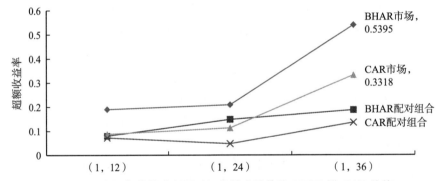

图 4 - 4　市场指数基准和配对组合基准计算的 BHAR 和 CAR 均值

　　综上，本研究通过计算得到的结论为：公开市场股份回购在长期（1～3年内）存在市场效应，其中，2 年期和 3 年期的市场效应不如回购后 1 年的市场效应显著，这一结论在后文分析长期市场效应的影响因素中将得到反映。出现这一结果可能的原因是，投资者和上市公司之间的信息不对称问题随着公司发布股份回购公告而得到了缓解，市场对公告的反应能力也随着时间的推移得到了提高。

　　下文将进一步探究可能影响公开市场股份回购长期市场效应的因素。

第四节 长期市场效应的影响因素探究

前一节的计算结果表明，在我国 A 股市场，公开市场股份回购公告存在长期市场效应，且 1 年期的市场效应相较于 2 年和 3 年期更为显著。接下来，本章将对影响公开市场股份回购长期市场效应的因素进行具体探讨。采用的主要研究方法是分组检验法和多元回归分析法。分组检验法更类似于单变量研究，用于初步探索各单一变量对长期市场效应产生的影响，以此作为之后多元回归分析中自变量选择的重要参考。这里对可能影响长期超额收益的重点变量进行分组检验，其余变量则在之后的回归分析中再加入进行综合分析。

结合以往文献的研究成果，本研究认为，影响公开市场股份回购长期市场效应的因素总体上可分为两大类：公司层面因素和股份回购行为本身的因素，见表 4－10。具体来说，公司层面的因素包括：市值账面比、公司规模和分析师关注度。市值账面比与国外诸多学者使用的账面市值比（BM）指标一样，可用于衡量上市公司股价被低估的程度。此外，国外有部分股票市场存在的"规模效应"（小公司效应），在我国学者的相关研究中，也被证实存在于中国股票市场。例如，汪炜、周宇（2002）以上海股票市场为例，对中国股市的"规模效应"进行了实证研究，结论为我国股票市场的小公司"规模效应"表现显著。因此，本书也将公司规模作为考察影响我国 A 股公开市场股份回购公告长期市场效应的重要因素。根据信息不对称和信号传递理论，分析师通过对上市公司进行长期跟踪得出的研究报告，被认为是向市场和投资者传递信号的重要渠道，因而可能会对股票的长期超额收益产生影响。股份回购行为本身的因素包括回购比例、回购目的和回购公告时间。这里的回购比例选取的是实际回购比例而不是拟回购比例。因为本研究聚焦的是公开市场股份回购的长期市场效应，而回购公告发布之初的拟回购比例，在长期，随着股份回购行为的进行，上市公司会对其回购的最新进展情况进行披露，因而投资者会从最新的回购实施进展公告中得知公司的实际回购行为。因此，从长期来看，实际回购比例更能反映回购行为本身对回购公告长期市场效应的影响。

表 4 - 10   影响因素及预计相关性

项目	影响因素	预计结果
公司层面	市值账面比	负相关
	公司规模	负相关
	分析师关注度	正相关
股份回购行为本身	实际回购比例	正相关
	回购目的	以股权激励为目的的公司的长期超额收益高于以提升市值为目的的公司
	回购公告时间	2018 年宣告回购样本的长期超额收益低于 2019 年宣告回购样本

此外，本书还研究了回购目的以及发布回购公告的时间对长期市场效应的影响。委托代理理论认为，上市公司实施股权激励，将有助于降低代理成本，从而提高经营业绩。国内外众多研究成果，例如，科尔等（Core, Guay and Larcker，2003）、连玉君等（Lian, Zhi and Gu，2011）以及陈胜军等（2016）均对此进行了验证。因此，本书认为，以股权激励为目的的公司在发布回购公告后的长期超额收益预计会高于以提升市值为目的的公司。

一、分组实证检验

下面具体展示根据各变量分组检验的结果，对以市场指数和配对组合公司为基准计算的长期超额收益率均进行了分组检验。

（一）市值账面比分组检验

市值账面比的定义同前章所述，为"收盘价当期值/（所有者权益合计期末值/实收资本本期期末值）"。本研究对 2018 年底宣告回购的样本选用 2018 年 6 月 30 日的市值账面比，对 2019 年宣告回购的样本选用 2018 年 12 月 31 日的市值账面比，使用更接近回购公告发布时间的市值账面比数据能够更好地衡量上市公司在事件发生之前股价被低估的程度。

表 4 - 11 展示了根据市值账面比分组检验的结果（市场指数基准），对

采用 BHAR 和 CAR 两种方法的计算结果分别进行检验。根据样本总数，按照市值账面比从低到高的顺序依次平均分成 4 组，组 1 为市值账面比较低的组，组 4 为市值账面比较高的组。组 1 与组 4 的差为市值账面比较高组的 BHAR（CAR）和市值账面比较低组的 BHAR（CAR）做差后的结果，目的是更明显地检验单一变量是否对长期市场效应存在影响，看清影响的变化趋势。以下各事件期及表格中的含义相同。

表 4 – 11　　　　　　　　市值账面比分组检验结果（市场指数基准）

事件期	组别	N	BHAR		CAR	
			均值	t	均值	t
(1, 12) N = 367	1（低）	92	0.1542	2.99 ***	0.0405	1.14
	2	92	0.1435	3.04 ***	0.0596	1.83 *
	3	92	0.1958	3.65 ***	0.0918	2.48 **
	4（高）	91	0.2613	4.56 ***	0.1538	3.90 ***
	组 1 与组 4 的差	—	− 0.1071	− 1.39	− 0.1133	− 2.14 **
(1, 24) N = 367	1（低）	92	0.2062	1.12	0.0702	1.13
	2	92	0.0199	0.29	0.0648	1.32
	3	92	0.2291	1.60	0.1238	1.79 *
	4（高）	91	0.3694	2.59 **	0.2039	2.98 ***
	组 1 与组 4 的差	—	− 0.1632	− 0.70	− 0.1337	− 1.45
(1, 36) N = 157	1（低）	53	0.4210	2.26 **	0.2853	3.10 ***
	2	52	0.1891	1.18	0.2002	2.10 **
	3（高）	52	0.9056	3.01 ***	0.4831	4.34 ***
	组 1 与组 3 的差	—	− 0.4845	− 1.37	− 0.1978	− 1.37

注：均值的显著性基于双尾 t 检验；*、**、*** 分别代表 10%、5%、1% 的显著性水平。

首先，关注（1，12）即 1 年期的检验结果。1 年平均 BHAR 在市值账面比较低的组为 15.42%，第 4 组的计算结果为 26.13%，均在 1% 的水平上显著不为 0。可以看出，市值账面比高的组的 BHAR 均值高于市值账面比低的组，二者相差 10.71%，但这一结果不具有统计显著性。而 1 年平均 CAR 则

呈现更为明显的特征，市值账面比高的组的 CAR 比市值账面比低的组高
11.33%，这一结果在 5% 的水平上显著。因此，整体上认为，以市场指数基
准计算的 1 年期市场效应，市值账面比越高的组获得的长期超额收益越高。2
年的结果总体趋势和 1 年的计算结果一样，依然是市值账面比更高的组的平
均 BHAR 和平均 CAR 更高，但最低组和最高组的组间差异并不明显。对仅包
含 2018 年样本的 3 年期，将样本平均分成 3 组进行检验，结果和 1 年期及 2
年期相同，即市值账面比高的组的平均 BHAR 和平均 CAR 更高，但组间差异
不显著。

　　根据价值低估假说，市值账面比低的公司价值应该是被低估的，因而在
发布公开市场股份回购公告后向市场传递了积极信号，未来应该会产生更高
的超额收益。但上述分组检验结果并不支持价值低估假说，相反，市值账面
比高的公司在长期反而会产生更高的超额收益。下文的回归分析将加入其他
控制变量进行进一步探究。

　　为全面考察单一因素对长期市场效应的影响，本书同时对以配对组合公
司为基准计算的结果进行了相同变量的分组检验。结果见表 4 – 12。

表 4 – 12　　　　　　市值账面比分组检验结果（配对组合基准）

事件期	组别	N	BHAR		CAR	
			均值	t	均值	t
(1，12) N = 359	1（低）	90	0.0816	1.83 *	0.0551	1.77 *
	2	90	0.1248	2.80 ***	0.1135	3.30 ***
	3	90	0.0209	0.35	0.0383	0.90
	4（高）	89	0.0712	1.05	0.0717	1.50
	组 1 与组 4 的差	—	0.0104	0.13	− 0.0166	− 0.29
(1，24) N = 359	1（低）	90	0.2028	1.12	0.0329	0.52
	2	90	0.1293	2.00 **	0.1242	2.71 ***
	3	90	0.0375	0.25	0.0089	0.13
	4（高）	89	0.1799	0.99	0.0163	0.20
	组 1 与组 4 的差	—	0.0229	0.09	0.0166	0.16

续表

事件期	组别	N	BHAR		CAR	
			均值	t	均值	t
(1，36) N = 155	1（低）	52	0.3006	1.45	0.1987	2.24 **
	2	52	− 0.0339	− 0.16	0.6345	1.20
	3（高）	51	0.1038	0.24	0.1100	0.91
	组 1 与组 3 的差	—	0.1967	0.42	0.0888	0.59

注：均值的显著性基于双尾 t 检验；* 、** 、*** 分别代表 10%、5%、1% 的显著性水平。

表 4 – 12 展示了市值账面比分组检验结果（配对组合基准）。结果显示，1 年期，市值账面比低的组的 BHAR 均值比市值账面比高的组高 1.04%，2 年期高出 2.29%，3 年期差距进一步扩大，市值账面比低的组比市值账面比高的组高 19.67%。但三者的组间差异均不显著。CAR 的 2 年期和 3 年期分组结果和 BHAR 保持一致，均为市值账面比低的组略高于市值账面比高的组，但组间差异仍不显著。

上述根据市值账面比对两种基准计算结果的分组检验结果显示，回购公告后的长期市场效应是否符合价值低估假说似乎不能得到一致性结论。从统计检验角度来说，更倾向于不支持价格低估假说，即市场指数基准分组检验得到的结论。为了更好地检验回购公告后的长期市场效应是否符合价值低估假说，后文的回归分析中对此进行了进一步稳健性检验。

（二）公司规模分组检验

使用流通市值作为公司规模的代理变量进行分组检验。2018 年底宣告回购的样本选用 2018 年 6 月的流通市值，2019 年宣告回购的样本选用 2018 年 12 月的流通市值。具体检验结果见表 4 – 13。

表 4 – 13 展示了以市场指数为基准计算的公司规模分组检验结果。结果显示，回购公告 1 年后，小规模公司的 BHAR 均值为 28.37%，大规模公司的 1 年平均 BHAR 为 13.78%，小规模公司的 1 年平均 BHAR 比大规模公司高 14.59%，在 10% 的水平上显著不为 0；CAR 方法的计算结果呈现

表 4 – 13　　　　　　　　公司规模分组检验结果（市场指数基准）

事件期	组别	N	BHAR		CAR	
			均值	t	均值	t
(1, 12) N = 367	1（小）	92	0.2837	4.24***	0.1521	3.62***
	2	92	0.1944	4.27***	0.0991	3.24***
	3	92	0.1375	3.03***	0.0528	1.45
	4（大）	91	0.1378	2.84***	0.0405	1.17
	组1与组4的差	—	0.1459	1.76*	0.1116	2.05**
(1, 24) N = 367	1（小）	92	0.4970	2.21**	0.2157	2.96***
	2	92	0.0703	0.80	0.0688	1.30
	3	92	0.0906	0.85	0.0668	1.09
	4（大）	91	0.1645	1.76*	0.1103	1.80*
	组1与组4的差	—	0.3325	1.36	0.1055	1.10
(1, 36) N = 157	1（小）	52	0.6667	2.56**	0.4308	4.30***
	2	52	0.6762	2.80***	0.3766	3.66***
	3（大）	53	0.1774	1.08	0.1636	1.69*
	组1与组3的差	—	0.4893	1.59	0.2672	1.92*

注：均值的显著性基于双尾 t 检验；*、**、*** 分别代表10%、5%、1%的显著性水平。

同样的趋势，小规模公司 1 年平均 CAR 为 15.21%，大规模公司则为 4.05%，小规模公司的 1 年平均 CAR 比大规模公司高 11.16%，在 5% 的水平上显著不为 0。

2 年期和 3 年期的分组检验结果依然显示：公司规模较小的公司回购公告后的平均 BHAR 和平均 CAR 均高于规模较大的公司。但组间差异不如 1 年期显著。

因此，本研究初步认为公司规模对回购后的长期市场效应，尤其是 1 年期的市场效应有较为显著的影响。

本研究同时对以配对组合公司为基准计算的结果进行了相同变量的分组

检验。结果见表4-14。

表4-14   公司规模分组检验结果（配对组合基准）

事件期	组别	N	BHAR		CAR	
			均值	t	均值	t
(1, 12) N=359	1（小）	90	0.2105	3.08***	0.1674	3.61***
	2	90	0.0273	0.52	0.0481	1.34
	3	90	0.0317	0.70	0.0295	0.77
	4（大）	89	0.0284	0.58	0.0331	0.94
	组1与组4的差	—	0.1821	2.16**	0.1343	2.30**
(1, 24) N=359	1（小）	90	0.5107	2.30**	0.1851	2.42**
	2	90	-0.0776	-0.69	-0.0409	-0.65
	3	90	0.0538	0.49	0.0350	0.58
	4（大）	89	0.0613	0.47	0.0030	0.05
	组1与组4的差	—	0.4494	1.74*	0.1821	1.85*
(1, 36) N=155	1（小）	52	0.2028	0.79	0.1351	1.40
	2	51	0.5445	2.10**	0.2154	1.96*
	3（大）	52	-0.3684	-1.04	0.0044	0.04
	组1与组3的差	—	0.5712	1.38	0.1307	0.89

注：均值的显著性基于双尾t检验；*、**、***分别代表10%、5%、1%的显著性水平。

表4-14展示了以配对组合为基准计算的公司规模分组检验结果。结果显示，1年期，小规模公司的平均BHAR为21.05%，显著高于大规模公司的2.84%，二者之差为18.21%，在5%的水平上显著；小规模公司1年的平均CAR为16.74%，显著高于大规模公司的3.31%，均值差为13.43%，在5%的水平上和0有显著差异。

2年期的结果依然显示小规模公司的平均BHAR和平均CAR显著高于大规模公司，均值之差分别为44.94%、18.21%，均在10%的水平上显著，和

1 年期呈现一致的趋势。3 年期的计算结果和 1 年、2 年期相同，但组间均值差异不再显著。

总之，按公司规模进行分组，市场指数基准和配对组合基准在 BHAR 和 CAR 两种计算方法下呈现一致的趋势，即小规模公司在回购公告后的长期能够产生更高的超额收益。因此，可以将公司规模作为核心变量纳入回归模型，并进行重点分析。

（三）分析师关注度分组检验

本书选取"1 年内对公司进行跟踪分析的研报数量"来衡量分析师关注度，对一家公司跟踪分析的研报数量越多，则表明该公司的分析师关注度越高。该指标的数据来源为国泰安数据库。由于在数据库中，分析师关注度指标的统计数据以年为时间周期进行报告，同时，考虑到本书计算的是长期市场效应，事件期的长度大于 1 年，故本书对 2018 年和 2019 年样本在不同事件期的分析师关注度的选取进行了区别处理：对 1 年期的计算结果，采用发布回购公告前一年的分析师关注度指标进行分组检验，对发布回购公告后样本公司第 2 年、3 年的计算结果，采用取公告年度前后几年分析师关注度的平均值的处理办法，以反映分析师关注度在不同年份的动态调整，具体选取结果见表 4 – 15。

表 4 – 15 　　　　　　　　分析师关注度指标的选取标准

项目	(1, 12)	(1, 24)	(1, 36)
2018 年样本	2017 年 12 月 31 日	2017 年、2018 年和 2019 年的平均值	2017 年、2018 年、2019 年和 2020 年的平均值
2019 年样本	2018 年 12 月 31 日	2018 年、2019 年和 2020 年的平均值	—

表 4 – 16 展示了以市场指数为基准计算的分析师关注度分组检验结果。结果显示，1 年期，分析师关注度低的组 1 年的平均 BHAR 为 11.09%，而分析师关注度高的组 1 年的平均 BHAR 为 25.25%，较第 1 组高了 14.15%，组间差值在 5% 的水平上显著。分析师关注度低的组 1 年平均 CAR 为 4.10%，分析师关注度高的组 1 年平均 CAR 为 12.51%，整体变化

趋势和 BHAR 方法计算的结果保持一致，但均值之差不显著。结合两种方法计算的分组检验结果，本书认为分析师关注度更高的组在 1 年期，能够产生更高的超额收益。

表 4 – 16   分析师关注度分组检验结果（市场指数基准）

事件期	组别	N	BHAR		CAR	
			均值	t	均值	t
(1, 12) N = 323	1（低）	85	0.1109	2.36 **	0.0410	1.20
	2	77	0.2012	3.19 ***	0.0891	2.11 **
	3	81	0.2034	3.61 ***	0.1184	3.01 ***
	4（高）	80	0.2525	4.67 ***	0.1251	3.23 ***
	组 1 与组 4 的差	—	− 0.1415	− 1.98 **	− 0.0841	− 1.63
(1, 24) N = 300	1（低）	73	0.2488	1.44 *	0.1194	1.55 *
	2	77	0.1156	1.34 *	0.1476	2.41 ***
	3	74	0.5802	2.27 **	0.2521	3.06 ***
	4（高）	76	0.3099	2.47 ***	0.1783	2.71 ***
	组 1 与组 4 的差	—	− 0.0611	− 0.29	− 0.0589	− 0.58
(1, 36) N = 129	1（低）	43	0.2253	1.32 *	0.2891	2.84 ***
	2	43	0.7612	2.69 ***	0.4810	4.32 ***
	3（高）	43	0.7886	2.40 **	0.3000	2.26 **
	组 1 与组 3 的差	—	− 0.5633	− 1.56 *	− 0.0108	− 0.07

注：1. 均值的显著性基于双尾 t 检验；＊、＊＊、＊＊＊分别代表 10%、5%、1% 的显著性水平；2. 因研报份数为整数，故各组样本数会出现不能完全平均分配的情况；3. 部分公司的分析师关注数据缺失，则对这部分样本进行了剔除。

2 年期分组检验的结果显示，分析师关注度高的组的平均 BHAR 为30.99%，依然高于分析师关注度较低的组的 24.88%，但组间均值差异不显著；同样，2 年期的平均 CAR 呈现一致的特征，但均值之差也不显著。

　　仅包含 2018 年样本的 3 年期的检验结果和 1 年期、2 年期的结果相同。3 年期的平均 BHAR，分析师关注度高的组在 10% 的水平上显著高于分析师关注度低的组，CAR 的组间均值差异不显著。

　　本书同时对以配对组合公司为基准计算的结果进行了相同变量的分组检验。结果见表 4 - 17。

表 4 - 17　　　　　　分析师关注度分组检验结果（配对组合基准）

事件期	组别	N	BHAR		CAR	
			均值	t	均值	t
(1, 12) N = 315	1（低）	84	0.0807	1.53	0.0723	1.72 *
	2	75	0.0714	1.20	0.0619	1.62
	3	78	0.0741	1.39	0.0752	2.03 **
	4（高）	78	0.0858	1.30	0.0833	1.74 *
	组 1 与组 4 的差	—	-0.0052	-0.06	-0.0110	-0.17
(1, 24) N = 293	1（低）	72	0.2317	1.43 *	0.0667	0.94
	2	75	0.0250	0.23	0.0586	0.80
	3	72	0.4838	1.83 **	0.2073	2.35 **
	4（高）	74	0.1523	0.88	0.0266	0.37
	组 1 与组 4 的差	—	0.0794	0.33	0.0401	0.39
(1, 36) N = 127	1（低）	43	-0.0040	-0.02	0.0858	0.81
	2	42	0.4957	1.42 *	0.2902	2.22 **
	3（高）	42	-0.0475	-0.09	-0.0074	-0.05
	组 1 与组 3 的差	—	0.0435	0.08	0.0931	0.54

　　注：1. 均值的显著性基于双尾 t 检验；*、**、*** 分别代表 10%、5%、1% 的显著性水平；2. 因研报份数为整数，故各组样本数会出现不能完全平均分配的情况；3. 部分公司的分析师关注数据缺失，故对这部分样本进行了剔除。

表4－17展示了以配对组合为基准计算的分析师关注度分组检验结果。结果显示，1年期，平均 BHAR 和平均 CAR 在分析师关注度高的组和分析师关注度低的组之间并无显著差异。而2年期则开始出现趋势，分析师关注度低的组的 BHAR 均值和 CAR 均值高于分析师关注度高的组，但两种方法计算结果下的组间均值差异均不显著。3年期的检验结果同样显示，分析师关注度高的组的 BHAR 均值和 CAR 均值和分析师关注度低的组无显著差异。总体来看，以配对组合为基准收益计算的回购公告的长期市场效应对分析师关注度没有以市场指数计算基准的结果敏感。

综上，本研究初步认为，分析师关注度是影响公开市场股份回购长期市场效应的因素之一，且分析师关注度越高的公司，在回购后的1年内能产生更高的超额收益，后文将通过回归分析对此变量进行具体检验。

上文对可能影响回购公告长期市场效应的三个因素进行了分组检验，初步探索了单一因素对回购公告长期市场效应的影响。下文将采用回归分析的方法对本研究提出的假设进行最终的检验。

二、多元回归分析

（一）变量定义与模型构建

1. 变量定义

国外针对股份回购长期市场效应影响因素的研究中，多数学者选取账面市值比（B/M）衡量股票价值的低估程度，而国内的相关研究则更多采用市净率对其进行衡量，二者本身并无明显差异。本书第4章根据市值账面比对两种基准计算的长期市场效应分组检验的结果显示，回购公告后的长期市场效应是否符合价值低估假说不能得到一致的结论，因此，在回归分析中，本研究分别选取市值账面比（MB）、市盈率（PE）以及 CAR（－90，－1）来衡量上市公司发布股份回购公告之前股价被低估的程度，以检验本研究提出的假设2。此外，参考梁丽珍（2006）、邢嘉威（2020）和潘婉斌等（2021）的做法，本书选取公司规模、分析师关注度来衡量回购公告发布前公司的信息不对称程度，以检验本研究提出的假设3及其两个子假设。考虑到市场指数基准会受到回购宣告时间的影响，本书在回归模型中加入回购时间虚拟变量，对回购宣告时间进行控制。同时，本书在回归模型中加入实际回购比例和回购目的虚拟变量作为解释变量，从回购行为本身角度考察其对回购公告长期市场效应的影响。最后，考虑到发布回购公告前公司的盈利能力可能会对回购公告后的长期市场效应产生影响，本书选取每股收益作为控制变量。回归模型中的各变量的具体定义见表 4 – 18。

表 4 – 18   变量定义

变量类型	变量符号	变量名称	变量定义
被解释变量	BHAR	买入持有超额收益率	在事件期（1，12）、（1，24）和（1，36）的买入持有超额收益率
	CAR	累计超额收益率	在事件期（1，12）、（1，24）和（1，36）的累计超额收益率
解释变量	MB	市值账面比[1]	收盘价当期值/（所有者权益合计期末值/实收资本本期末值）
	PE	市盈率	今收盘价当期值/（归属于母公司所有者的净利润上年年报值/实收资本本期末值）
	CARa	CAR（−90，−1）[2]	回购公告前 90 天至前 1 天的累计超额收益率
	size	公司规模	公司流通市值的自然对数
	Report	分析师关注度	一年内对公司进行跟踪分析的研报份数
	acratio	实际回购比例	累计回购占总股本的比例（%）
	year（yr_）	回购时间虚拟变量	2018 年宣告回购 = 1，2019 年宣告回购 = 0
	purpose（pur_）	回购目的虚拟变量	以股权激励为目的 = 1，不包含股权激励目的 = 0
控制变量	EPS	盈利能力	回购公告前的每股收益，每股收益 = 净利润本期值/最新股本

注：[1] 市值账面比指标使用的数据为国泰安数据库中的"市净率"的数据，二者含义、数值相同，仅名称不同，本书采用"市值账面比"这一名称；[2] CAR（−90，−1）的计算方法和本书使用的长期 CAR 计算方法相同。

2. 模型构建

基准回归模型：

$$BHAR_{(1,12)/(1,24)/(1,36)} = \alpha_0 + \alpha_1 MB + \alpha_2 size + \alpha_3 Report + \alpha_4 acratio$$
$$+ \alpha_5 EPS + \alpha_6 yr\_dum + \alpha_7 pur\_dum + \varepsilon \quad (4-7)$$

$$CAR_{(1,12)/(1,24)/(1,36)} = \beta_0 + \beta_1 MB + \beta_2 size + \beta_3 Report + \beta_4 acratio$$
$$+ \beta_5 EPS + \beta_6 yr\_dum + \beta_7 pur\_dum + \varepsilon \quad (4-8)$$

式（4-7）、式（4-8）为以市场指数基准计算的买入持有超额收益率（BHAR）和累计超额收益率（CAR）作为被解释变量构建的多元线性回归模型，本研究分别对 3 个事件期的 BHAR 和 CAR 进行了多元回归分析。

（二）实证结果分析

1. 变量的描述性统计

表 4-19 报告了各变量的基本统计量，同时汇报了两种基准收益率计算下回购公告后 1 年的 BHAR 和 CAR 的基本统计量。其中，市值账面比的最小值为 0.51，最大值为 10.41，相差较大，但其均值和中位数十分接近，说明数据中无明显的异常值；公司规模的最小值为 13.03，最大值为 19.29，相差不大，且其均值和中位数较为接近。分析师关注度的最小值为 1，即过去的 1 年中分析师对某家公司的研报数量仅有 1 份，而最多的公司则达到 165 份，说明不同公司的分析师关注度有较大差别，值得深入分析。此外，实际回购比例最低的公司仅回购了 1% 的股份，和回购最多的公司将近 10% 的比例也相差较大。总体而言，数据质量完好，可以进行下一步分析。

表 4-19　　　　　　　　　　变量的描述性统计

变量	样本数	均值	中位数	最小值	最大值	标准差
BHAR（1，12）	313	0.19	0.07	−0.48	2.33	0.48
CAR（1，12）	313	0.09	0.05	−0.64	1.19	0.34
BHAR_（1，12）	306	0.07	0.00	−2.19	2.26	0.51
CAR_（1，12）	306	0.07	0.03	−1.38	1.50	0.37
MB	313	2.49	2.00	0.51	10.41	1.65

续表

变量	样本数	均值	中位数	最小值	最大值	标准差
PE	292	43.15	26.24	3.19	706.42	76.12
CARa	311	-0.05	-0.05	-0.50	0.85	0.18
size	313	15.48	15.31	13.03	19.29	1.14
Report	313	27.85	15.00	1.00	165.00	32.51
acratio	313	1.76	1.29	0.01	9.48	1.50
EPS	313	0.40	0.28	-1.53	4.68	0.57

注：BHAR、CAR 为市场指数基准的计算结果；BHAR_、CAR_为配对组合基准计算的结果。

表4-20 报告了样本回购目的统计情况。从表4-20看出，在全体样本中，明确提出以股权激励为目的的样本有123个，占总体的39.3%。需要说明的是，本书在整理回购公告时将公告中凡列出"股权激励"字样的即归为股权激励目的一组，对于同时包含提升市值和股权激励的样本，也将其划分至股权激励目的组。本书也尝试将样本按照是否以提升市值为目的进行分组，但由于多数公司都提到了以提升市值为目的，不以提升市值为目的的样本数量较少，且部分公司关于是否明确以提升市值为目的的表述并不明确，故本研究不再根据是否以提升市值为目的进行分组和回归分析。

表4-20 回购目的描述性统计

回购目的	频数	百分比（%）
0	190	60.70
1	123	39.30
总数	313	100

2. 相关性分析

表4-21 展示了以市场指数为基准计算的1年BHAR与各变量之间的相关系数。从第一列可以看出，回购公告发布1年后的BHAR和市值账面比呈正相关关系，相关系数为0.094，在10%的水平上显著不为0；公司规模和BHAR负相关，但并不显著；分析师关注度在5%的显著性水平上和BHAR

正相关；实际回购比例在 5% 的显著性水平上和 BHAR 负相关，相关系数为 −0.116，解释变量的方向基本和前文分组检验一致。总体来看，各解释变量均和被解释变量 BHAR 存在相关关系，可以进行下一步回归分析。

表 4 − 21　　　　　　　　　　　变量的相关性分析

变量	BHAR	MB	size	Report	acratio	EPS
BHAR	1.000					
MB	0.094 *	1.000				
size	− 0.090	0.091 *	1.000			
Report	0.121 **	0.271 ***	0.513 ***	1.000		
acratio	− 0.116 **	− 0.255 ***	− 0.111 **	− 0.178 ***	1.000	
EPS	0.022	0.161 ***	0.097 *	0.244 ***	− 0.064	1.000

注：*** 、** 、* 分别代表 1% 、5% 和 10% 的显著性水平，CAR、BHAR_、CAR_的相关系数表见附录 A。

这里需要关注的是，实际回购比例和分析师关注度呈显著负相关关系，相关系数为 −0.178，结合前文对实际回购比例分组检验的结果，二者的负相关关系符合之前学者的研究结论，因而本研究大胆猜测，实际回购比例低的公司能够在回购公告后的长期获得更高的超额收益，也可能和分析师关注度高（企业声誉大）有关。

3. 基准回归结果分析

表 4 − 22 展示了发布回购公告 1 年后，以市场指数和配对公司组合两种基准收益率计算的长期市场效应的回归分析结果。前两列的被解释变量 BHAR 和 CAR 为以市场指数基准计算的结果，后两列的被解释变量 BHAR_ 和 CAR_为以配对组合公司为基准计算的结果。

表 4 − 22　　　　**BHAR（1，12）和 CAR（1，12）回归结果（两种计算基准）**

项目	（1） BHAR	（2） CAR	（3） BHAR_	（4） CAR_
MB	0.027 (1.59)	0.022 * (1.75)	− 0.023 (− 1.20)	− 0.012 (− 0.88)

续表

项目	(1) BHAR	(2) CAR	(3) BHAR_	(4) CAR_
size	-0.082 *** (-3.10)	-0.064 *** (-3.31)	-0.080 *** (-2.67)	-0.064 *** (-2.92)
Report	0.002 ** (2.20)	0.002 ** (2.41)	0.002 ** (2.15)	0.002 ** (2.24)
acratio	-0.028 (-1.58)	-0.020 (-1.53)	-0.015 (-0.72)	-0.013 (-0.88)
EPS	-0.029 (-0.62)	-0.017 (-0.50)	-0.058 (-1.11)	-0.034 (-0.89)
yr_dum1	-0.261 *** (-4.87)	-0.062 (-1.59)		
pur_dum2	-0.025 (-0.46)	-0.008 (-0.21)	-0.101 * (-1.67)	-0.054 (-1.23)
_cons	1.527 *** (3.71)	1.055 *** (3.52)	1.391 *** (2.99)	1.093 *** (3.24)
N	313	313	306	306
Adj-R^2	0.105	0.052	0.017	0.016
F	6.238	3.435	1.893	1.835

注：括号内为 t 统计量，*** 、** 、* 分别表示在 1% 、5% 及 10% 的水平上显著。

首先，关注市值账面比对长期市场效应的影响。表 4 - 22 第一行市值账面比的回归系数显示，在控制了公司规模、分析师关注度等其他自变量的影响下，市值账面比的回归系数为正，但仅在 CAR 为被解释变量的模型中显著。这和通常理论认为的价值低估假说不一致，根据价值低估假说，事前认为自身价值被低估的公司，往往希望通过发布股份回购公告提升股价，稳定市值，给投资者以信心。而市值账面比高则说明市场对公司已经有着较高的评价（股价高），甚至有些公司是被高估的，那么这类股价已经较高的公司在发布回购公告后能够获得更高的超额收益，似乎不符合价值低估假说。列（3）和列（4）以配对组合基准计算的结果得到市值账面比的回归系数均为负，但并不显著。即两种基准收益率下市值账面比的回归系数出现了截然相反的结果，因而暂时无法得知在回购公告发布后的长期，是否公告前价值被低估的公司能够获得更高的超额收益。为了检验假设2，后文将采用市盈率、CAR（-90，-1）代替市值账面比进行进一步检验。这里需要说明的是，市值账面比本身会受到上市公司所处行业的影响，有些行业的市值账面比较高，甚至细分的行业内部市值账面比也会有较大差异。而本研究选取的样本公司中有265家均为制造业企业，且制造业大类下又细分了多个制造业子行业，此外，部分行业的样本公司数量仅为1~2家。因此，本研究的回归模型并未采用控制行业的做法，以避免因样本分布数量的不均而影响回归分析的结果，且参考多数研究股份回购长期市场效应的文献，也并未对行业进行严格控制。

其次，考察公司规模对长期市场效应的影响。第二行的回归结果显示，两种基准计算的结果下，size的回归系数均在1%的水平下显著为负，有力地验证了本研究提出的假设3中的子假设a，即小公司在宣告回购后的1年内具有更高的超额收益，这一结果也与前文根据公司规模分组检验的结果保持一致，说明无论单独考察公司规模因素，还是控制了其他可能影响长期市场效应的因素之后，公司规模都是影响股份回购公告长期市场效应的一个重要因素。具体来看各个系数，在BHAR法下，两种基准得到的size的回归系数为-0.082、-0.080，差距很小，说明结果的稳健性；此外，以配对组合基准的计算结果对size回归得到的系数和市场指数基准回归的系数结果也十分接近，CAR和CAR_对size的回归系数均为-0.064。本研究在为样本公司寻找配对组合公司时，考虑到公司规模对股票截面收益率的影响而将其作为配对指标之一。市场指数基准得到的size的回归系数和配对组合基准得到的size的回归系数相同，说明公司规模的确对回购公告后1年的市场效应有影响。具体分析系数背后的经济意义，根据信息不对称理论，小规模公司的信息透明度往往较低，因而投资者和公司内部人之间更容易产生信息不对称的问题。股份回购公告被认为是上市公司向市场传递积极信号的一种方式，公司发布股份回购公告，就说明公司对其未来经营有充分的信心，因而股价也会随之出现上涨的情况，从而使得上市公司能够更好地维护市值，给投资者带来投资收益。一定程度上，这也反映出A股市场对上市公司股份回购行为的反应存在规模效应（"小公司效应"）。

再次，考察分析师关注度对长期市场效应的影响。表4-22第三行的结

果显示，report（分析师关注度）在 4 个回归模型中得到的回归系数为
0.002，均在 5% 的水平上显著。说明分析师关注度高的公司，在回购公告发
布的 1 年后比分析师关注度低的公司的超额收益率平均高 0.2%，因此，假
设 3 的子假设 b 得到验证，说明在其他条件不变的情况下，分析师关注度高
的公司在股份回购公告发布后的 1 年具有更高的超额收益。这也和前文根据
分析师关注度进行分组检验的 1 年期检验结果保持一致。产生这一结果的原
因是分析师通过发布研究报告提高了上市公司的信息透明度，从而缓解了投
资者与上市公司之间的信息不对称问题，增强了股份回购的公告效应，因此
能够获得更高的投资收益。

最后，关注回购宣告时间和回购目的对长期市场效应的影响。市场指数
计算基准下，1 年 BHAR 与回购时间虚拟变量的回归系数为 −0.261，在 1%
的水平上显著，说明 2018 年宣告回购的样本在回购公告后的 1 年，平均比
2019 年宣告回购的样本的 BHAR 低 26.1%，这一结果和前文根据回购时间分
组检验的结果保持一致，原因可能是基于 2018 年 A 股市场大跌，而 2019 年
市场反弹，投资者在此情况下对 2019 年宣告回购的公司更有信心。CAR 方
法下，市场指数基准的计算结果得到的回购时间虚拟变量同样为负，但不显
著。总体来说，回归分析的结果说明在控制了其他可能影响公开市场股份回
购公告长期市场效应的因素之后，回购公告时间依然对公告后 1 年的 BHAR
有显著影响，且市场因素是二者之间关系的主要驱动力。以配对组合为基准
计算的 BHAR 和 CAR 的回归模型中并未纳入回购时间虚拟变量，原因是根据
分组检验的结果（见附录 C，附表 C−9），回购时间对配对组合基准的计算
结果的解释力较弱。本研究也曾试图将回购时间虚拟变量加入回归模型，但
结果显示该变量对模型的整体解释力极弱，因此将其剔除，得到最终的回归
模型。

回购目的虚拟变量 pur_dum2 表示回购目的为股权激励的公司平均比以不
包含股权激励目的的样本公司高出的超额收益率。表 4−22 的回归结果显示，
四个回归模型中该虚拟变量的系数均为负，但只有配对组合基准计算的
BHAR 与回购目的虚拟变量回归的系数在 10% 的水平下显著，其余模型回归
得到的系数均不显著。因此，回归结果没有提供以股权激励为目的的公司比
不包含股权激励为目的的公司取得了更高超额收益的证据。

上述回归结果中的市值账面比、公司规模和分析师关注度三个变量是本

研究重点关注的核心解释变量，也即本研究认为影响公开市场股份回购长期市场效应的重要因素。这三个因素主要用于解释上市公司在发布股份回购公告后产生超额收益的原因和具备的公司特征，进一步地，关于为什么会出现回购公告后1年产生显著为正的买入持有超额收益和累计超额收益，伊肯伯里等（Ikenberry, Lakonishok and Vermaelen, 1995）的解释是回购公告发布后，股票价格对信息冲击做出的"反应不足"，需要经历一段较长的时间，股票价格才能反映出其内在价值。基准回归中，本研究同样对两种基准计算结果的2年期，以及仅包含2018年样本的3年期计算结果进行了回归，各解释变量和1年期相同。但2年期的回归结果显示，尽管使用相同的解释变量，回归模型整体不再显著，3年期的回归结果同样是模型整体不显著，篇幅所限在此不再展示2年期和3年期的回归结果。结合本章全样本长期市场效应的计算结果，本书支持文献中提出的股价"反应不足"的解释，因此，之所以回购公告后2年期和3年期的市场效应无法用1年期相同的解释变量进行解释，可能的原因是回购公告后2年和3年的市场效应本身已经较1年期减弱。

综上，多元回归分析结果支持我国A股市场存在公开市场股份回购的长期市场效应，且1年期更加显著，验证了假设1。此外，BHAR和CAR两种算法下1年期的市场效应均受公司规模和分析师关注度的影响：小规模公司在发布回购公告后的1年能够产生较高的超额收益，分析师关注度高的公司在发布回购公告后的1年能够产生较高的超额收益，即假设3的两个子假设均得到验证。

（三）价值低估假说的再检验

基准回归中市值账面比的系数在不同计算结果构建的回归模型中出现了正和负两种情况，因而对我国A股市场公开市场股份回购公告的长期市场效应是否受回购公告前公司价值被低估的影响，无法得出肯定的结论。为了进一步检验假设2，本研究以市盈率和CAR（-90，-1）代替市值账面比，分别纳入四个回归模型进行回归。

市盈率、CAR（-90，-1）作为被解释变量的回归结果见表4-23。篇幅所限，变量的相关系数表见附录C。

表 4 – 23　　　　　　　1 年期 BHAR 和 CAR 回归结果（市盈率）

项目	(1) BHAR	(2) CAR	(3) BHAR_	(4) CAR_
PE	− 0. 000 (− 0. 16)	0. 000 (0. 05)	− 0. 000 (− 0. 98)	− 0. 000 (− 0. 83)
size	− 0. 077 *** (− 2. 88)	− 0. 063 *** (− 3. 21)	− 0. 079 *** (− 2. 60)	− 0. 067 *** (− 3. 06)
Report	0. 003 *** (2. 69)	0. 002 *** (3. 07)	0. 002 ** (2. 13)	0. 002 ** (2. 49)
acratio	− 0. 028 (− 1. 55)	− 0. 019 (− 1. 50)		
EPS	− 0. 020 (− 0. 40)	− 0. 008 (− 0. 23)	− 0. 064 (− 1. 13)	− 0. 030 (− 0. 75)
yr_dum1	− 0. 244 *** (− 4. 55)	− 0. 049 (− 1. 24)		
pur_dum2			− 0. 072 (− 1. 16)	− 0. 030 (− 0. 68)
_cons	1. 475 *** (3. 61)	1. 060 *** (3. 55)	1. 303 *** (2. 80)	1. 079 *** (3. 24)
N	292	292	285	285
Adj-R²	0. 101	0. 043	0. 016	0. 022
F	6. 449	3. 203	1. 944	2. 267

注：括号内为 t 统计量，*** 、** 、* 分别表示在1%、5%及10%的水平上显著。

　　表 4 – 23 展示了以市盈率（PE）代替市值账面比衡量股票价格低估程度的回归结果。和基准回归一样，这里汇报的是回购公告后 1 年两种基准的计算结果。重点关注 PE 变量的系数。附录 C（附表 C – 1 ~ 附表 C – 4）中列出的四个相关分析的结果显示，市盈率和 BHAR、CAR 的相关系数均为负，分别为 − 0. 032、− 0. 006、− 0. 053 和 − 0. 045，但均不显著。从表 4 – 23 的回归结果可以看出，在控制了其他影响长期市场效应的因素之后，市盈率的回归系数值很小，在统计意义上均不显著。本研究除了用市盈率的绝对数值来衡量公司股价被低估的程度，同时还使用市盈率的相对变化率对公司股价的

低估程度进行考察，即用每家公司发布回购公告所在年份之前两个年度末的市盈率做差，再除以基期的市盈率，以此作为自变量纳入回归模型。但回归结果和采用市盈率绝对数值一样，该变量的系数并不显著。

综上，本研究认为，实证结果尚不支持回购公告后的长期市场效应受回购前公司价值低估的影响，即假设 2 没有得到验证。

此外，表 4 – 23 的结果中，公司规模的回归系数均在 1% 的水平上显著为负，分析师关注度的回归系数均在 1% 的水平上显著为正，再次验证了假设 3 的两个子假设，说明基准回归结果的稳健性。本书同时对以市盈率作为被解释变量的 2 年期、3 年期的市场效应进行回归，但和基准回归分析的结果一样，模型整体不再显著，说明 2 年期、3 年期的市场效应本身显著性较弱，各解释变量难以对其进行解释。篇幅所限，以市盈率作为自变量的 2 年期、3 年期的回归结果以及以市盈率相对变化率为自变量的回归模型结果不在此展示。

以往针对我国公开市场股份回购市场效应的研究中，更多采用的是回购公告前的 CAR 作为价值低估的代理变量。因此，参考约克和佳格帕德（Yook and Gangopadhyay，2010）的做法，本书还选取了回购公告前 90 天至前 1 天的 CAR 代替市值账面比进行回归分析，回归结果见表 4 – 24。

表 4 – 24　　　　　　　　　1 年期 BHAR 和 CAR 回归结果（CARa）

项目	(1) BHAR	(2) CAR	(3) BHAR_	(4) CAR_
CARa	0.144 (0.97)	0.096 (0.89)	0.245 (1.48)	0.096 (0.80)
size	− 0.086 *** (− 3.20)	− 0.067 *** (− 3.41)	− 0.082 *** (− 2.72)	− 0.065 *** (− 2.98)
Report	0.003 *** (2.70)	0.002 *** (2.94)	0.002 ** (2.02)	0.002 ** (2.14)
acratio	− 0.034 * (− 1.96)	− 0.025 * (− 1.94)	− 0.009 (− 0.46)	− 0.010 (− 0.69)
EPS	− 0.021 (− 0.44)	− 0.011 (− 0.31)	− 0.064 (− 1.22)	− 0.037 (− 0.98)

续表

项目	(1) BHAR	(2) CAR	(3) BHAR_	(4) CAR_
yr_dum1	-0.242*** (-4.54)	-0.047 (-1.22)		
pur_dum2	-0.029 (-0.54)	-0.011 (-0.28)	-0.115* (-1.89)	-0.061 (-1.39)
_cons	1.646*** (3.99)	1.147*** (3.81)	1.381*** (2.98)	1.096*** (3.25)
N	311	311	304	304
Adj-R^2	0.102	0.045	0.022	0.017
F	6.007	3.085	2.116	1.898

注：括号内为 t 统计量，***、**、*分别表示在1%、5%及10%的水平上显著。

表4-24展示了以 CAR（-90，-1）作为衡量回购公告前股票价格低估程度的回归结果。结果显示，CARa 变量的回归系数均为正，但和0无显著差异。

综上，本书最终认为，实证结果得到的回购公告后的长期市场效应不支持价值低估假说，即虽然回购公告后的1年产生了较强的市场效应，但回购公告前公司的价值低估程度对回购后的长期市场效应没有显著影响，假设2没有得到验证。而公司规模、分析师关注度则是影响公开市场股份回购公告长期市场效应的重要因素。

第五节　本章小结

一、研究结论

本研究以我国股份回购新规为背景，研究了我国上市公司公开市场股份回购公告的长期市场效应。采用 BHAR 和 CAR 方法，同时使用市场指数收益率和配对组合的价值加权收益率两种基准收益进行计算，在此基础上进一步探究了其背后的影响因素。本章通过实证研究得到的结论主要有以下四点：

第一，我国 A 股市场公开市场股份回购公告具有长期市场效应。2018 年《公司法》修订之后，A 股宣告并在之后实际进行公开市场股份回购的上市公司能够达到提升股价，维护市值的目的。与市场指数相比，回购公告后 1 年的平均 BHAR 为 19%，平均 CAR 为 8.76%；回购公告后 2 年的平均 BHAR 为 20.89%，平均 CAR 为 11.34%；回购公告后 3 年的平均 BHAR 为 53.95%，平均 CAR 为 33.18%。与根据市值账面比、公司规模、动量因素寻找的在同一时期未发布公开市场股份回购公告的配对公司相比，宣告并在之后实际回购的公司 1 年的平均 BHAR 为 7.95%，平均 CAR 为 7.2%；回购公告后 2 年的平均 BHAR 为 14.84%，平均 CAR 为 4.72%；回购公告后 3 年的平均 BHAR 为 18.73%，平均 CAR 为 13.56%。从统计意义上来说，回购公告后 1 年的市场效应较回购公告后 2 年、3 年期更加显著，表现为全样本计算结果的均值在 1% 的水平上显著，且中位数和均值差异较小。

第二，本书的实证研究结果不支持价值低估假说。分别使用市值账面比、市盈率和 CAR（−90，−1）衡量回购公告前公司的价值低估程度，分组检验和多元回归分析的结果均未显示回购公告前股价低估程度高的公司，在回购公告后的长期能够产生更高的超额收益。

第三，公开市场股份回购公告的长期市场效应符合信息不对称和信号传递理论。上市公司通过发布公开市场股份回购公告的方式，能够更好地降低小公司的信息不对称程度，此外，分析师发布的研究报告也能够缓解信息不对称程度，由此产生超额收益。采用公司规模和分析师关注度衡量公司发布回购公告前的信息不对称程度，本书的实证研究结果表明，无论是单独考察二者对 BHAR 和 CAR 的影响，还是在控制其他影响股份回购公告长期市场效应的因素之后，小规模公司、分析师关注度高的公司在回购公告后的 1 年能够产生更高的超额收益，这一结果在统计意义上具有较强的显著性。但二者对回购公告后 2 年、3 年的超额收益不再有解释力，可能的原因是公司间差异较大，回购公告后 2 年期、3 年期的市场效应本身不如 1 年期显著。

第四，考虑回购宣告时间的分组检验和多元回归结果表明，与市场指数相比，2018 年宣告回购的样本公司 1 年的平均买入持有超额收益率显著低于2019 年宣告回购的样本公司。本书认为可能的原因是：受大盘指数的影响，

2018 年，我国 A 股市场整体呈下跌趋势，因此在宣告回购后的 1 年内，2018 年宣告回购的样本公司的股价涨幅较小，难以获得较高的超额收益；另外，2019 年之后，由于 A 股市场整体有所反弹，因此投资者对 2019 年宣告回购的样本公司通过股份回购提升市值更加有信心，相信在这一年度发布回购公告的公司长期内能够达到提升市值的目的，由此推动了这些公司股价的上涨。最后，考虑回购目的因素，本书的实证研究结果并未提供以股权激励为目的的公司比不包含股权激励目的的公司在长期能够产生更高超额收益的证据。

二、对策建议

2021 年中央经济工作会议指出，经济工作要稳字当头，稳中求进。资本市场作为社会主义市场经济的重要组成部分，持续巩固其平稳运行对我国宏观经济的整体运行至关重要。而股份回购作为稳定资本市场的方式之一，近年来，国家已出台多项政策规定推动其顺利实施。从 2018 年《公司法》的修正到 2022 年 4 月 11 日，证监会印发的《关于进一步支持上市公司健康发展的通知》中进一步明确指出，"支持符合条件的上市公司为稳定股价进行回购"，以此"增进价值回归，稳定投资者预期"等新规，都体现出国家对上市公司开展股份回购的鼓励和支持。为了更好地发挥股份回购的积极作用，本研究提出以下政策建议：

第一，对于上市公司来说，应根据自身经营发展的实际情况，通过股份回购提升股价，积极发挥自身稳定市场预期的作用。本书的实证研究结果表明，在回购公告发布后的长期来看，上市公司能够达到提升股价、维护市值的目的。为了给投资者以充分的信心，提高资本市场的运行效率，在宏观经济下行时稳定投资者预期，上市公司对已发布的股份回购预案要按期实施，让投资者看到公司回购的"诚意"；同时，上市公司要不断提高公司治理水平，减少大股东在股份回购公告发布后的减持套现行为，对相关事项进行说明，切实维护所有者权益。此外，上市公司还要积极做好信息披露工作，及时披露股份回购进展的有关信息，详细说明回购目的和用途，就股份回购的有关问题回应投资者关切，和投资者形成良性互动。

第二，对于投资者来说，可以合理地运用买入持有投资策略，从股票投资中获得投资收益。买入持有策略即被动投资策略，该策略假定投资者在一定时间内持续持有某只股票（组合），持有至一定时间才发生交易活动，因而持有期内的股票及投资组合不发生变动。本书的实证研究结果表明，对于持有发生公开市场股份回购公司股票的投资者来说，在长期（尤其是1年内），投资者可以获得显著为正的超额收益，说明买入持有投资策略在该情形下具有可行性。因此，投资者要增强对持有发生股份回购行为的上市公司股票的信心，减少股票的频繁换手，做理性、具有长远投资目光的投资者。在这一过程中，投资者可以借助分析师发布的研究报告提高获取信息的准确性，在此基础上做出理性的投资决策；同时，关注小规模公司的生产经营情况，形成合理的投资预期。

第三，对于监管部门来说，要进一步加强对股份回购各个环节的监督，防止上市公司利用股份回购操纵股价。同时，要强化对上市公司股份回购相关信息的披露要求，尤其是对"假回购"、为保壳而实施的"护盘式"回购进行重点关注，对有发生异常情况的上市公司及时进行问询和监督，加大对投资者的保护力度；此外，严格监管上市公司股份回购与减持同时进行的行为，从监管层面引导上市公司通过股份回购维护所有者权益，不断提升公司治理水平。

目前，面对新冠疫情等因素带来的多重挑战，国家对上市公司在融资、经营等方面提供了多项帮扶措施，在确保其经营活动顺利开展的前提下鼓励上市公司进行股份回购，以更好地发挥资本市场内在稳定机制的作用。因此，未来我们有理由相信，在上市公司、投资者和监管部门多方的共同努力下，资本市场将为我国经济的发展注入更多源头活水，我国经济的"大船"也将领航各经济主体一道，抵御复杂经济环境的"惊涛骇浪"，继续行稳致远。

第五章

公开市场股份回购的经营效应

第一节 引　言

　　如前所述，在2018年《公司法》修正之前，我国上市公司股份回购以被动回购为主[①]，回购目的主要为购回离职股权激励对象持有的激励股票，方式以场外要约回购方式为主，公开市场回购方式所占比例很低。2018年《公司法》修正中，对于股份回购主要进行了三方面的修改：①增加了三种允许股份回购的情形[②]，特别是允许上市公司为维护公司价值及股东权益而进行回购；②简化实施回购的决策程序，允许在上述新增三种情形下实施回购的，可不召开股东大会，经董事会过半数同意即可；③建立库存股制度，允许公司持有的本公司股份在三年内转让或注销。此外，还特别规定了三种情形下进行股份回购，应当通过公开市场集中交易方式进行。

　　上市公司在实施公开市场回购之后的长期效应如何？经营业绩是否改善？公司价值是否被提升？长期以来为国内外市场和理论界所关注。国外现有的研究结论并不一致。一些研究结论显示，公开市场回购是公司内部人向市场传达的一种正向信号，回购后，经营业绩会改善，公司的市值会提升，如巴

---

　　①　根据证监会统计，2014～2017年，被动回购家次占比高达93%。
　　②　新增的三种允许回购的情形分别为：将股份用于员工持股计划或者股权激励；将股份用于转换上市公司发行的可转换为股票的公司债券；上市公司为维护公司价值及股东权益所必需。

托夫（Bartov，1991）、李（Lie，2006）。但另一些研究认为，相对于对照组公司，回购公司的业绩没有显著改善，市值也没有提升（Jagannathan and Stephens，2003）。还有学者认为公司之所以进行股份回购，是因为公司的发展进入了低速阶段，容易造成过度投资，故此实施回购以减少自由现金流，因此，在回购后，公司的现金持有将下降，资本支出和研发支出也将下降（Grullon and Michaely，2004）。

那么，在回购新规下，我国上市公司回购股份在长期内能否提升经营业绩、提高公司价值，对其现金持有、资本支出和研发支出有无影响，是一个值得关注的问题。

国内学者以往的研究集中于研究发布回购公告的短期市场效应，对于长期经营效应的研究较少，在有限的研究中结论也不一致。例如，何瑛等（2014）的结论表明股份回购后企业表现出经营业绩持平但投资水平显著下降的特征；朱相平等（2019）认为发现股票回购有利于增加总资产回报率。向秀莉等（2018）和李银香等（2019）的结论均表明，股份回购对企业价值有显著的负面效应。陈东鸿（2020）认为大部分进行股份回购的上市公司的经营状况并未出现改善。赵晴等（2020）认为股份回购显著提高了企业的投资效率，具体表现为股份回购有效降低了企业的过度投资行为。

而上述研究存在两个方面的问题，一是大多数研究没有区分回购的具体方式，将场外要约回购与公开市场回购样本放在一起，仅针对公开市场回购方式的研究很少，而场外要约回购的目的主要为购回离职股权激励对象持有的激励股票，回购股份数量较少，可以预期其对公司的长期影响非常有限，上述研究中只有何瑛（2014）是将2005～2013年公开市场回购事件为样本，但因为年份较早，当时市场中公开市场回购方式的比例很低，该项研究只有40个样本。二是部分研究缺乏严谨性。例如，陈东鸿（2020）仅以发生回购的公司为样本，对比回购前后的经营状况有无改善。向秀莉等（2018）和李银香等（2019）的研究也仅以发生回购的公司为样本，以回购股份比例为解释变量，考察其对企业价值或企业价值增长有无显著影响，得出回购将使企业价值下降的结论，上述研究方法只能证明回购与经营状况或企业价值的相关关系而不能证明其因果关系。朱相平等（2019）开创性地使用PSM法，为实施回购的公司找到对照组公司，但仅用2018年前三季度的数据，发现2018年实施回购的公司在回购当年的ROA高于对照组公司，无法证明实施回购将有助于在长期内提升公司的资产回报率。

本章旨在研究2018年《公司法》修正后，我国上市公司公开市场回购的经营效应。本章借鉴格鲁伦和迈克利（Grullon and Michaely，2004）、李（Lie，2006）和尼克森等（Nixon，Roth and Saporoschenko，2010）的方法，为每个回购样本公司寻找一个回购前在同一行业、同一交易市场板块，且经营业绩、市值账面比都很接近的匹配组公司，将回购公告后当年到回购后两年间，回购组和匹配组的相应财务指标进行一一对应检验比较，并且将回购组在回购后财务指标的变化值与匹配组进行比较，以期对我国上市公司在公开市场回购后的经营效应如何，得出更为严谨的研究结论。

第二节　文献综述与研究假设

现有文献认为上市公司进行股份回购，可能是由于多个但互不排斥的动因。目前关于股份回购的动因主要有以下三种假说。

一、盈余信号假说

盈余信号假说认为，公司进行股票回购的动机之一就是向市场传递信号，表明公司的经营业绩将会提升。

国内外一些研究支持该假说。李（Lie，2006）的研究表明，在上市公司发布公开市场回购公告的8个季度中，公司的经营业绩有所上升，但进一步研究发现，业绩的改善限于那些当年就实际进行回购的公司，说明是实际回购而不是公告本身带来了业绩改善。巴托夫（Bartov，1991）发现相对于未回购公司，回购公司的超预期每股盈余明显偏高，同时发现在回购公告后，股票研究员也会调高盈利预期，证明回购是经营业绩提高的信号。伊肯伯里等（Ikenberry，Lakonishok and Vermaelen，1995）发现股票回购的公司短期内业绩未必提升，部分上市公司要在宣布回购以后的4~5年内才能体现出业绩提升的效应。

但也有研究不支持该假说。格鲁伦和迈克利（Grullon and Michaely，2004）发现，相比于对照组公司，回购公司的经营业绩在发布回购公告后没有显著提高，其至某些盈利指标还低于对照组公司，同时，股票研究员会在回购公告后调低盈利预期。贾甘纳森和斯蒂芬森（Jagannathan and Stephens，2003）的研究发现公司发布回购公告后，经营业绩会下降。宫国瑾等（Gong，Louis and Sun，2008）认为，回购后经营业绩的所谓改善，至少有一部分是由于回购前的向下盈余管理，而不是真实的盈利增长。

国内研究中，陈东鸿（2020）认为股票回购在短期内具有较好的市场效应，但大部分进行股份回购的上市公司的经营状况和自身回购前相比并未出现改善。

如果在我国，上市公司进行股份回购的动机符合盈余信号假说，则有假设 1 成立。

H1：公开市场回购后，回购公司的经营业绩显著提高。

二、价值低估假说

价值低估假说认为，公司进行股票回购的动机之一就是向市场传递公司价值被低估的信息，引导市场投资者购买本公司股票，从而提升公司的市值，以体现公司的实际价值。

一些文献的结果表明，在发布回购公告后，市场的反应通常都为正向，公司的市值在短期和长期内可以获得提升。

伊肯伯里等（Ikenberry，Lakonishok and Vermaelen，1995）的研究表明，在公告后的 4 年内，相对于控制组，公开市场回购公司的股票可以获得超过 12% 的超额收益。里亚诺等（Liano，Huang and Manakyan，2003）的研究表明，在回购公告的 5 日窗口期内，回购公司股票会有显著正的超额回报，但总体没有获得超常的长期收益，不同行业的公司结果有所不同。尼克森等（Nixon，Roth and Saporoschenko，2010）发现公司的投资机会不同，进行公开市场回购的动机也不同。托宾 Q 值高的公司因为股价被低估，在宣告回购后，其账面市值比会升高。

国内研究中，李曜（2013）的结论表明"真回购"能带来正向的市场效应，而市场不会对"假回购"做出积极反应。作者认为宣告股份回购本身是一种"偏负面"信号，公司的发展前景不容乐观。李银香（2019）认为股份回购对企业价值（以托宾 Q 值代表）有显著的负面影响。向秀莉等（2018）

认为管理者过度自信会显著促进企业进行股票回购；在管理者过度自信情况下进行的股票回购会使企业价值下降。

另外，在2018年《公司法》修正后，新增的三种允许回购情形中，包括"上市公司为维护公司价值及股东权益所必需"，为验证回购公司的"维护公司价值"的回购目的是否能够实现，本章提出假设2。

H2：公开市场回购后，回购公司的公司价值显著提高。

三、自由现金流假说

自由现金流假说认为，公司进行股票回购是为了向股东发放多余的现金从而降低代理成本；进行公开市场回购的公司可能面临着成长机会缺乏、资金利用率低等问题，因此资产回报率并不高；在公司通过股票回购发放自由现金流后不仅能够降低代理成本，还能够有效提升资本运用效率，通过减少公司账面上的自由现金流，改变公司的现金持有率以及金融杠杆结构。

格鲁伦和迈克利（Grullon and Michaely，2004）发现，宣告回购的公司业绩没有明显改善，作者认为公司经理进行回购是有认为公司已进入成熟阶段，增长机会减少，想要减少自由现金流，因而在回购后，现金持有、资本支出、研发支出都有所下降，同时，系统风险与资本成本也有所下降。尼克森等（Nixon，Roth and Saporoschenko，2010）的结论显示，相比于对照组公司，回购组公司有较低的债务水平、较多的现金持有和较多的自由现金流，并且这种差异在回购后依然存在。

国内研究中，何瑛等（2014）的结论认为，股份回购后企业表现出经营业绩持平，但投资水平显著下降的特征，股份回购向投资者传递企业目前财务稳健，有能力向股东返还多余现金，且管理层不会过度投资的信息，分析结果验证了自由现金流量假说。

如果我国上市公司公开市场回购动机符合自由现金流假说，则有假设3成立。

H3：公开市场回购后，相比于未回购公司，回购公司的现金持有率较低，杠杆率较低，资本支出和研发支出将下降。

第三节 研究设计

一、样本选择与数据来源

本章使用的上市公司公开市场回购的样本以及相应财务数据均源于国泰安（CSMAR）数据库。由于本章主要针对 2018 年 10 月 26 日《公司法》修正通过并实施后进行公开市场回购的公司进行研究，同时，又要考察其回购后两年的市场和经营表现，故此，本章的样本选取对象为 2018 年 10 月 26 日~12 月 31 日期间宣告回购的公司，经统计样本共 189 个。在此基础上，本章再进行如下筛选：①剔除在发布回购公告后两个季度内未真正实施回购的公司［原因是根据李（Lie，2006）的结论，只宣告回购而未真正实施的公司，其市场表现和经营业绩没有显著提升］；②剔除数据有缺失的样本；③剔除金融行业公司样本；④剔除 ST 类上市公司；⑤剔除回购发生前一年有过并购重组等重大变动的公司；⑥剔除回购前一年内有过公开市场回购记录的公司。经过筛选，剩余样本共 152 个。

二、匹配组样本的筛选

在确定了公开股票回购的样本公司后，针对样本组的每一家公司，都应该在未宣布股票回购的公司中寻找一个对照样本形成匹配组，选取的匹配样本同回购样本相似度越高，研究结果的可靠性越强。

借鉴李（Lie，2006）、尼克森等（Nixon，Roth and Saporoschenko，2010）的方法，结合中国的市场情况，本书选择行业、交易市场类型（主板、中小板或创业板）、回购前一年的资产回报率（ROA）以及市值账面比（MB）作为选择匹配样本的标准。具体步骤如下：①在同一行业和交易市场类型中，寻找 ROA 和 MB 指标都在 ±20% 以内的公司作为匹配样本；②如果找不到，放开行业两位数代码限制，在行业大类中，在同一交易市场类型中，继续找 ROA 和 MB 指标都在 ±20% 的公司；③如果仍找不到，则放开行业限制，寻找 ROA 差值绝对值加 MB 差值绝对值最接近的公司。

三、变量选择与定义

参考现有文献，在衡量公司经营业绩方面，本章拟采用资产回报率（ROA）作为衡量公司经营表现的指标，同时，为了增强结论的稳健性，本章还选取息税前利润率（EBITA）和营业利润率（ROS）进行比较。

在衡量公司价值方面，本章选取市值账面比（MB）为公司价值的衡量指标，市值账面比提升，则意味着公司的价值提高。同时，为增强结论的稳健性，本章也以托宾 Q 值（Q）进行检验。

最后，本章选取自由现金流（FC）和杠杆率（LEV）衡量公司的现金流水平，选取资本支出（CE）和研发支出（RD）比较公司在回购前后的资本支出与研发支出的变化情况。各个变量的具体定义详见表 5 - 1。

表 5 - 1   **变量定义**

指标类型	变量名称（简称）	计算公式及说明
经营业绩	资产回报率（ROA）	净利润/总资产平均余额
	息税前利润率（EBITA）	息税前利润/期末资产总额；息税前利润 = 净利润 + 所得税费用 + 财务费用
	营业利润率（ROS）	营业利润/营业收入
市场价值	市值账面比（MB）	期末股本市场价值/期末股本账面价值
	托宾 Q 值（Q）	股权市值/（资产总计 - 无形资产净额 - 商誉净额）
资金及投资研发支出水平	自由现金流（FC）	自由现金流/期末资产总额，反映经营活动产生的现金流扣除资本性支出后的现金，用以衡量管理层真实可支配的现金水平
	杠杆率（LEV）	负债合计/资产总计
	资本支出（CE）	资本支出/期末资产总额，资本支出是现金流量表中"购建固定资产、无形资产和其他长期资产支付的现金"
	研发支出（RD）	研发费用/期末资产总额

各变量在公司宣告回购前一年末（即 2017 年）回购组和匹配组的描述

性统计分别如表 5 - 2 和表 5 - 3 所示。

表 5 - 2 回购前一年回购组各变量的描述性统计

变量	均值	中位数	最小值	最大值	标准差
ROA	0.0661	0.0626	− 0.0561	0.1782	0.0392
EBITA	0.0764	0.0715	− 0.0473	0.2314	0.0404
ROS	0.1388	0.1245	− 0.2144	0.5084	0.1034
MB	3.3403	2.7716	0.7566	15.9908	1.9601
Q	2.7581	2.3024	1.0099	8.4607	1.4603
FC	0.0017	0.0189	− 0.3663	0.2753	0.0993
LEV	0.3693	0.3475	0.0453	0.8617	0.1845
CE	0.0343	0.0317	− 0.3663	0.2750	0.0675
RD	0.0214	0.0209	0.0000	0.1238	0.0167

表 5 - 3 回购前一年匹配组各变量的描述性统计

变量	均值	中位数	最小值	最大值	标准差
ROA	0.0646	0.0609	− 0.0475	0.1701	0.0372
EBITA	0.0742	0.0751	− 0.0390	0.1709	0.0357
ROS	0.1265	0.1160	− 0.1598	0.5399	0.0889
MB	3.3820	2.9668	0.7351	9.8410	1.7911
Q	2.9337	2.6534	1.0002	7.6115	1.5364
FC	− 0.0057	0.0107	− 0.3911	0.1863	0.0852
LEV	0.3503	0.3004	0.0168	0.9024	0.1964
CE	0.0371	0.0272	− 0.1776	0.3133	0.0559
RD	0.0219	0.0193	0.0000	0.0923	0.0171

从表 5 - 2 和表 5 - 3 可以看出，回购前一年，实施股份回购的回购组和本书筛选出的未实施回购的匹配组在盈利能力（ROA）和市场价值（MB）方面是很接近的（后文中还会有进一步定量的精确统计），为后续进一步研究回购对经营绩效影响的研究奠定了良好的基础。

第四节 实 证 分 析

一、经营业绩

本研究先将回购组和匹配组在回购公告各年的 ROA 的差值进行一一对比，并对均值进行 t 检验，对中位数进行 wilcoxon 检验，检验结果及显著性如表 5-4 所示。

表 5-4 回购组与匹配组 ROA 的对照检验结果

年度	差值均值	t 统计量	差值中位数	Z 统计量
-1	0.0015	2.38***	0.0003	1.66*
0	-0.0015	-0.33	-0.0015	-0.69
1	-0.0015	-0.21	0.0026	0.30
2	-0.0028	-0.38	0.0009	0.19

期间	未经调整的变化		调整后的变化	
	均值	中位数	均值	中位数
0~1 年	0.0010	0.0008	0.0000	0.0012
0~2 年	-0.0032	0.0004	-0.0013	0.0043

注: *、**、*** 分别代表在 10%、5% 和 1% 水平上显著。

表 5-4 的上半部分显示了在回购宣告前后，各年度全部 152 个回购样本和匹配样本相比，ROA 差值的均值和中位数，以及显著性检验的结果。从表中可以看出，在发布回购公告当年以及其后的 1 年和 2 年，公开市场回购公司与每一家与其匹配的公司相比，ROA 没有显著性差异，即经营业绩没有显著高于匹配公司。需要说明的是，在回购宣告前 1 年，之所以回购公司与匹配公司的 ROA 差值显著大于 0，是因为本章是按照回购宣告前 1 年度 ROA 指标确定匹配公司，两类公司 ROA 差异的标准差很低。

表 5 - 4 的下半部分显示回购公司在发布回购当年到回购公告后 1 年和 2 年 ROA 的变化值，以及和匹配公司变化值相比的差值及其显著性。可以看出，回购公司在实施回购后，和自身相比，ROA 没有显著提高，和匹配公司相比，ROA 也没有显著提高。

为保证结论的稳健性，本书还以 EBITA、ROS 作为衡量经营业绩的指标进行比较，结论一致，因篇幅所限没有列出。

因此，可以得出结论，从总体上，回购公司在公开市场回购后经营业绩没有显著提高。

委托代理理论认为，上市公司实施股权激励，将有助于降低代理成本，从而提高经营业绩。例如，科尔等（Core，Guay and Larcker，2003）、连玉君等（Lian，Zhi and Gu，2011）以及陈胜军等（2016）也对此进行了验证。那么，上市公司将回购股份用于股权激励，是否有利于公司提升经营业绩呢？在我国，公司发布的回购公告显示出各家公司回购的目的不尽相同，有的公司为"维护公司价值和股东权益"，即以提升公司市场价值为回购目的；有的公司是以员工持股计划或股权激励为回购目的；还有部分公司两种目的兼有。为验证此假设，本章筛选出回购目的中包含有股权激励的样本，共计 42个，比较其 ROA，结果如表 5 - 5 所示。

表 5 - 5　　　　　回购组与匹配组 ROA 的对照检验结果

（限于回购目的包含有股权激励的样本）（N = 42）

年度	差值均值	t 统计量	差值中位数	Z 统计量
- 1	0.0018	1.43 *	0.0002	0.98
0	- 0.0024	- 0.44	- 0.0049	- 1.06
1	0.0230	1.68 **	0.0106	1.28
2	0.0041	0.24	- 0.0005	0.20

期间	未经调整的变化		调整后的变化	
	均值	中位数	均值	中位数
0 ~ 1 年	0.0060	0.0109 *	0.0253 **	0.0128 *
0 ~ 2 年	0.0028	0.0078	0.0064	0.0131

注：*、**、*** 分别代表在 10%、5% 和 1% 水平上显著。

结果显示，回购目的包含有股权激励的回购公司，其 ROA 在第 1 年末有所提高，且提高幅度高于未回购的匹配公司。第 1 年末，回购公司的 ROA 均值高出匹配公司 0.0230；0～1 年 ROA 增加值均值高出匹配公司增加值均值 0.0253，且均通过了显著性检验。但其第 2 年末的 ROA 与第 0 年相比，无显著差异，与匹配公司相比，也无显著差异。

为增强结果稳健性，本章再以 EBITA、ROS 衡量经营业绩，以回购目的包含有股权激励的回购公司为样本，进行检验，结论一致，如表 5-6 和表 5-7 所示。第 1 年末，回购公司的 EBIT 均值高出匹配公司 0.0296，ROS 高出 0.1076；0～1 年 EBIT 增加值均值高出匹配公司增加值均值 0.0261，ROS 增加值均值高出匹配公司增加值均值 0.1180，且均通过了显著性检验。但其第 2 年末的 EBIT 和 ROS 与第 0 年相比，无显著差异，与匹配公司相比，也无显著差异。

表 5-6　　　　　　回购组与匹配组 EBIT 的对照检验结果
（限于回购目的包含有股权激励的样本）（N=42）

年度	差值均值	t 统计量	差值中位数	Z 统计量
-1	0.0030	0.93	0.0000	0.43
0	0.0035	0.59	0.0040	0.37
1	0.0296	1.96**	0.0184	1.74*
2	0.0086	0.44	0.0065	0.28

期间	未经调整的变化		调整后的变化	
	均值	中位数	均值	中位数
0～1 年	0.0046	0.0095*	0.0261*	0.0083*
0～2 年	0.0037	0.0019	0.0051	0.0024

注：*、**、*** 分别代表在 10%、5% 和 1% 水平上显著。

表 5-7　　　　　　回购组与匹配组 ROS 的对照检验结果
（限于回购目的包含有股权激励的样本）（N=42）

年度	差值均值	t 统计量	差值中位数	Z 统计量
-1	0.0007	0.07	-0.0136	-0.56

年度	差值均值	t 统计量	差值中位数	Z 统计量
0	− 0. 0104	− 0. 49	− 0. 0068	− 0. 53
1	0. 1076	1. 63 *	0. 0017	0. 66
2	0. 0463	0. 89	− 0. 0087	0. 02

期间	未经调整的变化		调整后的变化	
	均值	中位数	均值	中位数
0 ~ 1 年	0. 0063	0. 0111	0. 1180 **	0. 0178 *
0 ~ 2 年	− 0. 0166	0. 0216	0. 0567	0. 0186

注：*、**、*** 分别代表在10%、5%和1%水平上显著。

因此，可以得出结论，回购目的包含有股权激励的公司，在回购后，经营业绩有所提升，但仅限于发布回购公告后的 1 年。

综上所述，本书得出结论，公开市场回购后，回购公司的经营业绩没有显著提高，假设 1 没有得到验证，说明我国上市公司进行公开市场回购的主要动机不是传递业绩将要改善的信号。但回购目的包含有股权激励的公司，其经营业绩在 1 年内有显著提高。

二、市场价值

为考察公开市场股份回购对公司市场价值的影响，本书在全部样本中删去 2017 年回购组与匹配组 MB 差值绝对值大于 20% 的样本，剩余 131 个，将回购组与匹配组进行比较检验，结果如表 5 - 8 所示。

表 5 - 8　　回购组与匹配组的市值账面比（MB）的对照检验结果

年度	差值均值	t 统计量	差值中位数	Z 统计量
− 1	0. 0195	0. 72	0. 0051	0. 54
0	− 0. 3066	− 3. 26 ***	− 0. 0573	− 2. 13 **
1	− 0. 3530	− 2. 27 **	− 0. 0228	− 0. 86
2	− 0. 4740	− 1. 49 *	0. 0704	− 0. 44

续表

期间	未经调整的变化		调整后的变化	
	均值	中位数	均值	中位数
-1~0 年	-1.2463***	-1.0374***	-0.3280***	-0.1801***
0~1 年	0.4563***	0.2867***	-0.0463	0.1373
0~2 年	0.8409***	0.2315***	-0.1674	0.0427

注：*、**、*** 分别代表在10%、5%和1%水平上显著。

因为账面市值比是本章筛选匹配公司的标准之一，因此，在回购前一年，回购组与匹配组的 MB 没有显著差异，但在回购当年，回购组的 MB 值显著低于匹配组，平均低 0.3066（幅度为 15%），这与迪特马尔（Dittmar，2000）和贾甘纳森等（Jagannathan，Stephens and Weisbach，2000）的结论一致，即进行股份回购的公司的市值账面比超低。但回购后，回购组的 MB 仍然低于匹配组，一年后低 0.3530（幅度约为 14%），两年后低 0.4740（幅度为 23%）。在 MB 指标的变化方面，从回购的前一年到回购当年，回购公司的 MB 值显著下降，均值下降 -1.2463（降幅为 38%），降幅也显著高于匹配组公司；回购后，回购组公司和自己相比，MB 显著提高，第一年平均提高 0.4563（增幅为 22%），两年内平均提高 0.8409（增幅为 41%），但和匹配公司相比，提升程度没有显著差异。说明回购公司在回购之前，MB 值降幅较大，指标值较低，在回购后虽然自身的 MB 指标提升幅度较大，但与匹配公司相比，没有显示出更大的提升幅度。

本章进一步筛选出在回购目的中包含有以提升市值的样本进行比较（共114 个，占全部样本的 75%），结果如表 5-9 所示，结论没有变化；再以包含有股权激励为目的的样本（共 36 个）进行比较，结论也没有变化。

表5-9　　回购组与匹配组的市值账面比（MB）的对照检验结果
（限于以提升市值为目的的样本）（N=114）

年度	差值均值	t 统计量	差值中位数	Z 统计量
0	-0.3074	-3.03***	-0.0557	-2.08**
1	-0.3919	-2.29**	-0.0338	-0.94

年度	差值均值	t 统计量	差值中位数	Z 统计量
2	− 0.4138	− 1.16	0.0809	0.04

期间	未经调整的变化		调整后的变化	
	均值	中位数	均值	中位数
0 ~ 1 年	0.4794 ***	0.2867 ***	− 0.0845	0.0998
0 ~ 2 年	0.9312 ***	0.2315 ***	− 0.1064	0.0517

注：*、**、*** 分别代表在 10%、5% 和 1% 水平上显著。

本章再以托宾 Q 值作为衡量公司价值的指标，删除缺失 2017 年数值的样本后，剩余 123 个，结果如表 5 – 10 所示，在发布回购公告当年，回购组公司的托宾 Q 值显著低于匹配组公司，均值低 0.3118（幅度约为 12.5%），在回购后的第 1 年和第 2 年，回购组与匹配组公司的托宾 Q 值均值差值为负，但不显著。在变化方面，与自己相比，回购组公司在回购后托宾 Q 值有显著提高，两年内分别提高 0.4078 和 0.6989，增幅分别达到 22% 和 37%，但与匹配组公司相比，上升幅度没有显著性差异。

表 5 – 10 　　　　　　回购组与匹配组的托宾 Q 值的对照检验结果

年度	差值均值	t 统计量	差值中位数	Z 统计量
− 1	− 0.1402	− 1.67 **	− 0.0200	− 1.25
0	− 0.3118	− 3.45 ***	− 0.0948	− 3.47 ***
1	− 0.2009	− 1.17	− 0.0135	− 1.04
2	− 0.2172	− 0.74	− 0.0563	− 0.65

期间	未经调整的变化		调整后的变化	
	均值	中位数	均值	中位数
0 ~ 1 年	0.4078 ***	0.1436 ***	0.1109	0.0556
0 ~ 2 年	0.6989 ***	0.1265 ***	0.0946	0.0444

注：*、**、*** 分别代表在 10%、5% 和 1% 水平上显著。

因此，本章得出以下结论：市场价值偏低的公司倾向于进行股份回购，公开市场回购提升了回购公司的价值，但相对于未回购公司，回购公司的公司价值未得到显著提升，假设2得到部分验证。

三、现金流及投资与研发支出方面

（一）自由现金流

为验证股份回购后对公司现金方面的影响，本书在剔除缺失2017年数据的样本后有112个，将回购组与匹配组的数据进行比较检验，结果如表5-11所示。在回购前一年，回购公司的自由现金流与匹配公司相比，没有显著差异，但在回购当年，回购组的自由现金流显著提高，均值提高了0.0265，在5%水平上显著，并比匹配组的FC值高出0.0233（在1%水平上显著），说明回购组公司在回购当年已着手为即将到来的股份回购准备资金。但在回购后的第1年和第2年，回购组与匹配组的自由现金流没有显著差异，说明股份回购没有降低公司的自由现金流。

表5-11　　　　回购组与匹配组的自由现金流（FC）的对照检验结果

年度	差值均值	t 统计量	差值中位数	Z 统计量
-1	0.0073	0.67	0.0022	0.59
0	0.0233	2.60 ***	0.0168	2.38 **
1	0.0123	1.09	0.0201	1.54
2	-0.0003	-0.03	-0.0010	0.20

期间	未经调整的变化		调整后的变化	
	均值	中位数	均值	中位数
-1~0 年	0.0265 **	0.0184 ***	0.0134	0.0008
-1~1 年	0.0375 ***	0.0348 ***	0.0051	0.0161
-1~2 年	-0.0060	0.0007	-0.0071	-0.0078

注：*、**、*** 分别代表在10%、5%和1%水平上显著。

（二）杠杆率

为考察股份回购对公司的杠杆率是否有影响，本书将回购组与匹配组的杠杆率指标进行比较检验，结果如表 5 - 12 所示。在回购前一年与当年，回购公司的杠杆率与匹配组相比，没有显著差异，但与回购前相比，回购公司的杠杆率显著上升，回购后 1 年与公告当年相比，提高了 0.0240，回购后 2 年提高了 0.0326，提高幅度也显著高于匹配公司，导致在回购一年后，回购公司的杠杆率比匹配组平均高大约 2.95%，回购后 2 年高出大约 3.47%，且均通过了显著性检验。由此证明，公开市场回购使得回购公司的杠杆率显著提高，且高于未回购的匹配公司。

表 5 - 12　　　　回购组与匹配组的杠杆率（LEV）的对照检验结果

年度	差值均值	t 统计量	差值中位数	Z 统计量
- 1	0.0127	0.82	- 0.0046	0.54
0	0.0152	0.97	0.0168	0.82
1	0.0295	1.82 **	0.0301	1.79 *
2	0.0347	2.10 **	0.0483	2.12 **

期间	未经调整的变化		调整后的变化	
	均值	中位数	均值	中位数
- 1 ~ 0 年	0.0203 ***	0.0159 ***	0.0024	0.0010
0 ~ 1 年	0.0240 ***	0.0120 ***	0.0144 **	0.0124 **
0 ~ 2 年	0.0326 ***	0.0262 ***	0.0195 **	0.0210 **

注：* 、** 、*** 分别代表在 10%、5% 和 1% 水平上显著。

（三）资本支出和研发支出

为考察股份回购对公司的资本支出是否有影响，本书将现金流量表中的"购建固定资产、无形资产和其他长期资产支付的现金"项作为资本支出，以资本支出占期末资产总额的比例作为衡量资本支出的指标，将回购组与匹配组的资本支出指标进行比较检验，结果如表 5 - 13 所示。在回购前和回购后，回购公司的资本支出和匹配公司相比，均无显著差异，其变化也无显著差异。因此，可以得出结论，公开市场回购对回购公司的资本支出没有影响。

表 5 – 13　　　回购组与匹配组的资本支出（CE）的对照检验结果

年度	差值均值	t 统计量	差值中位数	Z 统计量
– 1	0.0002	0.03	0.0035	0.49
0	0.0031	0.44	0.0002	– 0.02
1	0.0031	0.46	0.0039	1.08
2	– 0.0082	– 1.04	– 0.0033	– 1.10

期间	未经调整的变化		调整后的变化	
	均值	中位数	均值	中位数
– 1 ~ 0 年	0.0039	0.0010	0.0041	– 0.0010
0 ~ 1 年	0.0062	0.0019	0.0000	0.0033
0 ~ 2 年	– 0.0058	– 0.0025	– 0.0113	– 0.0027

注：＊、＊＊、＊＊＊分别代表在 10%、5% 和 1% 水平上显著。

在研发支出方面，本书以研发费用占期末资产总额的比例作为衡量研发费用的指标，删除数据缺失的样本，共有 139 个。比较检验的结果如表 5 – 14 所示。回购后回购组与匹配组没有显著差别，虽然在回购后，回购组的研发支出占比和回购当年相比，有显著提升，提高了 0.0014，但和匹配组相比，研发费用在回购后的两年均值基本没有差异。因此，可以得出结论，公开市场回购对回购公司的研发支出没有影响。

表 5 – 14　　　回购组与匹配组的研发支出（RD）的对照检验结果

年度	差值均值	t 统计量	差值中位数	Z 统计量
0	– 0.0005	– 0.28	0.0005	0.14
1	– 0.0024	– 1.18	– 0.0007	– 0.48
2	– 0.0021	– 1.08	– 0.0001	– 0.63

期间	未经调整的变化		调整后的变化	
	均值	中位数	均值	中位数
0 ~ 1 年	0.0014 ＊＊＊	0.0008 ＊＊＊	– 0.0019 ＊＊	– 0.0003
0 ~ 2 年	0.0012	0.0009 ＊＊	– 0.0015	– 0.0001

注：＊、＊＊、＊＊＊分别代表在 10%、5% 和 1% 水平上显著。

综上所述，公开市场回购后，回购公司的自由现金流没有减少，杠杆率显著提高，资本支出和研发支出没有变化，假设 3 没有得到验证。

第五节 本 章 小 结

本章以《公司法》修正，对股份回购做出新规定后，在 2018 年第四季度发布公开市场回购公告，并在两个季度内实际实施回购的公司为样本，以公告前一年度的行业、ROA、市值账面比为标准，筛选出相应的匹配公司作为对照，研究在公开市场回购后，上市公司的经营业绩、市场价值以及现金流及投资研发支出方面的变化，结论如下。

第一，在经营业绩方面，回购公司在回购公告后，无论是和自己回购前相比，还是和匹配公司相比，经营业绩均没有得到提升，盈余信号假说没有得到验证，但股份回购对回购目的包含股权激励的公司业绩有提升作用，作用仅限于 1 年。

第二，在市场价值方面，在回购当年，回购公司的市场价值均显著低于匹配公司，在回购后，回购公司的市场价值显著提升，符合价值低估假说。但与匹配公司相比，提升幅度没有显著差异，且市场价值仍然偏低，说明在 2019~2020 年，在股市整体转好的背景下，回购公司的市场价值提升没有强于未回购的匹配公司，以提升公司价值为目的的公开市场回购，效果并不理想。

第三，在现金流和投资研发支出方面，在回购前，回购公司的自由现金流、杠杆率、资本支出和研发支出，与未回购匹配公司相比，均没有显著差异，在回购后，回购公司的自由现金流、资本支出和研发支出没有显著变化，杠杆率显著提高，由此可以证明自由现金流假说在解释我国上市公司股份回购的长期效应方面不成立。在我国，在回购新规发布后，公开市场回购的目的不是为了发放多余的自由现金流，另外，回购对于公司的资本支出和研发支出没有影响。

通过对上述结果的分析，本书认为，首先，单纯以提升公司市值为目的的公开市场回购，其效果并不理想，虽然在回购后，市值有所提升，但提升幅度并未超过匹配公司，并且其经营业绩也没有改善。因此，想要真正提高公司价值，公司应该着力提升自身的经营业绩，而不能单纯依赖于股份回购。其次，本章的结果显示，以股权激励为目的的公开市场回购确实可以提高公司的经营业绩，在回购后，公司应积极落实股权激励，降低代理成本。最后，在政策方面，在股票市场已经回归稳定的情况下，监管部门应积极引导上市公司利用股份回购，提升公司的经营绩效，进一步完善我国上市公司的治理结构，而不是仅仅维护股价的稳定，并且防范大股东利用股份回购侵害中小股东利益，让这一资本市场工具更好地发挥作用。

第六章

上市公司"零回购"的动因及市场效应

第一节　引　言

在我国股票市场股份回购高速发展的同时，实际回购执行情况却良莠混杂，一些公司实现了回购的高完成率，一些公司却出现了"零回购"的情况，即上市公司在没有实际实施股份回购的情况下就终止了回购计划。翻阅其回购公告，发现"零回购"公司宣布的回购理由多为当前股价不能合理反映公司价值，那么这些公司最终宣告回购而没有实施回购，是否能够实现其提升股价的目的？对终止回购的行为，"零回购"公司给出诸如资金流动性不足、股价长期高于价格上限等理由。这些终止回购的理由是否反映了公司的真实处境？公司宣告回购的背后是否另有隐情？考虑到回购不具有承诺性质，公司在发布回购公告后违背承诺的成本较低，回购公告很有可能成为公司误导投资者、提升股价的工具，因此上市公司进行"零回购"的潜在动机值得商榷。

本章选取我国 A 股市场在 2018 年 1 月 1 日至 2020 年 6 月 30 日期间宣告以集中竞价方式进行股份回购，但实际没有实施回购的公司作为研究对象，查阅公司的回购预案公告和终止回购公告，分析公司宣告终止回购的理由是否充分，是否存在矛盾的情况，然后本书还分析"零回购"公司的大股东减持情况和股东质押情况，进而探究公司"零回购"背后潜在的原因，并利用事件研究法研究公司"零回购"的市场效应，探究"零回购"是否能带来短期和长期的超额收益，是否达到提升公司市值的目的。

本研究的创新点主要体现在以下两个方面。第一，研究对象创新。目前，现有文献基本围绕股份回购的短期市场效应、财务因素和动因进行探讨，研究对象为所有进行实际回购的公司，部分文献对上市公司回购完成率进行研究，而对于"零回购"的研究基本是案例形式，比如针对海思科、苏泊尔公司的回购情况分析。本章选取宣告将以公开市场回购方式进行回购，但在约定期限内，没有实际进行回购的全部上市公司作为研究对象，搜寻样本更为全面，所得结论更加严谨可靠。第二，研究"零回购"的长期市场效应。现有文献更多以案例的方式研究一家或几家公司"忽悠式"回购的动因，及其短期市场效应。本研究除了计算"零回购"的短期市场效应外，还使用两种计算方法和两种度量基准，研究"零回购"在长期内是否可能获得超额收益，以探究"零回购"能否在长期内帮助上市公司实现提升市场价值的目的。

一、有关"零回购"的研究综述

由于股票回购的灵活性，公开市场回购计划实际上不具有承诺性质，公司不会因为发布回购公告后只进行少量回购或者不进行实际回购而受到处罚，国外由于公开市场回购的历史较长，已经有一些学者对这类虚假回购计划展开研究。湛可南等（Chan et al.，2010）提出，股票回购往往是有利于投资者的积极经济信号，由于经理人似乎面临提振股价的巨大压力，因此出现为了传达虚假信号而宣布回购的情况。巴塔查里亚和迪特马尔（Bhattacharya and Dittmar，2004）认为，即使没有回购股票的意图，经理人也有能力授权公开市场回购计划，通过股票回购发出虚假的价格低估信号，宣布回购计划但不实施，经理人可以从中获利。德罗西亚等（Drousia，Episcopos and Leledakis，2019）根据雅典证券交易每日股票回购数据集，发现进行回购公司的长期超额收益率高于"零回购"公司，并与回购频率呈正相关。

湛可南等（Chan，Ikenberry and Lee，2004）的研究结果表明，短期内"零回购"的公司和真实回购的公司拥有相似的超额收益，但进行"零回购"

的公司没有长期经济效益。米茨纳(Mietzner,2017)基于美国457个已完成和79个未完成回购计划的样本,认为公司发起回购是为了应对投资机会减少的困境,当出现其他投资机会时,公司可能会放弃回购。研究发现,已完成回购公司的系统风险在回购完成后显著下降。而未完成回购公司的系统风险在宣布回购前降低,但随后在事件期间上升并达到峰值。国外股票市场历史较为悠久,为比较同一公司的多次回购情况提供了数据,张绍基等(Chang,Chen and Chen,2010)研究发现,对于之前回购记录较好的公司市场会做出更积极的反应。

随着虚假回购案例的发生,国内学者逐渐开始关注股票假回购事件。李曜和何帅(2010)发现市场对真假回购拥有一定的识别能力,赵凌(2013)认为假回购公司宣布股票回购的信号本身可能是一种"偏负面"的信号。董竹和马鹏飞(2017)同样发现A股市场对真假回购的识别能力,信号传递理论只存在于真回购公司中。李丽萍和管丽(2020)发现,2017~2019年受政策和制度影响,"忽悠式回购"现象增多,部分公司在股价稳定之后,找各种借口终止回购计划,或仅少量回购以应付投资者,原因为企业趋利性、实施股票回购成本较高,且违规成本低,以及"忽悠式回购"不易被识别。沈红波等(2022)研究得出机构投资者可以识别出虚假式回购,并进行减持,虚假式回购信息的发布只会使中小投资者增持,进而遭遇股价崩盘的风险。

针对回购动机,黄荣彬(2020)研究了蓝盾股份回购案例,发现公司股份回购公告后存在的高管减持现象,并且回购期满时未进行回购,认为案例公司很可能存在通过发布虚假股份回购公告配合高管减持的情况。

综上所述,国外研究中没有专门针对"零回购",但发现实际回购的样本,其市场效应和财务效应,比没有实际回购的公司更加积极。国内绝大多数文献都是关于"零回购"的个案,分析回购动因和市场效应,难以有代表性。只有少数几篇针对回购完成率低的多家公司进行短期市场效应分析。本书搜集了2018~2020年进行公开市场回购的公司中"零回购"的样本,结合财务数据挖掘动因、计算长短期市场效应,进行更全面的研究。

二、"零回购"的概念界定与样本选择

如前所述,根据股票回购实施场所不同,股份回购可以分为公开市场回

购和场外协议回购。公开市场回购指公司事先约定好回购股份价格的范围，在二级市场上公开收购股份。这种方式给予公司较高的灵活性，能够自主选择回购数量、价格和期限。场外协议回购是公司与特定投资者，单独协商回购的股价和数量，私下签订协议，相较于公开市场回购，透明度较低。

我国上市公司在 2018 年《公司法》修正前，回购受到较多限制，公司大多采用协议回购，《公司法》修正后，由原来的"原则禁止、例外允许"逐渐放开约束，由此我国以公开市场形式进行的股票回购规模激增。国内外学者对公开市场股票回购能够传递公司股价过低的信息，从而短期内提升股价的观点，基本达成一致。

公开市场回购对于投资者是一种积极信号，然而公开回购对于公司而言又具有灵活性，并不是上市公司的一种承诺。上市公司在发布回购公告后，可能出于各种原因导致不同公司的回购完成率迥异，部分公司回购结果与计划相去甚远。

由于确定回购完成率高低的界限具有主观性，本书决定研究"零回购"公司，即指上市公司在公开市场发布经由股东大会同意的回购公告，但在回购期限内没有实际进行回购的回购行为。这一类上市公司虽然在终止回购公告中给出资金流动性不足、股价长期高于价格上限，回购的交易时间窗口不足等原因，也不足以让投资者信服。

根据"零回购"公司的定义，本书选取我国 A 股市场在 2018 年 1 月 1 日~2020 年 6 月 30 日期间内，宣告以公开市场回购方式进行回购，但实际回购数量为 0 的公司为样本，剔除金融行业的样本筛选后共有 26 个。本研究数据源于 CSMAR 数据库、Wind 数据库以及 Choice 数据库。

搜集整理 26 家"零回购"样本公司的基本信息如表 6-1 所示，超过一半的"零回购"公司属于制造业，由于 2018 年《公司法》修正，掀起了 A 股市场回购潮，因此"零回购"公司发布回购预案的时间主要集中在 2018 年。

表 6-1 　　　　　　　　"零回购"样本公司的基本状况

证券代码	证券名称	回购公告日	所属行业
000005	ST 星源	2018 年 11 月 29 日	水利、环境和公共设施管理业
000711	京蓝科技	2018 年 11 月 16 日	建筑业

续表

证券代码	证券名称	回购公告日	所属行业
000716	黑芝麻	2019 年 7 月 18 日	制造业
002032	苏泊尔	2018 年 3 月 31 日	制造业
002047	宝鹰股份	2019 年 1 月 15 日	建筑业
002050	三花智控	2019 年 12 月 17 日	制造业
002121	科陆电子	2018 年 5 月 19 日	制造业
002131	利欧股份	2019 年 1 月 31 日	信息传输、软件和信息技术服务业
002183	怡亚通	2018 年 7 月 25 日	租赁和商务服务业
002240	盛新锂能	2020 年 4 月 30 日	制造业
002242	九阳股份	2018 年 10 月 20 日	制造业
002259	ST 升达	2018 年 6 月 30 日	电力、热力、燃气
002261	拓维信息	2018 年 10 月 29 日	信息传输、软件和信息技术服务业
002470	ST 金正	2019 年 1 月 31 日	制造业
002485	*ST 雪发	2018 年 11 月 16 日	水利、环境和公共设施管理业
002610	爱康科技	2018 年 10 月 8 日	制造业
002653	海思科	2019 年 1 月 14 日	制造业
002656	ST 摩登	2018 年 8 月 30 日	制造业
002675	东诚药业	2019 年 1 月 11 日	制造业
002699	ST 美盛	2018 年 10 月 29 日	文化、体育和娱乐业
002766	索菱股份	2018 年 7 月 5 日	制造业
600438	通威股份	2018 年 10 月 27 日	制造业
600522	中天科技	2020 年 2 月 17 日	制造业
600611	大众交通	2019 年 3 月 30 日	交通运输、仓储和邮政业
601058	赛轮轮胎	2018 年 2 月 13 日	制造业
603501	韦尔股份	2018 年 10 月 27 日	制造业

注：样本筛选为笔者手动筛选，行业分类参照证监会行业分类。

第二节 "零回购"的动因分析

一、"零回购"公司在回购预案中表述的回购目的

在 2018 年《公司法》修正前,股票回购的合法事由仅包括减少注册资本、与持有本公司股份的其他公司合并、用于员工持股计划和股权奖励、异议股东行使收购请求权,《公司法》修正后,在原有的合法事由的基础上增加了两种合法收购事由,包括上市公司为维护公司价值及股东权益和将股份用于可转债的转换。实践中发现,我国上市公司股票回购的主要目的包括维护公司价值、实施股权激励。总结我国学者在股份回购的研究发现,我国股份回购动因主要包括信号传递理论和自由现金流理论。信号传递理论认为股份回购公告向市场传递价值被低估的信息,可以在短期内增强投资者的信心,提升公司股价;自由现金流理论认为对管理层而言,大量现金在回购中流出,可以降低公司持有现金的代理成本。那么这些"零回购"公司的动因是否符合上述理论,本书首先分析公司在回购预案中对回购目的的表述,如表 6 - 2 所示。

表 6 - 2　　　　　　　"零回购"公司回购预案中的回购目的

证券代码	证券名称	回购目的
000005	ST 星源	基于对公司未来发展的信心以及对公司价值的认可
000711	京蓝科技	公司认为现有股价不能合理反映公司股票的实际价值
000716	黑芝麻	本次回购的股份将作为公司拟实施的股权激励计划之标的股份
002032	苏泊尔	用作减少注册资本
002047	宝鹰股份	基于对公司未来发展的信心和对公司价值的判断
002050	三花智控	基于对公司未来发展的信心以及对公司价值的认可
002121	科陆电子	为有效维护广大股东利益,增强投资者信心,进一步完善公司长效激励机制

续表

证券代码	证券名称	回购目的
002131	利欧股份	基于对公司经营发展的信心和对公司价值的认可
002183	怡亚通	本次回购的股份将作为公司奖励给员工或依法注销减少注册资本的股份来源
002240	盛新锂能	基于对公司未来发展的信心以及对公司价值的高度认可
002242	九阳股份	公司认为目前公司股价不能正确反映公司价值
002259	ST升达	为切实维护全体股东的利益,增强投资者信心
002261	拓维信息	本次回购股份拟用于公司后期股权激励及员工持股计划之标的股份
002470	ST金正	基于对公司未来发展前景的信心以及对公司价值的认可
002485	*ST雪发	基于对公司未来发展前景的信心和对公司内在价值的认可
002610	爱康科技	基于对未来发展前景的信心及对公司价值的认可
002653	海思科	基于对公司未来发展的信心以及对公司价值的认可
002656	ST摩登	本次回购的股份将用于员工持股计划或股权激励计划或减少注册资本
002675	东诚药业	基于对公司价值的认可和对公司发展前景的信心
002699	ST美盛	稳定公司股价,推动公司股票价格向公司长期内在价值的合理回归
002766	索菱股份	基于对公司未来发展的信心和对公司价值的判断
600438	通威股份	基于对公司未来发展的信心以及对公司价值的认可
600522	中天科技	公司认为目前公司股价不能正确反映公司价值
600611	大众交通	为维护公司价值及股东权益,促进公司健康可持续发展
601058	赛轮轮胎	公司认为目前公司股价不能正确反映公司价值
603501	韦尔股份	增强投资者对公司的投资信心,同时进一步建立、健全公司长效激励机制

资料来源:各公司发布的回购公告,笔者整理而得。

　　总结样本公司发布回购预案中披露的回购目的(如表6-3所示),发现在26家样本公司中以"维护公司市场价值"为目的的公司数量达到19家,数量最多。各公司的表述方式虽然不一,例如"基于对未来发展前景的信心及对公司价值的认可",以及"推动公司股份价格向公司长期内在价值的合理回归等",其表达的核心目的都可以归纳为维护公司市场价值。这些上市公司认为当前股价偏离企业实际价值，试图向市场传递公司股价偏低的信号，从而维护公司价值。

表 6 - 3   "零回购"公司样本回购目的汇总

回购目的	公司数（家）
维护公司价值	19
股权激励计划	4
减少注册资本	1
股权激励计划或减少注册资本	2

除此之外，股权激励也是样本公司回购的目的之一。股权激励是指上市公司的目的是将从二级市场回购的股份作为权益发放给符合条件的相关员工，以此达到激励公司核心人才的目的，回购目的涉及发行股权激励计划的公司达到 6 家。除此之外，回购目的为减少注册资本的有 1 家，回购目的为股权激励计划或减少注册资本有 2 家。

二、"零回购"公司回购终止公告中表述的终止原因分析

由于上市公司在回购结束时必须披露回购情况，上述"零回购"公司在回购到期或者在提前结束回购时，发布终止回购公告，并在公告中披露终止原因，如表 6 - 4 所示。

表 6 - 4   "零回购"公司回购终止原因

证券代码	证券名称	终止回购原因
000005	ST 星源	由于国内市场环境、经济环境、融资环境等客观情况发生了较大变化，导致公司生产经营所需流动资金大幅减少
000711	京蓝科技	公司募集配套资金事宜仍在积极推进中，尚未实施完成
000716	黑芝麻	公司的经营流动资金出现较为紧张的状况
002032	苏泊尔	仅在 2018 年 10 月 30 日收盘前半小时内出现低于 45.00 元/股的情况，其他任一交易日均未低于本次回购方案设定的回购价格

续表

证券代码	证券名称	终止回购原因
002047	宝鹰股份	公司第二期回购股份实施是以可转换公司债券成功发行为前提
002050	三花智控	盘中股价低于15.95元/股的交易日较少；受回购期间定期报告窗口期及其他重大事项的影响，使公司可实施回购股份的交易日更少
002121	科陆电子	受金融环境等因素的影响，公司流动性一直处于趋紧的状态，公司优先满足生产经营所需资金，未能进行股份回购
002131	利欧股份	公司股份价格一直高于股份回购方案规定的回购价格
002183	怡亚通	截至目前已有部分债券持有人代表表示，若公司实施回购股份用于注销，需公司提前清偿债务或对债券另行增加担保措施
002240	盛新锂能	公司正在进行非公开发行股份事项及第一期限制性股份激励计划
002242	九阳股份	国内资本市场整体回暖，公司股价增长近一倍，股价较长时间高于回购价格上限，历经多个回购交易敏感期及节假日等非交易日
002259	ST升达	因控股股东资金链断裂难以偿还相关债务，公司被迫代为清偿债务，造成公司未能拥有充足的运营资金来进行股份回购
002261	拓维信息	拟在上述两个时间段采取实施回购股份计划，但上述期间公司股价一直高于回购方案规定的回购价格，导致回购无法顺利实施
002470	ST金正	公司未能按期履行回购方案，是因受宏观经济等因素影响，市场流动性趋紧，外部融资环境较预期更为困难
002485	*ST雪发	去年投资及并购的文旅项目规模较大，而今年以来受宏观经济等因素影响，市场流动性趋紧，外部融资环境较预期更为困难
002610	爱康科技	公司正在筹划以发行股份及支付现金方式购买资产并募集配套资金，且回购交易受定期报告窗口期限制、经开区战略入股、公司推进发行股份及支付金购买资产并募集配套资金等项目限制
002653	海思科	在决策过程中乃至可转债预案公告后2个交易日内，不能进行公司股份回购。同时自2019年2月22日起，公司股份价格均高于回购价格上限
002656	ST摩登	主要受市场整体环境及公司优先满足生产经营所需资金等因素影响，导致未能完成此次回购计划
002675	东诚药业	仅有5个交易日的盘中股价低于回购上限10.50元/股，又对上市公司回购的交易时间窗口进行规定，由此导致公司回购股份的时间窗口极小

证券代码	证券名称	终止回购原因
002699	ST 美盛	因公司控股股东及实际控制人正在筹划股权转让事宜，若交易完成，公司控制权将发生变更
002766	索菱股份	公司涉诉事项及较多应收账款回款受阻，资金相对紧张，客观上无法实现此次股份回购，公司决定终止实施回购公司股份
600438	通威股份	但鉴于股东大会通过回购股份方案后至今，公司股价一直稳定于回购方案设定的回购最高价之上，不符合股东大会通过的实施回购的价格
600522	中天科技	公司股价呈上行趋势，盘中股价低于 9 元/股的交易日极少；公司因定期报告披露原因，导致回购股份的时间减少
600611	大众交通	自董事会审议通过最终回购股份方案之日起，由于未发生公司股份收盘价格低于董事会审议通过回购方案中每股净资产的情况
601058	赛轮轮胎	继续推进回购股份事宜，可能会引起公司相关债权人要求公司提供额外担保或履行提前清偿债务的义务
603501	韦尔股份	由于本次股份回购的期限较短，且回购期限内公司股份价格一直未达到回购股份的价格区间

资料来源：各公司发布的回购终止公告。

归纳样本公司宣告的终止回购理由如表 6-5 所示，本书发现"零回购"公司终止回购的主要理由可以梳理为"债权人要求""资金不足""不符合回购价格"以及其他。"零回购"26 个样本中有 10 家公司解释回购计划和实施的差异时，给出的理由是"资金不足"，11 家公司提及"公司股价达到回购价格上限"，2 家公司的解释是"应债权人要求"，其他理由包括"公司第二期回购股份实施是以可转换公司债券成功发行为前提"，以及"存在上市公司在回购期间不得发行股份募集资金"。

表 6-5　　　　　　**"零回购"公司回购终止理由汇总**

实施结果	公司数（家）
债权人要求	2
资金不足	10

续表

实施结果	公司数（家）
不符合回购价格	11
其他	3

接下来本书对"零回购"样本公司所提出的终止回购的理由是否合理进行逐一分析。

首先，为了分析"零回购"上市公司的财务状况，本书搜集"以资金不足"为停止理由的 10 家公司的财务数据，将宣布终止回购当年公司所持有的货币资金余额以及银行存款与回购公告中提及的回购金额上限进行对比，来衡量"零回购"公司宣布终止回购时的资金状况。其中货币资金为库存现金、银行存款以及其他货币资金的合计金额。

如表 6-6 所示，在这 10 家公司中，终止回购当年的货币资金能够完全覆盖回购金额上限的公司有 7 家，这 7 家公司明明有充足的回购资金实力，却以"资金不足"为理由没有实施回购。其中爱康科技在终止回购当年，账面上的货币资金达到 20.5 亿元，远超回购金额上限 3 亿元，科陆电子所持有的货币资金 13.24 亿元，也超过回购金额上限 2 亿元的五倍，针对公司终止回购当年的银行存款进行分析，发现 5 家公司账面的银行存款能够完全覆盖回购金额上限，其中科陆电子的银行存款是回购金额上限的 3 倍，但这些公司却没有进行回购，其给出资金不足的解释显然缺乏合理性。其次，针对理由为"资金不足"的公司，上市公司在提出回购预案、股东大会进行审议时，就应该充分评估公司的资产状况，如果无法确保公司在回购期间内有能力完成回购预案，公司就应该谨慎发布股份回购预案。

表 6-6　　　　　　**"资金不足"公司货币资金情况汇总**　　　　单位：亿元

序号	证券代码	证券名称	回购金额上限	终止回购当年货币资金	终止回购当年银行存款
1	002610	爱康科技	3.00	14.44	3.25
2	002470	ST 金正	15.00	18.86	8.97
3	002121	科陆电子	2.00	14.98	6.32
4	000711	京蓝科技	0.6	3.83	1.12

续表

序号	证券代码	证券名称	回购金额上限	终止回购当年货币资金	终止回购当年银行存款
5	002656	ST 摩登	1.50	2.43	2.25
6	000716	黑芝麻	0.40	2.14	1.15
7	002259	ST 升达	2.00	1.12	0.65
8	002766	索菱股份	2.00	1.16	1.09
9	002485	*ST 雪发	6.00	1.17	1.13
10	000005	ST 星源	1.00	1.95	1.75

注：货币资金为库存现金、银行存款以及其他货币资金的合计金额。
资料来源：Choice 数据库。

其次，以"股价长期超过回购价格上限，回购机会较少"为终止回购理由的 11 家公司，其中大部分提出的回购目的是公司认为当前股价未能真实地反映其内在价值。但部分公司在设置回购价格上限时，并未设置合理的价格，而是设置一个较低价格，在发布回购公告后，公司股价可以轻而易举地超过这个价格，从而给终止回购提供理由。为了判定这些"零回购"公司回购价格上限的合理性，本书选取公司在发布回购公告前三个月的股票成交均价与回购价格上限进行对比。其中前三月股票成交均价为公司发布回购公告预案前三个月的平均成交价格的算术平均值，如果当月因为停牌等原因没有数据，则向前延至上一个月的股票成交均价。

如表 6-7 所示，在提出因为"股份价格长期超过回购价格上限"的 11 家公司中，有 7 家公司计划回购价格上限不高于公司回购前三个月均价的 10%，其中韦尔股份的回购价格上限竟然低于前三个月成交均价 23.5%，海思科的回购价格上限低于前三个月成交均价 6.87%。这 11 家公司中，只有三花智控和东诚药业两家公司的回购价格上限远高于前三个月的平均股价，分别超过 52.81% 和 249.46%，而其余公司所设立的回购价格上限最高为 11.83%，而这些公司在发布回购公告时的回购目的，大部分都是维护公司价值。上市公司如果真心认为公司股价被低估，那么在设置计划回购上限时，就应该有较高预期，而这 9 家公司反而设置了一个轻而易举就能超过的回购价格上限，很难让人不怀疑这些公司股份回购的诚意，也许公司在设定回购预案之初就想利用较低的回购价格上限为最终"零回购"设置理由。

表 6 – 7   "股价超过回购价格上限"公司汇总

序号	证券代码	证券名称	前三个月成交均价（元）	计划回购价格上限（元）	相差幅度（％）
1	603501	韦尔股份	39.22	30	− 23.50
2	002653	海思科	11.81	11	− 6.87
3	600611	大众交通	4.12	4.27	3.66
4	002131	利欧股份	1.62	1.7	5.19
5	002032	苏泊尔	42.08	45	6.93
6	600522	中天科技	8.31	9	8.24
7	600438	通威股份	6.41	7	9.26
8	002261	拓维信息	4.47	5	11.82
9	002242	九阳股份	16.72	18.7	11.83
10	002050	三花智控	13.74	21	52.81
11	002675	东诚药业	3.00	10.5	249.46

注：其中前三个月成交均价为公司发布回购公告前三个月股价的算术平均值，如果当月缺少数据，则向前延至上一个月的股份成交均价，拟回购价格上限来自回购预案公告。相差幅度 =（拟回购价格上限 − 前三个月成交均价）/前三个月成交均价。

资料来源：根据 Choice 数据自行整理。

最后，以"债权人要求"为理由终止回购的两家公司中，赛轮轮胎以"继续推进回购股份事宜，可能会引起公司相关债权人要求公司提供额外担保或履行提前清偿债务的义务"，怡亚通提出"截至目前已有部分债券持有人代表向公司或债券托管人表达若公司实施购股份用于注销，需公司提前清偿债务或对债券另行增加担保措施"。这两家公司明知在实施股份回购期间需要支出大量资金，债权人可能产生对债权安全性的担忧，从而提出增加担保或者提前偿还的要求，提出回购公告前，没有做出对自身债务责任的评估，在不具备回购的充足资金的情况下，进行回购计划，实际上是对投资者的不负责任。

通过分析"零回购"公司回购预案与终止回购公告的差异可以发现，在26个"零回购"样本中，21家公司的回购预案与宣布终止回购的理由，与实际情况存在一定程度上的矛盾。由于上市公司在进行股份回购时具有较高程度的自主性，并没有强制要求完成回购计划，因此即使只进行少量回购甚至进行"零回购",也不会受到惩罚,为上市公司"虚晃一枪"地发布回购公告提供了条件。公司可以在回购公告中信誓旦旦地宣告回购目的是维护公司价值或股权激励,然而在计划背后,不仅没有达到回购金额下限,反而实际回购金额为0。市场投资者普遍认为上市公司回购股份是利好,公司进行"零回购"或许有利可图,因此怀疑"零回购"公司宣告的动因,并不能代表回购的真实动因。

三、"零回购"背后可能的动因

实际上,虽然作为"外部人",投资者难以对股份回购公告的真实动机做出一个确定的判定,但是通过对公司回购公告、终止回购公告和公司财务情况之间的分析,至少可以判定部分公司存在利用公开市场回购来误导投资者的动机。在上一小节中,发现发生"零回购"的26家样本公司中有21家公司,存在终止回购理由不合理的情况。根据我国学者研究发现,我国上市公司股份回购的背后也许有隐藏动因,主要包括大股东减持和缓解质押风险,黄荣彬(2020)研究蓝盾股份回购案例,发现公司很可能存在通过发布虚假股份回购公告配合高管减持的情况。沈红波等(2022)发现,控股股东利用公司回购预案向市场发出信号提振股价,目的是缓解控制权转移风险。因此笔者针对这21家终止回购理由存疑的公司从大股东减持情况和控股股东质押情况进一步分析,寻找公司回购背后潜在的动因。

首先,本书搜索整理了21家回购动因存疑公司的前十大股东在回购前一年和回购后一年的持股变化,如表6-8所示。在上述存疑的21家公司中,有17家公司不但没有实施股份回购计划,回购当年大股东减持股份数量还高于回购前一年,例如利欧股份在发布回购公告后一年大股东减持6.8亿股,远超回购公告前3796万股的规模,爱康科技在回购后一年大股东减持达到3.7亿股,远高于回购前一年该公司的大股东减持数量。这些公司的回购公告中披露的回购目的多为维护公司价值,即公司认为公司的股价被市场低估,但前十大股东却趁机频繁减持,与看好公司前景相矛盾,因此认为部分公司发布回购公告的隐藏目的之一,可能是为了拉高股价从而方便大股东通过减持获利。

表 6 - 8 　　　　　　　　大股东减持情况 　　　　　　单位：万股

序号	证券代码	证券名称	宣告回购前一年大股东持股变化	宣告回购后一年大股东持股变化
1	002131	利欧股份	-3795.8	-67957.4
2	002610	爱康科技	-16063.1	-37357.7
3	002050	三花智控	-8535.6	-33325.2
4	600438	通威股份	-16256.1	-19242.3
5	002121	科陆电子	-41.5	-16992.4
6	002470	ST 金正	-2577.7	-13678.7
7	002675	东诚药业	-3793.3	-6014.6
8	002766	索菱股份	-1713.0	-5293.3
9	002261	拓维信息	-4761.3	-5003.2
10	002259	ST 升达	-4080.4	-4570.5
11	600522	中天科技	-7263.0	-3790.9
12	002032	苏泊尔	-946.8	-2234.7
13	603501	韦尔股份	-374.0	-1728.6
14	002242	九阳股份	-651.8	-1091.6
15	000716	黑芝麻	-708.1	-977.3
16	002656	ST 摩登	-990.7	-727.5
17	000005	ST 星源	-895.3	-716.6
18	002653	海思科	0.0	-706.5
19	600611	大众交通	-11.9	-526.8
20	002485	*ST 雪发	-495.0	0.0
21	000711	京蓝科技	0.0	0.0

资料来源：Choice 数据库。

　　除此之外，在现有研究文献中，缓解大股东股份质押风险也可能是股份回购隐藏动因的目标之一。股权质押是一种常见的融资方式，指公司股东以持有的上市企业股份作为质押进行融资。由于银行贷款审批手续繁复、流程长，当控股股东存在资金压力时，可以采取股权质押方式获得资金。在股价上涨阶段，质押股份不会影响控股股东的公司控制权。

而在股价下跌阶段，出于对质权人的保护，股权质押规定警戒线和平仓线，当股价跌破平仓线时，控股股东如果不能追加保证金，质权人有权出售质押股份，控股股东可能失去对公司的控制。依据我国《证券公司股份质押贷款管理办法》，质押股份市值与贷款本金之比降至警戒线时，贷款人应要求借款人即时补足因证券价格下跌造成的质押价值缺口；在质押股份市值与贷款本金之比降至平仓线时，贷款人有权处理质押的证券。

当股价稳定时，质押股份是公司股东重要的融资渠道之一，当股价下行时，控股股东质押股份占所持股份的比例越高，能够追加质押的股份越少，失去控制权的风险更高，更有动机利用其他方式提升股价。由于股份回购政策具有市值管理作用，符合股东提升股价的需求，因此控股股东质押比例越高，企业越倾向于进行股份回购（王国俊等，2021），当控股股东进行质押并且股价跌至约定警戒线附近时，控股股东更有动机利用投票权促使公司发布回购公告（叶勇等，2022；何威风等，2021）。

因此本书整理样本公司发布回购公告前的控股股东质押比例和质押状态，得到表 6-9。在 26 个"零回购"样本公司中，存在控股股东股份质押的公司有 20 家，股价跌至 Choice 数据库设定的估算平均线或估算警戒线的公司达到 10 家，其中京蓝科技、宝鹰股份、ST 星源三家公司的控股股东质押占其持股比例超过 99%。在股价尚未跌至估算平仓线和预警线的公司中，也有 5 家公司控股股东质押比例超过 80%，其中爱康科技控股股东质押比例达到 100%。当质押比例较高或股价较低时，控股股东可能通过宣告回购提升股价，从而避免失去质押的股权，因此认为这类"零回购"公司的股份回购的目的有可能是为了提升股价，缓解质押风险。

表 6-9 控股股东质押情况

序号	证券代码	证券简称	质押股东名称	状态	质押比例（%）
1	000711	京蓝科技	北京杨树蓝天投资中心（有限合伙）	已到估算平仓线	99.98
2	002470	宝鹰股份	临沂金正大投资控股有限公司	已到估算平仓线	99.96
3	000005	ST 星源	（香港）中国投资有限公司	已到估算平仓线	99.87

续表

序号	证券代码	证券简称	质押股东名称	状态	质押比例（%）
4	002766	索菱股份	肖行亦	已到估算预警线	99.67
5	002656	ST摩登	广州瑞丰集团股份有限公司	已到估算平仓线	98.96
6	002485	*ST雪发	广州雪松文化旅游投资有限公司	已到估算平仓线	98.24
7	002699	ST美盛	美盛控股集团有限公司	已到估算平仓线	87.72
8	002259	ST升达	董静涛	已到估算预警线	81.67
9	002242	九阳股份	上海力鸿企业管理有限公司	已到估算平仓线	80
10	603501	韦尔股份	虞仁荣	已到估算平仓线	54.21
11	002610	爱康科技	邹承慧	未到估算预警线	100
12	601058	赛轮轮胎	新华联控股有限公司	未到估算预警线	99.91
13	002121	科陆电子	饶陆华	未到估算预警线	98.84
14	002240	盛新锂能	深圳盛屯集团有限公司	未到估算预警线	95.82
15	600438	通威股份	通威集团有限公司	未到估算预警线	80.06
16	000716	黑芝麻	广西黑五类食品集团有限责任公司	未到估算预警线	79.63
17	002131	利欧股份	王相荣	未到估算预警线	78.54
18	002050	三花智控	三花控股集团有限公司	未到估算预警线	57.97
19	002261	拓维信息	李新宇	未到估算预警线	24.14
20	002653	海思科			0
21	002183	怡亚通			0

注：质押比例（%）指控股股东质押股份与其持有股份之比，Choice数据库设定估算预警线为160%，估算平仓线为140%。当股价下跌时，平仓价=股价×质押比例×平仓线，预警价=股价×质押比例×预警线。

资料来源：Choice数据库。

综上所述，本书发现在股票回购动因存疑的21家公司中，17家公司在发布回购公告后加速减持，10家公司存在质押平仓风险，其中7家公司同时存在两种情况。因此本书认为"零回购"的背后可能存在股东减持股份或缓解质押风险的隐情，公司出于提升股价的动机发布回购公告，下一节将通过事件研究法，计算"零回购"公司的长短期市场效应，验证"零回购"是否达到提升股价的目的。

第三节 "零回购"的市场效应

信号传递假说认为，由于管理者拥有内部信息，对股份实际价值有更准确的判定，管理层会通过回购来实际上向投资者传递股价被低估的信号。为了验证上市公司"零回购"，即公司发布了回购公告，但其后没有进行实际的股份回购操作，能否传递股价被低估的信号，能否为公司带来短期和长期的超额收益，本节使用市场收益率和匹配公司收益率两种基准，使用事件研究法中的 CAR 法衡量回购公告的短期市场效应，使用 BHAR 法和 CAR 法两种方法计算发布回购公告后 6 个月到 2 年的长期市场效应。

一、"零回购"的短期市场效应

(一)短期市场效应模型

超额收益率一般由事件发生后的收益率，减去预期事件没有发生时的收益率。市场调整模型是国内外学者们研究股份回购和 IPO 等事件所产生超额收益率较为常用的方法，用市场收益率代替股份预期收益率。为了降低模型设定对研究结果的影响，增强结论的稳健性，本书还使用匹配公司收益率作为基准计算短期收益率。

使用市场收益率作为基准时，根据样本公司所在市场而定，若样本属于深圳市场，则采用深证成指的收益率为基准收益率，若样本属于上海市场，则采用上证综指的收益率为基准收益率计算。

使用匹配公司收益率作基准时，本书先寻找样本的匹配公司，借鉴李（Lie，2006）、尼克森等（Nixon，Roth and Saporoschenko，2010）的方法，结合中国的市场情况，本研究选择行业、交易市场类型、回购前一年的资产回报率（ROA）以及市值账面比（MB）作为选择匹配样本的标准。具体步骤如下：①在同一行业和交易市场类型中，寻找 ROA 和 MB 指标都在 ±20% 以内的公司作为匹配样本；②如果找不到，放开行业两位数代码限制，在行业大类中，在同一交易市场类型中，继续找 ROA 和 MB 指标都在 ±20% 的公司；③如果仍找不到，则放开行业限制，寻找 ROA 差值绝对值加 MB 差值绝对值最接近的公司。

计算超额收益率的公式如下：

$$AR_{it} = R_{it} - R_{mt}$$

其中 AR_{it} 为本组中的第 i 个样本在第 t 日所取得的超额收益率。R_{it} 为股份 i 第 t 日的实际收益率，R_{mt} 为预期收益率。以市场收益率为基准时，R_{mt} 依据股份所属市场的市场收益率。以匹配公司收益率为基准时，R_{mt} 为匹配公司当期的收益率。

为了表现样本组合在窗口期与市场回报率之间的超额收益，计算所有样本在第 t 日的平均超额收益率 AAR_t 可表示为

$$AAR_t = \frac{1}{n} \sum_{i=1}^{n} AR_{it}$$

累计超额收益率（CAR）就是将事件窗口期 t 日内所有的超额收益率累加起来的结果，可表示为

$$CAR_{it} = \sum_{i=1}^{n} AR_t$$

每个样本在事件期 $[t_1, t_2]$ 的累计超额收益率 $CAR_{i[t_1,t_2]}$ 可表示为

$$CAR_{i[t_1,t_2]} = \sum_{t_1}^{n=t_2} AR_{it}$$

（二）以市场收益作为基准的短期市场效应结果

本书选取 T = (-1, 1)，(-2, 2)，(-3, 3)，(-5, 5)，(-10, 10) 五个事件窗口，研究各公司在不同事件窗口内的累计超额收益率的变化，最后两行为样本公司 CAR 的平均值和 t 值，结果如表 6-10 所示。

表6-10   "零回购"样本公司各窗口期的 CAR（以市场收益率为基准）

序号	公司名称	公司代码	窗口期				
			(-1, 1)	(-2, 2)	(-3, 3)	(-5, 5)	(-10, 10)
1	ST升达	002259	0.0821	0.0194	0.0464	-0.0708	-0.5245
2	*ST雪发	002485	-0.1303	-0.1802	-0.3075	-0.5683	-0.3996
3	索菱股份	002766	-0.1236	-0.2421	-0.3029	-0.3493	-0.3624

续表

序号	公司名称	公司代码	窗口期				
			(-1, 1)	(-2, 2)	(-3, 3)	(-5, 5)	(-10, 10)
4	ST 美盛	002699	0.0037	-0.0937	-0.1001	-0.0774	-0.3002
5	科陆电子	002121	-0.038	-0.0609	-0.0897	-0.1173	-0.2577
6	海思科	002653	0.0005	-0.0334	-0.032	-0.0301	-0.1726
7	爱康科技	002610	-0.0599	-0.0606	-0.0992	-0.0701	-0.1704
8	黑芝麻	000716	-0.0327	-0.0688	-0.0089	-0.0406	-0.1592
9	利欧股份	002131	-0.0606	-0.0658	-0.0924	-0.1007	-0.0931
10	大众交通	600611	-0.0125	0.022	0.0279	-0.0222	-0.0718
11	ST 摩登	002656	-0.1281	-0.1197	-0.0877	-0.0863	-0.0564
12	赛轮轮胎	601058	-0.0378	-0.0282	-0.0406	-0.0295	-0.0477
13	九阳股份	002242	-0.0149	0.0146	-0.0063	0.0028	-0.0413
14	ST 金正	002470	0.0433	0.0221	-0.0015	-0.0158	-0.0403
15	韦尔股份	603501	0.0189	-0.0028	-0.0087	0.0477	-0.0229
16	宝鹰股份	002047	-0.0045	0.0197	-0.0087	-0.0267	-0.0221
17	ST 星源	000005	0.0251	0.016	0.0159	0.0095	-0.0142
18	盛新锂能	002240	0.0617	0.0002	-0.059	0.0177	0.0157
19	京蓝科技	000711	0.0347	0.0291	0.0092	-0.0654	0.0281
20	拓维信息	002261	0.054	0.0294	0.0512	0.0548	0.0435
21	东诚药业	002675	-0.0177	-0.0112	0.0302	0.0132	0.0716
22	三花智控	002050	0.0014	0.0549	0.0852	0.1058	0.0717
23	怡亚通	002183	0.014	0.0112	0.0107	0.0293	0.0955
24	苏泊尔	002032	0.1271	0.1146	0.1372	0.1355	0.1002
25	中天科技	600522	0.0417	0.0505	0.0538	0.1453	0.1008
26	通威股份	600438	0.0491	0.1086	0.1363	0.325	0.4079
	平均值		-0.0040	-0.0175	-0.0247	-0.0302	-0.0701
	t 值		-0.32	-1.11	-1.19	-0.96	-1.87*

注：最后一行均值显著性检验的 t 统计量 ***、**、* 分别表示在 1%、5% 及 10% 的水平上显著。

从整体而言，在所列事件窗口内，样本公司 CAR 的平均值均小于 0，其中当事件窗口为 (-10, 10) 时，CAR 平均值最低，为 -0.0701，并在 10%

的水平显著，其余窗口期 CAR 的均值虽为负，但因为各个公司的 CAR 差异较大，并不显著。

从单个公司来看，各个公司的 CAR 差异较大，说明市场反应参差不一。市场对部分公司反应十分消极，在 5 个时间窗口期内的累计 CAR 均为负数，如科陆电子、利欧股份、*ST 雪发、爱康科技、ST 摩登、索菱股份和赛轮轮胎，其中*ST 雪发和索菱股份在（−10，10）期间内的累计超额收益率低于 −30%。除此之外，ST 升达虽然在部分窗口期时有正向的累计超额收益，在（−10，10）的事件窗口期中，累计超额收益达到 −52.45%。也有部分公司在 5 个窗口期内均获得了正的超额收益，如三花智控、怡亚通、爱康科技、通威股份、中天科技在窗口期的累计超额收益率均为正，其中通威股份的累计超额收益率在窗口期（−10，10）达到 40.79%。

本书还计算整体样本在（−10，10）窗口期的平均超额收益率（AAR），如图 6−1 所示。从图中可得出，在发布股份回购公告的当天，AAR 为正，之后 AAR 一直围绕 0 上下波动，与过去文献中显著的正向市场效应不符。而累计超额收益率 CAR 从（−10，−9）开始，一直呈现下降趋势，从 T = 0 开始到 T = 10 这段时间，CAR 小幅度波动。累计超额收益率在（−10，10）区间上在 10% 的水平上显著为负，"零回购" 难以带来显著为正的超额收益。这与过去研究中显著为正的短期市场效应不同，可能是由于市场对回购公告传递的信息存在分歧。综上所述，市场能够在一定程度上识别公司的回购诚意和回购目的，因此市场对其发布公告的反应为负向。

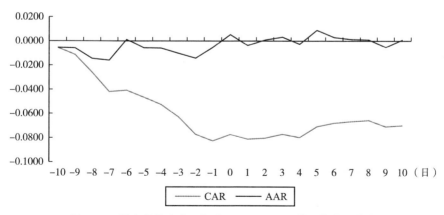

图 6−1　样本整体在窗口期为（−10，10）的短期市场效应

（三）以匹配公司收益作为正常收益率的结果

以匹配公司收益作为基准的计算结果如表 6 - 11 所示。从表中可以看出，以匹配公司收益作为基准计算超额收益率与以市场收益率为基准计算时的差别不大，各个窗口期内的累计超额收益均值都小于 0。其中，黑芝麻、索菱股份、ST 美盛、赛轮轮胎、科陆电子的在各个窗口期的累计超额收益率均为负数；除此之外，京蓝科技、通威股份、中天科技在窗口期的累计超额收益率均为正。与以市场收益率计算的累计超额收益率相似的是，在（ - 10，10）的事件窗口期，索菱股份、ST 升达和*ST 雪发的累计超额收益率仍然较低，分别为 - 65. 39%、- 64. 51% 和 - 32. 04%，通威股份的累计超额收益率最高，达到了 41. 31%。

表 6 - 11　　 "零回购" 样本公司各窗口期的 CAR（匹配公司收益为基准）

序号	公司名称	公司代码	窗口期				
			（ -1，1）	（ -2，2）	（ -3，3）	（ -5，5）	（ -10，10）
1	索菱股份	002766	- 0. 1401	- 0. 3199	- 0. 4662	- 0. 5543	- 0. 6539
2	ST 升达	002259	0. 078	0. 019	0. 0256	- 0. 1326	- 0. 6451
3	ST 美盛	002699	- 0. 021	- 0. 1513	- 0. 165	- 0. 1509	- 0. 4303
4	*ST 雪发	002485	- 0. 1123	- 0. 1934	- 0. 2848	- 0. 5207	- 0. 3204
5	黑芝麻	000716	- 0. 0791	- 0. 0857	- 0. 0314	- 0. 0526	- 0. 2114
6	科陆电子	002121	- 0. 0626	- 0. 0644	- 0. 0717	- 0. 0861	- 0. 1892
7	海思科	002653	0. 0103	- 0. 0056	0. 0305	0. 0804	- 0. 1873
8	怡亚通	002183	- 0. 005	- 0. 1283	- 0. 2422	- 0. 2443	- 0. 139
9	韦尔股份	603501	0. 0082	- 0. 0368	- 0. 0396	0. 0123	- 0. 1229
10	九阳股份	002242	- 0. 0495	- 0. 015	- 0. 0143	0. 076	- 0. 1118
11	赛轮轮胎	601058	- 0. 0407	- 0. 0456	- 0. 0714	- 0. 0395	- 0. 0724
12	ST 金正	002470	0. 0933	0. 0938	0. 0589	0. 0185	- 0. 0674
13	宝鹰股份	002047	- 0. 0152	- 0. 0122	- 0. 0781	- 0. 0753	- 0. 0465
14	拓维信息	002261	0. 0405	0. 0171	0. 0319	0. 0445	- 0. 0175

续表

序号	公司名称	公司代码	窗口期				
			(-1, 1)	(-2, 2)	(-3, 3)	(-5, 5)	(-10, 10)
15	ST 摩登	002656	-0.1473	-0.1501	-0.1225	-0.083	-0.0164
16	大众交通	600611	-0.017	-0.0613	-0.0382	-0.0018	-0.0143
17	京蓝科技	000711	0.0101	-0.0065	-0.0952	-0.1494	-0.0004
18	ST 星源	000005	0.0243	0.031	0.0385	0.0303	0.0103
19	三花智控	002050	-0.004	0.0246	0.0395	0.099	0.0477
20	中天科技	600522	0.033	0.0449	0.0556	0.115	0.0677
21	东诚药业	002675	-0.0394	-0.0164	0.0109	0.0105	0.0721
22	苏泊尔	002032	0.0965	0.0589	0.0919	0.1218	0.0816
23	利欧股份	002131	0.0477	0.0629	0.0575	0.0526	0.0847
24	爱康科技	002610	0.102	0.2181	0.2281	0.3248	0.1267
25	盛新锂能	002240	0.1373	0.1608	0.0165	0.1502	0.204
26	通威股份	600438	0.0056	0.0896	0.1235	0.3556	0.4131
	平均值		-0.0018	-0.0182	-0.0351	-0.0230	-0.0822
	t 值		-0.12	-0.82	-1.27	-0.58	-1.78 *

注：最后一行均值显著性检验的 t 统计量 *** 、 ** 、 * 分别表示在 1% 、5% 及 10% 的水平上显著。

表 6-11 的最后两行为 CAR 的平均值和 t 值，从中可以看出随着窗口期时间增长，CAR 的平均值越来越小，从整体看，由于各个公司的 CAR 差异较大，整体 CAR 的平均值为负值，除了（-10, 10）窗口期外，均不显著。

本书还计算整体样本的（-10, 10）的 AAR，如图 6-2 所示，发现使用匹配组公司为正常收益率与以市场收益率为正常收益的结果类似，AAR 在公告日前 9 天到公告日前一天，平均超额收益率均为负数，表明进行回购前公司市场表现总体较差，在回购公告发布的当天为正，但不具有显著性，从 T = 0 开始到 T = 10 这段时间，AAR 围绕 0 小幅度波动。在（-10, 10）的窗口期，CAR 为 -0.0822，在 10% 的水平上显著，说明短期内发布回购公告对"零回购"公司有负向的市场效应。

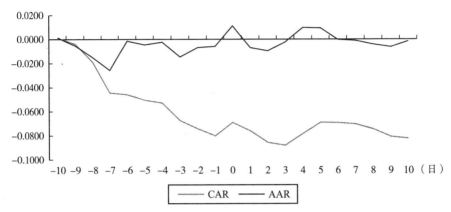

图 6 - 2　以匹配公司收益为正常收益 （－10，10） 的短期市场效应

　　总体而言，通过计算短期市场效应，本书发现进行"零回购"的公司，在市场收益和匹配公司收益两种基准下，宣布回购后的短期市场表现都较差，CAR 均在 （－10，10） 这一窗口期内在 10% 的水平上显著为负。从单个公司的角度出发，不同公司间短期市场效应差距较大，部分公司股价有所提升，例如通威股份、盛新锂能，部分公司在各个窗口期的累计超额收益率均为负数，例如索菱股份、ST 升达和＊ST 雪发，这表明"零回购"公司的回购公告在短期内提升股价的作用因公司而异。

二、"零回购"的长期市场效应

（一）长期市场效应模型

　　衡量长期市场效应的两种常见方法包括累计超额收益率（CAR）和买入持有超额收益率（BHAR）。CAR 是计算股份不同时间段的收益和市场收益率之差，以投资者投资金额保持不变为前提，遇到亏损或盈利时，会在期末存入或取出相应金额，保持资金额度平衡。买入持有超额收益率法 （BHAR）则是假设理性经济人购买股份后会持有直至抛售，考虑已发生时间段的收益会对下一时间段的收益产生影响。

　　为了增强结论稳健性，本书分别以市场收益率和匹配公司收益率为基准，计算长期超额收益率，所匹配的公司同前。选择的时间窗口期是"零回购"

公司发布股份回购公告后的 6 个月、12 个月、24 个月。

1. 买入持有超额收益（BHAR）

BHAR 指在确定的考察期内，连续持有公司股票所获得的收益率超过市场组合或对应组合收益率的大小。计算方法与第四章相同。

股票 i 的买入持有超额收益率：

$$BHAR_{it} = \prod_{i=1}^{N}[1 + R_{it}] - \prod_{m=1}^{N}[1 + R_{mt}]$$

其中，R_{it} 为股票 i 在发布回购公告后第 t 月的收益率，R_{mt} 是股票所处市场指数第 t 月的收益率或者匹配组收益率。当 t = 6、12、24 时，$BHAR_{it}$ 分别是股票 i 发布回购公告后 6、12、24 个事件月后的购买持有收益率。

2. 累计超额收益率（CAR）

与第四章的计算方法相同，股票 i 的累计超额收益率：

$$AR_{it} = R_{it} - R_{mt}$$

$$CAR_{it} = \sum AR_{it}$$

其中，R_{it} 是股票 i 在发布回购公告后第 t 月的收益率，R_{mt} 是股票所在市场指数第 t 月的收益率或者匹配组收益率。当 t = 6、12、24 时，CAR_{it} 分别是股票 i 上市后 6、12、24 个事件月的累计超额收益率。

（二）以市场收益率为基准的长期市场效应结果

以样本企业所在的市场指数作为股票回购的正常收益率，计算得到股票回购两年内的买入持有收益率（BHAR）和累计超额收益率（CAR）如表 6 - 12 和表 6 - 13 所示，并对长期超额收益率的结果进行 t 检验。

表 6 - 12　　　"零回购"样本公司的长期 BHAR（以市场收益率为基准）

序号	公司名称	公司代码	0 ~ 6 个月	0 ~ 12 个月	0 ~ 24 个月
1	ST 金正	002470	- 0.7473	- 0.9669	- 1.5891
2	宝鹰股份	002047	- 0.4429	- 0.5479	- 1.3159
3	*ST 雪发	002485	- 0.7179	- 0.8017	- 1.3114
4	ST 摩登	002656	- 0.2871	- 0.6422	- 1.2054

序号	公司名称	公司代码	0~6个月	0~12个月	0~24个月
5	京蓝科技	000711	− 0.2526	− 0.3081	− 1.1694
6	索菱股份	002766	− 0.4223	− 0.7922	− 1.0732
7	ST 星源	000005	− 0.0892	− 0.1596	− 0.7361
8	ST 美盛	002699	− 0.3015	− 0.2676	− 0.6954
9	ST 升达	002259	− 0.324	− 0.5478	− 0.656
10	黑芝麻	000716	− 0.2832	− 0.4177	− 0.6546
11	科陆电子	002121	− 0.1852	− 0.268	− 0.6262
12	怡亚通	002183	− 0.1648	− 0.3104	− 0.4677
13	大众交通	600611	− 0.0954	− 0.1759	− 0.383
14	爱康科技	002610	− 0.1654	− 0.3244	− 0.2964
15	海思科	002653	0.2552	0.603	− 0.2809
16	拓维信息	002261	0.1098	0.3168	0.1161
17	利欧股份	002131	− 0.0459	0.7029	0.383
18	赛轮轮胎	601058	− 0.0309	− 0.0523	0.5201
19	东诚药业	002675	0.2372	0.6068	0.6018
20	三花智控	002050	0.7595	0.7964	0.7700
21	苏泊尔	002032	0.468	0.8352	0.7706
22	九阳股份	002242	0.1964	0.3385	0.9143
23	中天科技	600522	0.2031	0.0398	1.0644
24	通威股份	600438	1.0498	0.8629	3.5101
25	韦尔股份	603501	0.4381	2.0117	4.3333
26	盛新锂能	002240	0.6107	1.9712	4.4045
均值			− 0.0088	0.0962	0.1895
t 值			− 0.10	0.63	0.59

表 6 – 13　　　　"零回购"样本公司的长期 CAR（以市场收益率为基准）

序号	公司名称	公司代码	0 ~ 6 个月	0 ~ 12 个月	0 ~ 24 个月
1	ST 金正	002470	– 0.1172	– 0.0865	– 0.0852
2	ST 摩登	002656	– 0.0223	– 0.0472	– 0.0665
3	*ST 雪发	002485	– 0.1113	– 0.0703	– 0.0548
4	宝鹰股份	002047	– 0.0635	– 0.0366	– 0.0522
5	京蓝科技	000711	– 0.0227	– 0.0145	– 0.0427
6	索菱股份	002766	– 0.0939	– 0.0977	– 0.0426
7	科陆电子	002121	– 0.0336	– 0.0196	– 0.0356
8	ST 升达	002259	– 0.0369	– 0.0457	– 0.0234
9	ST 星源	000005	– 0.008	– 0.0087	– 0.0222
10	黑芝麻	000716	– 0.027	– 0.0178	– 0.019
11	大众交通	600611	– 0.0135	– 0.015	– 0.0144
12	怡亚通	002183	– 0.0294	– 0.0249	– 0.0139
13	ST 美盛	002699	– 0.0032	0.0043	– 0.008
14	海思科	002653	0.0385	0.0367	– 0.0004
15	爱康科技	002610	– 0.0161	– 0.0229	0.006
16	拓维信息	002261	0.0244	0.0272	0.015
17	利欧股份	002131	0.004	0.0422	0.0153
18	东诚药业	002675	0.0292	0.0321	0.0163
19	韦尔股份	603501	– 0.0035	– 0.0032	0.0209
20	九阳股份	002242	0.0262	0.0225	0.0217
21	三花智控	002050	0.0897	0.0446	0.0235
22	苏泊尔	002032	0.0719	0.0533	0.0277
23	中天科技	600522	0.0245	0.0035	0.0372
24	通威股份	600438	0.108	0.0531	0.0704
25	赛轮轮胎	601058	0.0656	0.102	0.0759
26	盛新锂能	002240	0.0772	0.093	0.0868
	平均值		– 0.0017	0.0002	– 0.0025
	t 值		– 0.14	0.01	– 0.29

　　根据结果，整体上"零回购"的上市公司在0~6个月 BHAR 和 CAR 都小于0，分别为 - 0.0088 和 - 0.0017，0~12 个月 BHAR 和 CAR 均大于0，在0~24 个月时二者出现偏差，BHAR 达到 0.1895，而 CAR 为 - 0.0025。但在各期间的 t 值过小，均不显著。

　　对于单个公司而言，"零回购"样本公司的长期超额收益因公司而异，其中盛新锂能、通威股份、九阳股份、中天科技、东诚药业、拓维信息这6家公司的 CAR 和 BHAR 在0~6 个月、0~12 个月、0~24 个月均为正，其中盛新锂能、通威股份在发布回购公告后的2年，BHAR 均超过300%。而 ST 金正、宝鹰股份、*ST 雪发、ST 摩登、京蓝科技、索菱股份、ST 星源、ST 升达、黑芝麻、科陆电子、怡亚通、大众交通这12家公司无论是 CAR 法还是 BHAR 法计算的超额收益，在三个事件窗口均为负数。

　　（三）以匹配公司收益率为基准的长期市场效应结果

　　为了降低模型设定对研究结果的影响，本书同样以匹配公司收益作为基准计算长期超额收益，所匹配的公司同前。结果如表6-14 和表6-15 所示。

表6-14　　　"零回购"样本公司的长期 BHAR（以匹配公司收益率为基准）

序号	公司名称	公司代码	0~6 个月	0~12 个月	0~24 个月
1	索菱股份	002766	- 1.1759	- 1.9463	- 7.1686
2	ST 金正	002470	- 0.7178	- 0.711	- 2.0603
3	ST 摩登	002656	- 0.2671	- 0.5783	- 1.5392
4	九阳股份	002242	0.0793	- 0.3299	- 1.4744
5	科陆电子	002121	- 0.547	- 1.1627	- 1.2501
6	ST 星源	000005	0.0491	- 0.008	- 1.1882
7	*ST 雪发	002485	- 0.839	- 0.6176	- 0.7491
8	京蓝科技	000711	- 0.1552	0.0313	- 0.728
9	ST 美盛	002699	- 0.2879	- 0.2242	- 0.5052
10	怡亚通	002183	- 0.3418	- 0.4516	- 0.4901
11	ST 升达	002259	- 0.5385	- 0.6937	- 0.3958
12	大众交通	600611	- 0.0605	- 0.0217	- 0.1838

续表

序号	公司名称	公司代码	0～6个月	0～12个月	0～24个月
13	宝鹰股份	002047	− 0.4349	− 0.295	− 0.0929
14	韦尔股份	603501	0.4756	1.7853	0.058
15	黑芝麻	000716	− 0.0566	− 0.5258	0.1422
16	海思科	002653	− 0.3349	0.3866	0.1579
17	赛轮轮胎	601058	− 0.1036	− 0.0619	0.3604
18	爱康科技	002610	0.1825	0.0107	0.5568
19	拓维信息	002261	0.1835	0.474	0.6018
20	三花智控	002050	0.7735	0.7993	0.6768
21	苏泊尔	002032	0.1431	0.6255	0.8994
22	中天科技	600522	0.2337	− 0.5102	1.0125
23	东诚药业	002675	0.1999	0.7577	1.2798
24	利欧股份	002131	0.7309	1.5895	1.8021
25	通威股份	600438	1.1114	1.2063	4.1987
26	盛新锂能	002240	0.9951	2.5245	4.8391
	平均值		− 0.027	0.079	− 0.0477
	t 值		− 0.26	0.43	− 0.35

表6－15　"零回购"样本公司的长期 CAR（以匹配公司收益率为基准）

序号	公司名称	公司代码	0～6个月	0～12个月	0～24个月
1	索菱股份	002766	− 0.1983	− 0.1636	− 0.1273
2	ST 金正	002470	− 0.121	− 0.0758	− 0.0998
3	ST 摩登	002656	− 0.017	− 0.0568	− 0.078
4	科陆电子	002121	− 0.1149	− 0.1057	− 0.0666
5	*ST 雪发	002485	− 0.1395	− 0.0663	− 0.0449
6	京蓝科技	000711	− 0.0158	0.0055	− 0.0393
7	ST 星源	000005	0.0099	0.0013	− 0.0345
8	九阳股份	002242	0.0121	− 0.0157	− 0.021

续表

序号	公司名称	公司代码	0~6个月	0~12个月	0~24个月
9	怡亚通	002183	-0.0672	-0.04	-0.0177
10	宝鹰股份	002047	-0.061	-0.0203	-0.014
11	ST升达	002259	-0.0753	-0.0565	-0.0121
12	韦尔股份	603501	0.0608	0.081	-0.0095
13	大众交通	600611	-0.0098	-0.0028	-0.009
14	ST美盛	002699	-0.0008	0.0065	-0.003
15	海思科	002653	-0.0406	0.0112	-0.0018
16	黑芝麻	000716	0.0042	-0.0329	0.0047
17	三花智控	002050	0.0897	0.0406	0.0151
18	赛轮轮胎	601058	-0.0221	-0.0058	0.0179
19	苏泊尔	002032	0.0161	0.029	0.0286
20	拓维信息	002261	0.0335	0.0385	0.0313
21	中天科技	600522	0.028	-0.0277	0.0324
22	东诚药业	002675	0.0244	0.0408	0.0354
23	爱康科技	002610	0.0178	-0.0057	0.0365
24	利欧股份	002131	0.1221	0.1104	0.0724
25	通威股份	600438	0.1176	0.0824	0.101
26	盛新锂能	002240	0.1276	0.1327	0.1043
平均值			-0.0084	-0.0037	-0.0038
t值			-0.53	-0.28	-0.11

以匹配公司收益作为基准时，样本公司整体在0~6个月，0~24个月窗口期内的BHAR均为负，在0~12个月时出现偏差，BHAR为0.0790，CAR为-0.0037。根据t值判断，BHAR和CAR在三个窗口期内，整体上在长期内没有获得显著为正的超额收益。

从表6-14和表6-15中可以看出，不同公司的长期市场效应区别较大，其中盛新锂能、通威股份、利欧股份、东诚药业、苏泊尔、三花智控、拓维信息等7家公司的CAR和BHAR都在三个窗口期内为正值，其中盛新锂能、通威股份在发布回购公告后的 2 年，BHAR 均超过 400%。而索菱股份、ST 金正、ST 摩登、科陆电子、*ST 雪发、怡亚通、ST 升达、大众交通、宝鹰股份这 9 家公司的 BHAR 和 CAR 在三个窗口期内均为负。

对比发现，以匹配公司收益作为正常收益计算长期超额收益的 CAR 和 BHAR 时与以市场收益率计算时结果类似，公司之间的长期市场效应区别较大。在两种基准下，盛新锂能、通威股份、东诚药业、拓维信息 4 家公司三个窗口期内的 CAR 和 BHAR 均为正数，索菱股份、ST 金正、ST 摩登、*ST 雪发、ST 升达、大众交通、宝鹰股份 7 家公司的 CAR 和 BHAR 均为负数。

三、"零回购"公司市场效应的原因分析

综合分析"零回购"公司的短期效应和长期效应，可以发现市场具有一定的判断能力。

针对具备回购诚意的公司，虽然最终没有实际实施股份回购，实际上仍然达到了提升市场市值的目的。在前文分析回购动机时，通过比较计划回购价格上限不高于公司回购前三个月均价，判断公司是否具备回购诚意。其中通威股份、东诚药业、拓维信息三家公司的终止回购理由提及股价长期超过回购价格上限。其中，东诚药业的回购价格上限远高于前三个月的平均股价达到 249.46%，通威股份和拓维信息的回购价格上限也分别超过前三月均价的 9.26%、11.82%，显然是具备一定的回购诚意。这三家公司虽然没有进行实际回购，通威股份和拓维信息无论是短期市场效应还是长期市场效应都为正；东诚药业的短期市场效应，在（-1，1）和（-2，2）的窗口期内为负，但窗口期加长后，也表现为正，同时其长期效应在选定窗口期内都为正，实现了提升市值的目的。

进一步分析市场效应的规律发现，是否股权质押风险是影响"零回购"公司市场效应的重要因素。本书将 26 家样本公司的股权质押状态与短期和长期市场效应总结在表 6 - 16 中。从表中可以看出，存在股份质押风险的"零回购"公司均具有较差的市场效应表现。其中已经到达估算预警线或估算平仓线的 9 家公司，8 家公司在（-10，10）天的短期市场效应以及 0 ~ 12 个月以及 0 ~ 24 个月的长期效应，都为负数。其中索菱股份、ST 升达、ST 金正、ST 摩登、*ST 雪发控股股东质押状态已经达到估算预警线或估算平仓线，

且控股股东质押比例除了 ST 升达外均超过 98%，显然具有较高的质押平仓风险，其短期市场效应和长期市场效应表现也均较差，在两种基准下的超额收益率均为负。

表 6 – 16　　　　　　　样本公司的股权质押风险和市场效应

序号	证券简称	证券代码	状态	质押比例（%）	CAR（−10，10）	CAR（0～12 个月）	CAR（0～24 个月）
1	索菱股份	002766	已到估算预警线	99.67	0.03	−0.02	−0.04
2	ST 升达	002259	已到估算预警线	81.67	−0.04	−0.12	−0.10
3	京蓝科技	000711	已到估算平仓线	99.98	−0.01	0.01	−0.03
4	ST 金正	002470	已到估算平仓线	99.96	−0.36	−0.20	−0.13
5	ST 星源	000005	已到估算平仓线	99.87	−0.06	−0.02	−0.08
6	ST 摩登	002656	已到估算平仓线	98.96	−0.40	−0.14	−0.04
7	*ST 雪发	002485	已到估算平仓线	98.24	−0.30	0.00	0.00
8	ST 美盛	002699	已到估算平仓线	87.72	−0.52	−0.08	−0.01
9	九阳股份	002242	已到估算平仓线	80.00	−0.04	0.01	−0.02
10	韦尔股份	603501	已到估算平仓线	54.21	−0.02	0.06	0.00
11	爱康科技	002610	未到估算预警线	100	−0.17	0.02	0.04
12	赛轮轮胎	601058	未到估算预警线	99.91	−0.05	−0.02	0.02
13	科陆电子	002121	未到估算预警线	98.84	−0.26	−0.11	−0.07
14	盛新锂能	002240	未到估算预警线	95.82	0.02	0.13	0.10
15	通威股份	600438	未到估算预警线	80.06	0.41	0.12	0.06
16	黑芝麻	000716	未到估算预警线	79.63	−0.16	0.00	0.00
17	利欧股份	002131	未到估算预警线	78.75	−0.09	0.12	0.07
18	三花智控	002050	未到估算预警线	57.97	0.07	0.09	0.02
19	拓维信息	002261	未到估算预警线	24.14	0.04	0.03	0.03
20	东诚药业	002675	未到估算预警线	4.8	0.07	0.02	0.04
21	中天科技	600522	未到估算预警线	2.07	0.10	0.03	0.03
22	海思科	002653	控股股东无质押	0	−0.17	−0.04	0.00
23	怡亚通	002183	控股股东无质押	0	0.10	−0.07	−0.02

续表

序号	证券简称	证券代码	状态	质押比例（％）	CAR（－10，10）	CAR（0～12 个月）	CAR（0～24 个月）
24	苏泊尔	002032	控股股东无质押	0	0.10	0.02	0.03
25	宝鹰股份	002047	控股股东无质押	0	－0.02	－0.06	－0.01
26	大众交通	600611	控股股东无质押	0	－0.07	－0.01	－0.01

注：质押比例（％）指控股股东质押股份与其持有股份之比，Choice 数据库设定估算预警线为160％，估算平仓线为140％。CAR（－10，10）表示以市场收益率为基准时公司在（－10，10）窗口期内的超额收益率。CAR（0～12 个月）、CAR（0～24 个月）分别表示以市场收益率为基准时公司在0～12 个月、0～24 个月的累计超额收益率。

资料来源：Choice 数据库。

探究原因可知，控股股东股权质押率高的公司，为了缓解控制权转移风险，发布虚假式回购预案的倾向更高，但此时机构投资者能够识别并进行减持，预案无法实现价值信号的作用（沈红波等，2022）。因此，相比于其他"零回购"公司，存在明显股权质押平仓风险并且控股股东质押比例过高的公司，即已经到达估算的平仓线或者警戒线的公司，市场能够在一定程度识别公司回购的真实目的，因此短期市场效应和长期市场效应的结果都较差，这类公司不能实现通过发布回购公告而提升市场价值的目的。

第四节　本 章 小 结

一、结论

在梳理国内外文献后，本研究选取我国 A 股市场在 2018 年 1 月 1 日至2020 年 6 月 30 日期间内，宣告以公开市场方式进行回购，但实际回购数量为 0 的 26 家公司作为研究"零回购"公司的样本。

整理样本公司发布的回购预案发现，大部分公司的回购目的是维护公司价值，在终止回购公告中有 10 家公司解释回购计划和实施的差异时，给出的理由是"资金不足"，11 家公司提及"公司股价在回购期达到回购价格上限"，2 家公司的解释是"债权人要求"，3 家公司提及其他理由。

通过对公司回购公告和停止回购公告研究，发现 26 家样本公司中，大部分公司宣告停止回购的理由不充分，甚至存在矛盾。部分停止回购理由为"资金不足"的公司账上有充足的货币资金，部分停止回购理由为"股价超过回购价格上限"的公司，在设定回购价格上限时并不合理，与其前期股价的差距太相近。实际上，作为"外部人"，投资者难以对公司股份回购公告的真实动机做出一个确定的判定，根据上述矛盾，本书推测部分"零回购"的公司存在利用发布回购公告误导投资者的动机。

为寻找"零回购"背后隐藏的可能动机，本书对回购前后大股东减持情况进行整理，发现回购公告中披露的回购目的多为维护公司价值，但部分公司的前十大股东却趁机频繁减持，与公告中看好公司前景的宣告相矛盾，因此认为部分公司回购的隐藏目的可能是内部人想要减持获利。另外，本书在研究回购前公司股权质押情况后，发现部分公司的控股股东面临较大的股份质押风险，可能存在通过宣告回购提升股价，从而缓解股份质押风险的目的。

对于"零回购"公司发布回购公告的市场效应，本书使用市场收益率和匹配公司收益率两种基准，首先利用事件研究法计算"零回购"公司的累计超额收益率，发现"零回购"公司在整体上没有显著的短期市场效应，市场并不看好公司的股份回购，可能对公司进行回购的诚意和能力存疑，因此对股份回购产生的预期较低。

接着本书使用 BHAR 法和 CAR 法计算发布回购公告后 6 个月到 2 年的长期市场效应，同样分别以市场收益率和匹配公司收益作为正常收益率，发现两种计算方法下样本整体在 0 ~ 6 个月、0 ~ 12 个月、0 ~ 24 个月三个区间都不具有显著性。在对样本研究时，发现进行"零回购"的公司大多数都呈现负向的长期效应，并且在不同样本公司之间的长期市场效应区别较大，"零回购"行为在整体上难以实现长期提升股价的目的。

综合分析短期效应和长期效应，本书发现市场能够一定程度识别"零回购"公司的回购诚意和回购动机，对于具备回购能力和回购诚意的公司，即使没有实施股份回购，短期和长期的市场效应都较好，实现了提升市场价值的目的，而对于存在股权质押平仓风险和控股股东质押比例过高的公司，市场更为警惕，短期和长期的市场效应并不积极。

二、政策建议

(一) 监管层面

由于我国《公司法》未对公司发布回购公告却"零回购"的情况有明确的规定，股份回购又存在公认的正向短期效应，出于投机心理，个别公司可能会冒险一试，在不具备条件或没有回购诚意的情况下发布回购公告，最终导致中小投资者利益受损。因此对于监管部门而言，事前需要密切关注企业财务和经营状况，尤其是股权质押状况，在事后阶段，目前监管部门即使对"零回购"或者回购不足的公司有所察觉，碍于没有相关规定，只能通过发问询函和警告函方式处理，公司没有付出实际的代价。因此，事后阶段监管部门需要审查终止回购公告中给出的理由是否具有事实依据，对于理由显然不充分、不合理的公司，应该增加有力的处罚措施，例如有前科的公司需要经过审批才能再次发起股份回购，防止公司通过发布股份回购刺激股价，损害投资者利益。

除此之外，监管层还需要防范控股股东在存在股权质押风险时提出股份回购的提议，因此存在控股股东或者重要股东股权质押的上市公司，监管部门可以要求其披露质押价格、目的、资金用途，向投资者说明相关股东的清偿能力。另外一点是避免出现大股东减持与回购并行的情况，需进一步增加大股东减持约束条件，要求公司明确说明公司控股股东、实际控制人、持股5%以上股东、董事、监事、高级管理人员在未来6个月内是否存在减持计划，如是则需要说明意向减持计划的具体内容，并说明是否存在利用回购事项炒作股价的情形。

(二) 公司层面

过去国内外学者的研究证明公开市场回购具有短期效应，但公司应该更加理性地看待回购行为的效应，忽悠市场的行为是弊大于利，如果公司财务状况和经营状况不具备股票回购的能力，其回购的隐藏目的很可能被市场察觉，无论是短期还是长期，都不能实现提升公司价值的目的，对公司股价没有积极影响，反而市场发现公司的虚假回购行为后，会影响投资者对公司的信任度和公司的长期良性发展。公司应该根据自身情况谨慎理性地决定回购计划，了解公司是否真正需要进行股份回购，提前做好资金安排，避免投机性地宣布股票回购计划损害中小投资者利益。

（三）投资者层面

从投资者角度，尤其是缺乏辨别能力的中小投资者，需要增加相关财务知识的储备，对公司的回购行为保持一定的警惕性。

一方面，通过财务知识加强对公司股份回购的判断能力，从公司回购定价、经营能力、质押平仓风险等方面，判断公司回购是否具有诚意或者回购是否别有目的；另一方面，始终保持理智投资，清晰认识风险，理解回购不一定能引起股价上升，也有可能是公司精心设计的"圈套"，投资者需要避免盲目视股票回购为利好信号，以防自身利益受损。

| 第七章 |
小米集团股份回购的案例研究

在前文中，本书以国内进行公开市场回购的上市公司为样本进行研究，发现股份回购在一般情况下可以使上市公司在短期和长期内股价得到提升，但没有发现经营业绩得到改善的证据。下面本书以小米集团作为案例，对其在股份回购后的市场效应和财务效应进行进一步深入的研究。

在现有文献中，一些学者也以某个具体公司为案例进行研究，例如，王化成等（2000）以云天化和申能公司两家开创性回购国有法人股的公司为案例，认为股份回购改善了股权结构，提升了公司市值，优化了资本结构，但也存在不足。王峰娟等（2014）用宝钢集团股份回购事件分析说明，股份回购在短期对财务的影响是有利的，但是长期范围内股份回购的作用效果有限；同时长期甚至可能会增加公司的偿债压力和财务风险。谭洪益（2015）在运用宝钢案例时则指出，股份回购后公司日常运营效率一般会得到改善，资本结构得以优化，但可能导致损害债权人及中小股东权益的情况。

本书以小米集团作为案例研究的对象，该集团成立于 2010 年，发展较为迅速，公司成立刚两年销售额就超过了 10 亿美元。2014 年起，小米开创自身海外业务。2019 年小米被《财富》杂志评选为世界 500 强。小米集团 2021年总营业收入达到人民币 3283 亿元，同比增长 33%，净利润 220 亿元，这些都昭示公司业务上的成功。但与此同时，小米在资本市场好像并不讨喜。小米 2018 年 7 月 9 日于香港上市，并成为港股第一家 AB 类股权架构的公司。小米集团的发行价定在 17 港元，开盘价为 16.6 港元，但上市后小米股价一直表现低迷，到 2019 年最低价达到 8.28 港元，在 2020 年 8 月之前股价始终低于发行价格。

资本市场的低迷,迫切需要公司进行应对。早在上市前的2018年6月17日,在小米股东大会上,董事会被授予总量不超过总股份10%的股份回购权,通过这一授权和延长授权决议,小米开启了连年的回购操作。2019年1月17日正式进行第一次回购(次日披露公告)。截至2021年底,共回购99次,耗资121亿港元,合计7.33亿股,回购股数约占流通股数的2.9%。

小米集团的股份回购对提升公司股价的效果如何?对公司财务绩效有何影响?是公司、管理层以及投资者等密切关心和讨论的问题。

第一节　小米集团简介及回购事件回顾

一、小米集团简介

(一)小米集团及其业务情况

小米集团是一家成立于2010年的投资控股公司,主要从事智能手机、物联网(Internet of Things,IoT)和生活消费产品研发和销售业务,以及互联网服务和投资业务。近年来,公司不断推进"手机+AIoT(人工智能+物联网)"核心战略,巩固线上线下渠道优势,维持海内外业务持续增长。

小米集团有四个主要的业务部门开展相关业务活动,其中智能手机部门负责智能手机业务;IoT与生活销售产品部门负责其他小米产品;互联网服务部门负责提供广告和互联网增值服务;其他部门负责提供硬件产品维修等服务。公司同时向国内和海外市场销售产品和服务。小米集团的营收情况如表7-1所示。

表7-1　　　　小米集团2015~2020年主营业务和营收情况

类型	金额(亿元)						年复合增长率(%)
	2015年	2016年	2017年	2018年	2019年	2020年	
智能手机	537.2	487.6	805.6	1138.0	1220.9	1521.9	23.2

类型	金额（亿元）						年复合增长率（%）
	2015 年	2016 年	2017 年	2018 年	2019 年	2020 年	
AIoT 与生活消费产品	86.9	124.2	234.5	438.2	620.9	674.1	50.6
互联网服务	32.4	65.4	99.0	159.6	198.4	237.6	49.0
其他产品	11.7	7.2	7.2	13.4	18.1	25.1	16.6

资料来源：头豹研究院. 小米智能手机业务剖析［R］. 2021。

2019 年底的新冠疫情，小米营收受到一定冲击，主要原因是全球芯片及其他电子元件的供应链因素影响。随着 2020 年市场逐步解封，集团的业务也重回正轨，按"手机＋AIoT"战略稳步推进，全年增长显著。依赖于其和上下游的良好韧性，疫情对小米的长期影响有限。根据公司中期报告，小米集团 2021 年上半年总收入同比增长约 60%，其间利润同比增长约 141%，增势强劲。

（二）小米集团的股东和实际控制人

小米发行时股权结构如表 7 - 2 所示。其中 A 类股和 B 类股是一种特殊的股权结构安排，小米也是港股率先进行该安排的港股上市公司。简要来说AB 类股票指同股不同权，即 A 类股票和 B 类股票享有相同的收益权。A 类股票每股有 10 票，而 B 类为每股 1 票。小米回购均是在公开市场回购的 B 类股份。根据港交所规则，回购过程需保持 AB 类股票比例稳定，因此小米每次回购后会有一部分受益人的 A 类股份自动转换成 B 类股份。

表 7 - 2　　　　小米集团发行时各类股权数量和表决权数量及比例

股东名称	A 类股票份数（万股）	B 类股票份数（万股）	股票数量合计（万份）	A 类股表决权数量（万股）	B 类股表决权数量（万股）	表决权数量合计（万份）	股票比例（%）	表决权比例（%）
雷军	4295	2283	6578	42950	2283	45233	29.14	54.61
林斌	2400	391	2791	24000	391	24391	12.36	29.45
发行前股东	0	11572	11572	0	11572	11572	51.26	13.97

续表

股东名称	A 类股票份数（万股）	B 类股票份数（万股）	股票数量合计（万份）	A 类股表决权数量（万股）	B 类股表决权数量（万股）	表决权数量合计（万份）	股票比例（%）	表决权比例（%）
IPO 股票	0	1434	1434	0	1434	1434	6.35	1.73
超额配售	0	201	201	0	201	201	0.89	0.24
合计	6695	15881	22576	66950	15881	82831	100.00	100.0

资料来源：小米招股说明书，笔者计算整理。

根据公开披露的招股说明书，创始人雷军持拥有 29.14% 的股份和 54.61% 的表决权，第二大股东林斌拥有 12.36% 的股份和 29.45% 的表决权。由于雷军还与公司其他股东签署了投票权委托协议，作为受托人还可以实际控制额外 2.2% 的投票权，因此实际总表决权为 57.9%。因此，他具有一票否决权，能够对小米进行实际的有效控制。林斌拥有的投票权总比例也高达 30%，两大股东拥有的投票权总比例共计 87.9%，对公司有绝对控制权。这一模式被看作一种既能吸收资金，又不至于稀释公司初始股东控制力的做法，被更多港股在 IPO 时采用。

二、小米集团回购事件回顾

（一）小米集团回购方案

根据小米的回购公告，小米 2018 年 6 月 17 日股东大会对董事会进行回购授权，赋予董事会使用自有资金回购 10% 的权利。该权利是股东大会对董事会回购股份的一般无条件授权，定期失效后追加授权（同时在股份购回授权下还有上限 10% 的股份发行授权）。依据此授权，2019 年 1 月 18 日小米发布了第一则回购公告。小米关于回购的公开信息如表 7-3 所示。

表 7-3　　　　　　小米集团股份回购信息披露的时间线

时间	回购相关信息披露
2018 年 6 月 17 日	股东大会购回授权

时间	回购相关信息披露
2019 年 1 月 18 日	股份购回
2019 年 4 月 9 日	购回授权续期提案
2019 年 5 月 14 日	股东大会购回授权
2019 年 6 月 3 日	股份购回
2019 年 9 月 3 日	股份购回
2020 年 4 月 27 日	购回授权续期提案
2020 年 6 月 23 日	股东大会购回授权
2021 年 4 月 27 日	购回授权续期提案
2021 年 6 月 10 日	购回授权

资料来源：根据小米集团公开披露的信息整理而得。

（二）小米集团回购进程

小米回购的进程如表 7 - 4 所示。小米回购频繁并且一直持续，截至 2021 年底，共回购 99 次，耗资 121 亿港元，合计 7.33 亿股，约占 2021 年末发行在外股份的 2.9%。具体到年度，小米 2019 年回购 39 次，累计回购股票 3.58 亿股，耗资 31.15 亿港元；2020 年回购 2 次，累计回购股票 4.83 亿股，耗资 5 亿港元。2021 年回购 58 次，累计回购 3.47 亿股，耗资 84.86 亿港元。一般小米回购的股份会先形成库存股，然后在 3 个月左右予以注销处理。

表 7 - 4 小米集团股份回购的进程

回购时间	回购数量（万股）	回购金额（万港元）
2019 年 1 月	1997	19993
2019 年 6 月	9793	92524
2019 年 7 月	761	7484
2019 年 9 月	9125	82489
2019 年 10 月	1119	9999
2019 年 11 月	4483	40000

续表

回购时间	回购数量（万股）	回购金额（万港元）
2019 年 12 月	6549	58931
2020 年 4 月	4841	50000
2021 年 3 月	1931	49900
2021 年 4 月	17338	449700
2021 年 7 月	1525	39400
2021 年 8 月	1615	39648
2021 年 9 月	8523	196542
2021 年 10 月	1714	35819
2021 年 11 月	260	4972
2021 年 12 月	1761	32637
2022 年 1 月	158	2928

资料来源：CSMAR 数据库。

根据表 7 - 5 可以看出小米回购的比例规模。小米在 2019 年和 2021 年回购金额占净利润的比例达到 27.19% 和 36.23%，由此可见小米集团在这两个年度股份回购的力度是很高的。

表 7 - 5　　　　　　　　　　小米集团股份回购的规模

回购金额与当期净利润的比较	2021 年报	2021 半年报	2020 年报	2020 半年报	2019 年报	2019 半年报
年度平均汇率（人民币/港元）	1.20	1.20	1.12	1.12	1.13	1.13
回购金额（亿港元）	84.17	50.00	5.00	5.00	31.14	11.25
回购金额（亿元人民币）	69.86	41.50	4.45	4.45	27.47	9.92
净利润（亿元人民币）	192.83	160.61	203.13	66.62	101.03	50.78
占比（%）	36.23	25.84	2.19	6.68	27.19	19.54

资料来源：笔者根据公司财报和回购数据计算而得；汇率是根据美国政府公布的年度平均汇率交叉计算得出。

第二节　小米集团股份回购的动因分析

公司进行股份回购决策往往是各种动因同时作用的结果，因此本节首先介绍小米集团公开披露的回购目的，然后结合股价和市场等现实情况分析多种动因的可能性及各自形成过程。

一、公开披露的回购目的

小米集团 2018 年 7 月 9 日在港交所公开上市，开盘价为 16.6 港元。但是公司之后的股票走势不尽理想、持续走低。到 2019 年 11 月，股价已经腰斩，达到 8 港元出头。市值管理不但关乎管理者的威信，更是公司市值管理的重要课题。在业务上精进的同时，小米集团的管理层求诸更直接影响市场的操作——股份回购。根据信号传递理论，公司可以通过股份回购的举措向外界传递公司经营状况良好和公司价值受低估的信号。这一正向的导向会驱使市场重新估值，使股票达到更合理的区间。

根据小米集团董事会的购回授权："董事相信，行使股份购回授权符合本公司及股东整体利益。购回股份或会导致每股资产净值及/或每股盈利有所增加（须视乎当时市况及融资安排而定）。董事现寻求行使股份购回授权，使本公司可在适当情况下灵活购回股份。"

另外在小米股份回购公告称，在互联网商业模式及公司"智能手机＋AIoT 双引擎"策略的推动下，公司以股份购回表达对现时及长期业务前景充满信心。并同时表示，"集团现有财务资源充足，既能够支持股份购回，又能维持财务状况的稳定，股份回购可以体现出集团对其经营状况和前景的信心，并最终能够为集团带来利益，为股东创造价值"。

以上公告说明小米是出于市值管理的目的进行回购的，在股票走低的情况下，这种回购通常叫作护盘式回购。根据张望军（2020）的统计，约有 72% 的港股回购时以市值管理为回购目的。接下来本书具体分析这一动因，以及潜在的其他动因。

二、小米集团回购的动因分析

（一）股价受到低估，管理者欲提升股价

结合图 7-1 小米股票走势（月度收盘价），我们可以看出其回购股份数量的波动和股价波动有较好的吻合，2019 年和 2021 年分别是小米股票两个持续的下降周期，小米回购占其当期利润之比高达 27% 和 36%，而 2020 年公司股价攀升到历史高点 35.9 港元，是发行价的还多两倍，此时回购股份数量明显缩减，回购占利润比缩至 2%。即股价下跌幅度越大，小米集团的回购力度越大。

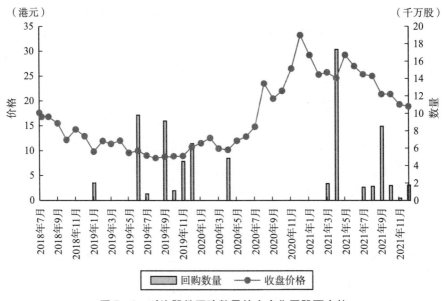

图 7-1 对比股份回购数量的小米集团股票走势

资料来源：CSMAR 数据库，笔者计算整理。

接下来本书从市盈率、估值和手机出货量来分析管理层和部分投资者看好小米投资价值的原因。

1. 市盈率指标

小米和部分同行业港股、A 股上市公司的当前市盈率对比如表 7-6 所示。从表 7-6 看出，小米的当前市盈率 17.1 在同行业处于中低水平，较大幅度低于所选的硬件行业可比公司的平均值 22.62。

表 7-6　　　　　　　　　小米集团与可比公司的当前市盈率对比

股票（公司）名	股票代码	上市地	市盈率	历史平均市盈率
小米集团 - W	1810	香港	17.1	24.6
传音控股	688036	上海	28.8	29.4
比亚迪电子	285	香港	13	11.6
闻泰科技	600745	上海	30.5	30.7
舜宇光学科技	2382	香港	27.8	23.1
丘钛科技	1478	香港	8	12.5
韦尔股份	603501	上海	40.7	58.3
立讯精密	002475	深圳	28.5	27.6
蓝思科技	300433	深圳	16	21.3
瑞声科技	2018	香港	15.8	16.8

资料来源：浦银国际研究《科技行业 2022 年展望》，笔者整理。

表 7-7 整理出了以 2021~2023 年作为预测期，小米和同行业龙头企业的每股盈余、市盈率、市净率、估值对比。

表 7-7　　　　　　　　　小米集团与龙头企业的估值对比

公司	市值（百万美元）	每股盈余同比增长（%）	市盈率	市净率
小米	67823	33	15.8	2.3
三星	356896	23	11.0	1.5
苹果	2634047	27	27.2	36.3
传音控股	21212	33	29.3	31.4
平均		29	20.8	17.9

资料来源：浦银国际研究《科技行业 2022 年展望》，笔者整理。

从表 7-7 看出，小米的每股盈余预期增长处于领先水平，而市盈率和市净率却在将来一段时间会持续较低，股价低估状态很可能延续。根据前面的文献，在估值偏低的情况下，上市公司有更强的回购动机，因为理论上此时回购效果更佳。

2. 智能手机出货量指标

根据浦银国际研究《科技行业 2022 年展望》的数据，2017 年以来，小米的智能手机出货量处于平稳增长状态，虽然部分时期有所波动，但是 5 年时间其出货量行业占比已从 5% 攀升至 10% 以上，位居 2020 年全球第三。根据分析机构 Canalys 的数据，小米 2021 年第三季度的智能手机出货量在全球第三，市场占有率达 13.5%。雷军亦表示过小米要在 3 年内做到出货量第一。

从以上研究，可以看到小米股价的持续低迷令管理层不满的原因。虽然小米业务进展顺利，但是资本市场对其估值并不理想，低于互联网公司一般水平。按照雷军为公司的设想，小米致力于打造"互联网 + AIoT"业务的公司，实现所谓从低端产品公司到高附加值互联网公司的转变。近些年公司产品线不断丰富，冲击高端市场，积极发展互联网业务都是这些的征兆。实际上这些设想并非只是战略方面的考量，更有提振资本市场的动机。

在小米持续做业务转型、升级的同时，管理者需要直接在资本市场进行操作来维护小米股价的坚挺。根据信号传递理论，在资本市场表现不佳时需要通过股份回购主动向市场传达信息。小米通过股份回购完成市值管理的目标，这一动机也在前文小米官方披露公告的相关分析中得到印证。

（二）优化财务杠杆和资本结构，维持公司控制权

根据财务杠杆假说，公司实施回购股份并注销，会导致公司股本减少，这样直接作用于资产负债比率，从而提高财务杠杆水平。同时利用外部筹集资金来开展回购，会导致负债和利息支出的增加，同样会作用于资产负债率，并进一步提高财务杠杆水平。而根据现代财务管理理论，财务杠杆的适度提高有利于提高公司的盈利能力。

在控制权方面，公司似乎特别注重核心管理层绝对控制权的保持。首先，应注意到小米虽然有回购注销，但是同期也存在用于股权激励等的增发，这

样下来公司总股本大体保持稳定。这可以使公司为新业务扩展实行股权激励计划时，有效避免增加总股本导致大股东的股权稀释。因此回购股份成为业务扩张、增发股票下维持公司控制权的考量。其次，AB 类股权结构本身就带有避免滥发股份造成股权和控制权稀释的意味。

从控制权的角度来看，回购和 AB 类股权结构不谋而合。回顾公司发展至今，雷军和林斌对公司始终拥有绝对的控制（其中雷军的投票权比率保持在 50% 以上，拥有一票否决权）。这在一定程度上保证了公司目标政策的连续性和未来发展的可预测性。对公司业务发展和估值合理有一定的正面影响。

（三）增加财务灵活性，并代替分红

根据财务灵活性假说，回购股份可以代替现金股利支付，作为公司分配利益的方式。这样的好处是公司可以规避每期支付现金股利的持续压力，增加公司的财务灵活程度。

自上市以来，小米从未进行过股息分红，因此替代分红可能是公司进行回购的潜在之意。这种替代不但会增加财务灵活性，对投资者还有减少成本的经济考量。这是因为对于内地投资者，如果公司通过回购分配利润，只需要承担回购相关交易费用，包括印花税、券商佣金等，比例较低，如果通过股息红利分配利润，则个人按 20% 税率扣缴个人所得税，企业按 25% 税率征收企业所得税，这显著高于回购相关交易费用的总和。

因此小米集团把股份回购作为向内地投资者分配利润的手段也是符合投资者利益的。

（四）减少多余现金流，降低代理成本

根据委托代理理论，现代股份制公司存在所有权和经营权的分离，公司经营存在一定的代理成本（表现为管理层行为和股东利益最大化目标的背离）。当公司的自由现金流越多的时候，代理成本也就越高。通过自有资金回购发行在外的股份，能直接降低管理层可支配资金的数量，降低公司代理成本。

根据小米 2020 年财报，公司年底有现金及等价物 547.52 亿元。巨额的库存现金意味着巨额的机会成本和潜在的代理成本。用这个逻辑可以解释小米 2021 年"烧钱"的造车计划和利用自有资金大手笔股份回购的原因。2021 年底，公司现金规模降至 235.11 亿元。这是公司为了减少过多的现金流、降低代理成本、提高投资效率的需要。

第三节　小米集团股份回购的效应分析

一、市场效应分析

根据信号传递理论，公司股份回购公告后一般会引起市场或好或差的反应，这样就会表现为个股超额收益的变动。接下来本书将分别对小米集团回购的短期和中长期市场表现做相关实证分析检验。

(一) 短期市场效应研究

虽然小米的回购贯穿全年，但是只在 2019 年 1 月 18 日、6 月 3 日和 9 月 3 日三天正式公布过回购公告。因此我们选择这三天公司正式公布回购公告为事件，对回购的短期效应进行实证研究。

本书使用累计超额收益（CAR）方法研究短期市场效应，计算方法同前：

$$AR_{it} = R_{it} - R_{mt} \qquad\qquad (7-1)$$

$$CAR = \sum AR_{it} \qquad\qquad (7-2)$$

其中，R_{it} 为个股收益率，本书选取小米当日收盘价计算得出；R_{mt} 为基准收益率，本书选取香港恒生指数 HSI 的当日收盘价计算得出。

1. 第一次回购公告（2019 年 1 月 18 日）

根据表 7-8、图 7-2 可以看出，对于 2019 年 1 月第一次回购，在公告前 5 日超额收益率呈下降的趋势，但在公告发布前一天有明显的收益率向上的波动，说明市场可能提前获得了回购的消息。在公告日后的 10 日内，收益率均在 0 左右徘徊，在 10～15 日才出现较大的超额收益，公告后 15 日的累计超额收益有 6.8%，这说明这次回购还是有一定的护盘成效的。

表 7 - 8   小米集团 2019 年 1 月回购公告效应

事件窗口日	D - 5	D	D + 5	D + 10	D + 15
AR（%）	3.16	3.06	- 0.65	6.14	6.2
事件窗口期	D - 5	(D - 5, D)	(D - 5, D + 5)	(D - 5, D + 10)	(D - 5, D + 15)
CAR（%）	3.16	- 0.03	- 2.34	- 0.14	6.82

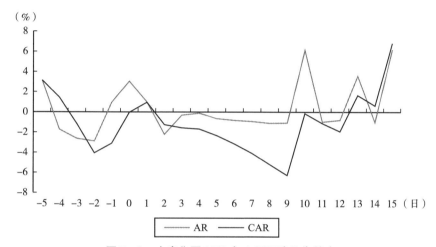

图 7 - 2　小米集团 2019 年 1 月回购公告效应

资料来源：CSMAR 数据库，笔者计算整理。

2. 第二次回购公告（2019 年 6 月 3 日）

根据表 7 - 9、图 7 - 3 可以发现，公告日前 5 日小米股票出现了超额收益，但公告日股价骤降至 - 5%。如此低超额收益表示公众对回购不再看好。虽然公告后的 10 日内超额收益率有所回升，一度升至 2%，但综合公告后 15 日内累计超额收益率始终在 0 以下，总体上 6 月的回购并未达到护盘目的。

表 7 - 9   小米集团 2019 年 6 月回购公告效应

事件窗口日	D - 5	D	D + 5	D + 10	D + 15
AR（%）	- 0.89	- 5.09	1.54	- 0.89	- 0.66
事件窗口期	D - 5	(D - 5, D)	(D - 5, D + 5)	(D - 5, D + 10)	(D - 5, D + 15)
CAR（%）	- 0.89	- 5.31	- 1.49	- 2.08	- 2.67

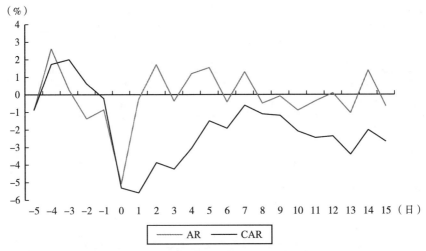

图7-3 小米集团2019年6月回购公告效应

资料来源：CSMAR数据库，笔者计算整理。

这或许因为1月回购的股份留作库存而未及时注销（根据 CSMAR 数据，公司股本8月前只在7月25日因注销减少了0.76亿股）和1月份回购后股权激励伴随的股份增发，使得投资者对此回购掺杂着质疑的声音，公告后的股价表现也并不理想。

3. 第三次回购公告（2019年9月3日）

根据表7-10、图7-4可以看出，9月股份回购公告前5日，小米的超额收益率波动较大。公告日当天，股价的超额收益率突然升高至4%，同时公告后累计超额收益率不断上升，最终 CAR 在15日达到4%以上。这说明了9月份回购的市场效应表现良好，虽然前期有所波动，但公告后具有显著的超额收益。值得一提的是公司在9月中旬实际进行了回购操作，这对市场有正面影响。

表7-10　　　　　　　　　小米集团2019年9月回购公告效应

事件窗口日	D-5	D	D+5	D+10	D+15
AR（%）	1.1	4.58	0.98	-1.66	-0.22
事件窗口期	D-5	(D-5, D)	(D-5, D+5)	(D-5, D+10)	(D-5, D+15)
CAR（%）	1.1	0.76	2.14	0.14	4.78

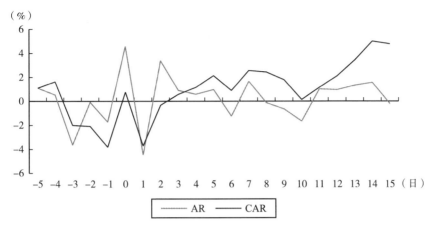

图 7 - 4 小米集团 2019 年 9 月回购公告效应

资料来源：CSMAR 数据库，笔者计算整理。

总结 2019 年这三次回购公告的短期市场效应，只有第二次公告后市场表现不佳。市场效应短期波动，是市场对公告的解读受到消息传递、实际回购、是否注销、是否增发等因素的影响。但总体而言，投资者多对该行为看成是利好，回购对短期股价提振有一定的积极作用，具有一定的市场效应。

（二）中长期市场效应研究

从 2019 年 1 月开始回购至 2021 年底，小米已经回购了两年多。由于小米回购的频繁性、持续性，和"预告—回购—披露"的模式，在足量历史数据的支持下，本书下面展开对小米股份回购的中长期效应研究。借此来判断回购的长期表现，以及确认公司是否实现了护盘目的。

1. 指标和说明

如前所述，采用不同的计量方法对收益率指标的影响较大，现有文献通常使用累计超额收益（CAR）和买入持有收益（BHAR）两种方法，计算方法与之前相同，以香港恒生指数 HIS 的收益率为基准收益率。

2. 实证结果

利用国泰安数据库，本书选取了小米 2019 年 1 月第一次公布回购公告并实施回购至 2021 年 6 月，连续 30 个月的个股收益率和市场收益率（见表 7 - 11）。考虑到小米期间未进行股利发放等其他形式利润分配，我们用研究期间月末收盘价计算个股收益率。市场月度收益率以香港恒生 HSI 指数为准。在计算中统一使用收盘价，我们分别计算其 6 个月、12 个月、18 个月、24 个月和 30 个月的 CAR 和 BHAR。

表 7 - 11　　　　　　　　　小米集团股份回购的长期市场效应

距第一次公告期限	CAR	BHAR
6 个月	− 0. 2168	− 0. 2549
12 个月	− 0. 0821	− 0. 1501
18 个月	0. 1866	0. 0899
24 个月	1. 0497	1. 2163
30 个月	0. 7177	0. 5238

资料来源：CSMAR 数据库，笔者计算整理。

根据上述结果，CAR 和 BHAR 均经历了由负转正的趋势。在刚发布公告后的前 6 个月股票 CAR 和 BHAR 为负，负收益超过 20%，也就是说中期市场效应不明显。后逐步增加，在 18 个月后两个指标变为正值，分别为 18.7% 和 9.0%，在 24 个月达到最高，分别为 105% 和 121.6%，在 30 个月后，达到 71.8% 和 52.4%，可以说股份回购在长期呈现较好的市场效应。

从 2019 年 1 月小米发布回购公告到 2021 年 6 月本书长期研究期末，小米的股价从每股 16.6 港元的发行价，曾一度跌到 2019 年 9 月 2 日每股 8.28 港元，最终研究期末 2021 年 6 月 30 日达到 27 港元的相对高位（2021 年 1 月 5 日曾达到最高的 35.9 港元），可以说公司的回购策略整体而言提高了公司股价，实现了市值管理的预期目的。鉴于相对成功的经验，在 2021 年股价整体回落时，公司又迅速增加了回购规模再次护盘。

二、财务效应分析

因为上市公司实施股份回购会消耗大量的流动资金，在一定程度上会使得公司的资本的结构产生改变。同时，公司的各项财务指标或多或少会产生一定的变化。本节以股份回购实施时点为划分标准，具体对比小米集团回购前后的盈利能力、偿债能力、成长能力等各项财务指标，深入探究股份回购具体为公司带来的正向和反向的财务效应。本节主要是根据财务比率进行分析。为了纵向可比性，均以最近三年报数据为分析对象。由于财务比率口径不同计算结果会有出入，所以在各表第二行均单独列出了计算方法。这部分分析了 2018~2021 年四个连续年度的财务指标。

诚然财务效应的影响因素是多样的，远不止于回购。但本节也会将财务比率和表 7-4 描述的当期回购规模结合起来，这样做是为了对财务数据实现情况有一个确定回购场景下的把握，从回购的视角分析经营业绩的变化。

在开始分析之前，有必要对回购直接造成影响的股本情况做一下了解，这将影响接下来的财务比率分析过程。

表 7-12 是根据公开年报整理的小米集团的股本变动情况。股份回购理论上导致股本降低，但是在小米的案例中我们发现，小米虽然回购金额较大，但每年都有股份增发，这样综合下来普通股总量在年末均保持平稳上升。导致股本增加的活动，包括为员工实行的购股权（配合股权激励计划）、信托新发股份和增发配售等。

表 7 – 12 小米集团近年来的股本变动情况

时间	当期回购 （万股）	当期注销 （万股）	当期行使购股权、 信托发行、增发 配售等（万股）	普通股数量 （万股）
2018 年 12 月 31 日	0	0	0	2362642
2019 年 12 月 31 日	35820	22796	70893	2410740
2020 年 12 月 31 日	4841	15873	123864	2518731
2021 年 12 月 31 日	34352	32331	24140	2499245

资料来源：公司财报，笔者计算整理。

（一）盈利能力

盈利能力用来衡量公司获得利润能力的大小。盈利能力通常可以用多种财务比率表示，包括下述总资产收益率（ROA）、净资产收益率（ROE）、每股收益（EPS）和毛利率。根据回购的财务效应理论，一般回购下由于权益份额的缩小，会导致 ROE 和 EPS 的上升。

根据表 7-13，可以看到公司的 ROA 和 ROE 在回购频繁的 2019 年和 2021 年有下跌趋势，其中 2019 年下降明显。ROA 由 2018 年末的 11.47% 下降到 2019 年的 6.14%，跌幅接近一半。ROE 由 2018 年的 18.92% 下降至 2019 年的 13.21%，2020 年因回购较少有所恢复，2021 年大量回购后再次下探。每股盈利类似，2019 年有较大降幅，由 2018 年的 0.84 元/股降至 0.42 元/股，但在 2020 年回升至 0.85 元/股，后又在 2021 年再次有所下降。毛利率在公司业务模式不断优化的情况下保持上涨，由 2018 年的 12.69% 上升至 2021 年的 17.75%。

表 7-13　　　　　　　　　　盈利能力分析

时间	总资产收益率（%）	净资产收益率（%）	每股盈利（元/股）	毛利率（%）
2018 年 12 月 31 日	11.47	18.92	0.84	12.69
2019 年 12 月 31 日	6.14	13.21	0.42	13.87
2020 年 12 月 31 日	9.29	19.75	0.85	14.95
2021 年 12 月 31 日	6.58	14.03	0.78	17.75

资料来源：公司财报，笔者计算整理。

小米集团的每股盈利和净资产收益率并没有表现出理论上的正效应，是因为普通股数量并未因为回购而降低，同时因为外界原因导致净利润下降。2019 年回购注销导致股本减少 2.3 亿股，而同期因行使购股权（用于股权激励）、信托发行导致股本上升 7 亿股，综合下来反倒使当期总股本上升。加上当期净利润同比下降了 25%，这样一来当年的每股盈利从 0.84 显著降至 0.42。2021 年相关指标的下降也出自同样道理。

在分析盈利的时候不能排除全球智能手机市场增速放缓的市场因素。在总股本没有收缩和市场冲击的情况下，小米的盈利能力保持一定范围内的波动甚至增长，证明公司在营收和财务上能保持一定的稳定性。

（二）偿债能力

偿债能力用来衡量公司偿还债务能力的大小，还可以表示公司的变现能力和债务风险的高低。偿债能力通常可以用多种财务比率表示，包括下述资产负债率、流动比率和现金比率（见表 7-14）。小米花费大量自有资金进行护盘回购，理论上会导致公司现金和流动资产的减少，降低公司的偿债能力。

表 7-14 　　　　　　　　　　　　偿债能力分析

时间	资产负债率（%）	流动比率	现金比率（%）
2018 年 12 月 31 日	50.94	1.71	48.81
2019 年 12 月 31 日	55.53	1.49	28.12
2020 年 12 月 31 日	51.11	1.63	50.73
2021 年 12 月 31 日	53.08	1.61	20.32

资料来源：公司财报，笔者计算整理。

偿债能力和盈利指标的情况类似，出现了和回购力度同步变化的现象。流动比率和现金比率在回购频繁的 2019 年和 2021 年出现下降，这表明公司流动资产和现金在回购后显著降低。随着股价回升，2020 年并未出现较大回购，其各项偿债压力又有所缓解。资产负债率代表债务的比率，同样和回购规模保持同步，2019 年和 2021 年资产负债率有所上升。

参考 40%～60% 的同行业资产负债率，我们认为公司虽然在集中回购的时期偿债能力有所降低，但各项偿债指标始终处在较为健康可控的水平。2019 年随着新冠疫情的冲击，将现金投资于潜在高收益项目的可能性更低，因此持币成本更高。结合前文对公司降低现金流和代理成本的分析，公司取得了预期效果。

（三）成长能力

成长能力用来衡量公司发展速度的指标。成长能力通常可以用多种财务比率表示，包括下述主营业务增长率和总资产增长率。理论上由于回购会使得公司资产和权益降低，从而使得成长能力下降。但与此同时，回购下公司资金使用效率的上升会使得成长能力上升。

从表 7-15 看出，小米的主营业务增长率和总资产增长率均呈现先降后增的趋势。2019 年两个指标下降显著，和前面盈利能力受市场因素的分析相互吻合。2019～2020 年成长能力受到很大损失的原因一方面是公司回购的现金支出，另一方面在于行业和疫情的冲击影响。2020 年下半年至 2021 年由于业务的恢复，不论预测值还是季度数据都表明增势得到保持。伴随着 2021 年近 70 亿元人民币的巨额回购，公司 2021 年末现金及现金等价物从 547.52 亿元下降至 235.11 亿元，这是导致总资产增长率显著下降的主要原因。

表 7 - 15 成长能力分析 单位：%

时间	主营业务增长率	总资产增长率
2018 年 12 月 31 日	52.60	61.60
2019 年 12 月 31 日	17.68	26.44
2020 年 12 月 31 日	19.45	38.15
2021 年 12 月 31 日	33.53	15.46

资料来源：公司财报，笔者计算整理。

公司还处于较快的成长期，因此成长速度较为可观。同比来看，2020 年华为的主营业务增长率为 3.8%，苹果为 5.5%。结合前述疫情后小米手机出货量恢复较快的分析，小米在回购背景下的成长能力略受影响，但是增长势头依然较强。

（四）创新能力

创新能力代表公司的技术优势。一般可以用专利数量和财务中的研发费用等指标衡量。小米所处的行业是科技密集型产业，创新能力是衡量互联网公司实力的重要指标。理论上自有资金回购，研发费用和创新能力会受到影响。

根据表 7 - 16 所示，小米持续回购的情况下研发费用绝对值持续上升。研发费用占比虽从 2008 年的 3.3% 降至 2020 年的 2.35%，但在 2021 年又增加至 4.01%。可以看出无论从绝对规模还是相对规模，研发投入均受到公司持续重视。

表 7-16   创新能力分析

时间	研发费用（亿元）	研发费用占比（%）
2018 年 12 月 31 日	57.77	3.30
2019 年 12 月 31 日	74.93	2.81
2020 年 12 月 31 日	92.56	2.35
2021 年 12 月 31 日	131.67	4.01

资料来源：公司财报，笔者计算整理。

小米集团 2020 年申请专利数量达 1300 多项。根据科睿唯安《德温特 2020 年度全球百强创新机构》报告，以发明专利数量、质量、影响等指标，小米在 2019 年和 2020 年均入围了全球创新企业百强榜。研发成果的扩大，在保障公司长远发展的同时，吸引了更多投资者，形成良性循环。

我国对于销售收入大于 2 亿的高新技术企业要求研发费用占比为 3%，小米 20 亿的体量 2.35% 占比并不算低。但是对比苹果 6%、华为 20%，小米的研发费用或许因为回购受到了压缩，但并没有因此而降低对研发的支持力度。从专利数量和小米产品逐步转向高端也可以看出，公司业务正不断成熟，并且向价值链上游不断提升。

（五）资本结构

资本结构可以用来表示公司资本的组成。通常可以用多种财务比率表示，包括下述资产负债率和长期债务比率。其中资产负债率代表总资产中债务的比例，而长期负债比率表示所有长期权益（债券和股权）中债务的比例。如果使用自由资金回购，理论上会导致资产和权益等量减少，这会引起资产负债率和长期债务比率的上升。

根据表 7-17，小米的资产负债率在回购较多的 2019 年和 2021 年较高，在回购较少的 2020 年较低。这符合前述理论解释，即回购使得权益资本比例下降，债务资本比例上升。长期负债比率在大多年度上升，这符合理论预测，但是 2019 年有显著下降。这主要是因为 2019 年的股本因为行使购股权上升了 6.9 亿股而回购注销仅 2.3 亿股，股权总数在这一年实际是较明显上升的。

表 7 - 17 资本结构分析 单位：%

时间	资产负债率	长期负债比率
2018 年 12 月 31 日	50.94	9.93
2019 年 12 月 31 日	55.53	5.54
2020 年 12 月 31 日	51.11	7.90
2021 年 12 月 31 日	53.08	13.10

资料来源：公司财报，笔者计算整理。

根据 Wind 数据，从事手机等硬件生产的上市公司资产负债率一般在57%左右，小米 2018 年的资产负债率仅为 50.9%，水平相对偏低。回购下小米的财务杠杆得以提升，资本结构得到相对改善。

综上所述，自 2019 年初小米开始股份回购以来，产生了较为理想的财务效应，回购进程下的总体财务指标健康可控，具体如下：

（1）盈利能力和成长能力。盈利能力指标中，毛利率持续上升，总资产收益率和净资产收益率上下波动，每股收益下降后回升，其中 2019 年和2021 年下降幅度较大。净资产收益率没有因为股份回购而显著上升是同期股权激励的增发活动和短期业务冲击导致的。成长能力指标中，主营业务增长率和总资产增长率同样在 2019 年和 2021 年有所下滑，其后有所恢复，增长势头仍然较强。

（2）偿债能力和资本结构。基本与回购力度呈现同步变化趋势，即回购频繁的 2019 年和 2021 年，偿债能力指标上升，说明股份回购增加了公司偿债压力，同时提高了财务杠杆。总体上，公司债务指标始终处在健康可控水平，闲置资金用于回购一定程度提高了资金使用效率，提高了原本相对降低的财务杠杆率，资本结构较为改善。

（3）创新能力。公司研发费用持续增长，研发费用占比先降后升，说明公司的创新能力基本未受股份回购影响，但研发比例较行业龙头公司仍有较大上涨空间。

第四节　本　章　小　结

一、结论

小米集团通过 2019 年以来的数次股份回购操作，使得其股价在中长期得到维护，公司市值管理的目标总体上得以实现。回购后虽然多项财务比率有所波动，但主要财务指标正常可控，这说明公司具备较强的财务调控能力，能在回购计划和财务健康中寻找平衡。

（一）股份回购市场效应短期利好、中期变弱、长期转好

1. 短期市场效应波动较大，但总体利好的原因分析

根据本研究对公司 2019 年三次回购公告窗口日（-5，15）天的短期市场效应研究，市场对回购公告的短期反应有所差别，并由消息传递、实际回购等因素影响。虽然第二次公告的超额收益率表现欠佳，但其他两次公告后公司股价表现优于市场。总体上市场会对回购公告作出正向的反馈，回购公告对短期股价提振有一定的积极作用。

总体而言投资者多对股份回购看成是利好，虽短期内公司股价波动较大，但是大体均有一定护盘效应。需要注意的是，护盘效应的强弱有明显区别。公司可以通过对公告后回购、回购后注销的操作与后续披露，来更持久地稳定市场。

2. 中期市场效应不明显，甚至负效应的原因分析

根据本书对公司 2019 年首次公告后 30 个月的中长期市场效应研究，公告后至 12 个月期间内，CAR 和 BHAR 表现均为负值，其中 6 个月的收益数值均超过 -20%。股份回购的中期市场效应不明显，这由多种因素导致的：

（1）投资者对回购后怎么处理、何时处理的质疑。在回购制度不完善的早期经常出现"公告后不回购、回购后不注销"的不规范现象。显然投资者

对这种回购行为是不认可的，随着制度的修订和跟进，类似情况已经较少出现了。但是投资者依然会习惯性地对上市公司股份回购公告抱迟疑态度。这是历史制度缺陷带来的信息传递损失。

而今，小米的股票都按规定注销处理。但由于当期公司还会因为行使购股权、信托发行、增发配售等活动增加股本，综合下来导致总股本并未下降。尤其是两期之间如果仅回购而未及时注销，会有一部分投资者认为这种模式缺乏诚意，从而造成市场的中期反应不佳。

（2）市场定位不清晰，商业模式不认可。虽然小米在业务上努力向互联网公司靠拢，大力推行"智能手机 + AIoT"战略，但市场对公司的评价往往是硬件生产商。这样一来小米就很难获得互联网公司的高市盈率和高估值。

这是小米一贯以来的低廉售价和品牌战略给市场造成的刻板印象。公司在近年也在极力开发高端市场并取得了部分成效。小米集团通过业务的改善提高市场定位，并受资本市场的认可，仍然需要假以时日。

（3）资本市场因素。近年来可谓冲击不断，中美贸易争端、智能手机瓶颈期、互联网寒冬，个人和机构投资者均转向风险厌恶。小米虽然业务互补战略使得公司具备一定的韧性，但整个市场的不景气使小米很难独善其身。公司的股价也在 21 年初达到 35.9 港元高点后，于年底回落至发行价附近。

3. 长期市场效应转好的原因分析

根据本书对公司 2019 年首次公告后 30 个月的中长期市场效应研究，公告后 12 ~ 30 个月，CAR 和 BHAR 同时从中期的负值转为正值，并在公告的 2 年后达到最高的 105% 和 121.6%。这说明股份回购在长期呈现较好的市场效应，究其原因如下：

（1）小米回购的合规性和持续性。不同于前些年的"忽悠式"回购、回购后不注销等这些"略欠诚意"的操作，小米的回购公开且彻底，如前文所述持续期也较长。长久以来，投资者能从中看到管理层长期看好公司前景的信息。

（2）管理层对市值管理的持续重视。小米从小做到大，长期消费者也逐渐成为黏性群体；市值管理成为港股上市公司治理的首要目标。投资者很难相信在公司业务成功的同时，管理层会放任股价持续破发。

（3）投资者对公司业务的发展有目共睹。公司业绩增长领先行业，由于股价体现公司的价值，最终体现在股价上就是超越市场的收益率。大力发展AIoT和5G，开辟电动汽车业务，小米用多元而成熟的商业模式，在业务上逐渐证明自己不仅仅是制造公司，而是向高估值的互联网公司靠拢。

（二）股份回购产生的财务效应

股份回购会对公司产生多重财务影响，本书通过对小米回购前后的财务指标的分析，总结股份回购带来的财务效应如下：

在盈利能力方面，公司的净资产收益率和每股收益并未因回购注销股份而上升，这是伴随的股权激励增发活动导致的。在偿债能力和资本结构方面，各项债务指标的变化与回购力度呈现同步变化趋势，回购确实导致了债务比率的上升，但债务水平处在健康水平；同时，回购降低了闲置资金，提高了原本相对较低的财务杠杆率，资本结构较为改善。在成长能力方面，回购后成长能力略有降低，但是增长势头依然较强。最后，回购对公司的创新能力几乎没有影响，公司的研发费用继续保持增长，但还有上涨空间。

财务指标的变化是由多种因素导致的，从本书的分析中，在小米集团大规模的股份回购中，公司具备较强的财务调控能力。总体而言，回购过程中公司的主要财务指标正常可控，这说明公司能合理使用资金，在回购计划和财务健康中寻找平衡。

二、启示

（一）对上市公司的启示

1. 合理评估回购动机和可能

上市公司应当评估自身的回购动因和财务状况，在财务允许和条件充分的情况下制定回购预案。出于市值管理目的的回购，需要充分进行估值、融资和预判市场情绪等的考量后再开展。

2. 对回购的效应有充分的认识

多数情况股份回购会产生有利有弊的影响。回购后的市场反应变幻莫测，财务后果意义重大。不能只看到回购的护盘效应，还应对债务比率提高、资金流减少等不利影响有充分准备，提高应对能力。同样不能因为回购的市场效应就舍本逐末，提高业务能力才能从根本上提升公司价值。

3. 制定科学、完备和透明的回购方案

按照当地的回购相关法律，公司应当制定合理的方案。回购公告做好信息的合规与充分披露，回购时做好资金拨付和股份转移，回购后按拟定用途及时处理。公司健全的回购方案不仅能帮助公司一步步实现既定目标，还能合理引导市场情绪，有利于维护公司信誉和形象（这样对上市公司后续的股份回购也有好处）。

（二）对政策制定者的启示

通过前文对主要国家股份回购现状和法律法规的比较与分析，可以看出健全的法律法规对公司的回购意愿和市场走势同等重要。

1. 优化健全股份回购相关的法律体系

继续完善股份回购相关的政策，在更大程度上给予上市公司回购已发行股份的权利，并对上市公司回购涉及的对象、时点、用途等细节进一步明确化，引导上市公司股份回购的科学、合规化。这样有助于营造良好的营商环境，减少公司股份回购实施的成本。

2. 加强对信息披露和交易行为的监管和审查

通过对上市公司股份回购信息披露的监管和审查，规范上市公司股份回购行为。减少发生滥用回购政策、内幕交易、擅自变更回购股份用途等不利于资本市场和投资者利益的行为。信息披露制度的完善有助于提高信息传递的效果，增强市场有效性。

（三）对投资者的启示

投资者应当提高自身财务和回购相关知识，对股份回购有辩证全面的认识。在投资前对公司财务状况、回购动机、回购潜在影响作出合理判断，避免因上市公司回购就盲目看好跟风买入，这样才能保护自身的利益。

| 第八章 |

研究结论、局限和未来研究方向

第一节 研 究 结 论

本书在 2018 年《公司法》以及相关法规对上市公司股份回购做出新规定的背景下，在国内外股份回购相关理论和实证研究的基础上，选取我国股票市场 2018 年以来实施公开市场回购的上市公司为样本，对上市公司实施公开市场回购后所产生的市场效应和经营效应进行研究。

首先，本书研究了上市公司发布公开市场回购公告后的短期市场效应，并从一个新的角度——企业生命周期，探讨公司所处生命周期对回购公告效应所可能产生的影响，并加入回购操作方面的特征因素，对回购公告短期市场效应的影响因素进行深入分析。其次，本书研究了上市公司实施公开市场回购后的长期市场效应，本书选取了两种计算方法和两种度量标准作为衡量长期市场效应的方法，计算发布回购公告后 1～3 年的长期市场效应，并探讨公开市场回购长期市场效应的影响因素。再次，本书研究了公开市场回购的经营效应，通过与匹配公司在回购前后的对比，验证公司在实施回购后能否在长期内提升经营业绩，提高市场价值，回购后对其自由现金流、资本支出以及研发支出有无影响。然后，本书研究了"零回购"的动机和市场效应，本书先分析公司发布回购公告但最终又放弃回购背后可能的原因，并对其发布回购公告后的短期和长期市场效应进行度量。最后，本书以小米集团为案例，分析其 2019 年以来多次实施公开市场回购的动因，从市场效应和财务效应两方面，剖析其回购后的效果，分析其效果背后可能的原因。

通过以上的研究，本书得到以下重要结论。

（1）上市公司发布公开市场回购公告，可以在短期内取得正向的超额收益。具体来说：

第一，上市公司所处的不同企业生命周期是影响回购公告短期市场效应的重要因素。成长期企业股份回购的公告效应显著低于成熟期和衰退期企业，而成熟期和衰退期企业之间的公告效应没有差异。说明市场认为成长期企业在可能存在融资约束的情况下，股份回购不能对其未来经营业绩带来正向影响，故其公告效应偏低。

第二，除了生命周期因素外，回购目的和拟回购比例也是影响回购公告短期效应的重要影响因素。回购目的中包含股权激励的样本，其公告效应越高，拟回购比例越高，其公告效应越高。

第三，在不同的企业生命周期阶段，影响回购公告效应的因素不尽相同。主要结论是：对于成长期企业，公告效应与回购目的无关；对于成熟期企业，公告效应与拟回购比例无关；而对于衰退期企业，回购目的和拟回购比例均对公告效应有更大的影响作用。

（2）上市公司实施公开市场回购，在长期内也可以取得正向显著的超额收益。具体而言：

第一，以市场指数为基准，发布回购公告后 1～3 年的 BHAR 分别为19%、22.89% 和 53.95%，CAR 分别为 8.76%、12.34% 和 33.18%；若以在市值账面比、公司规模和动量因素为标准的匹配公司相比，回购公告后 1～3 年的 BHAR 分别为 7.95%、14.84% 和 18.73%，CAR 分别为 7.2%、4.72% 和 13.56%。

第二，公开市场股份回购公告的长期市场效应符合信息不对称和信号传递理论。上市公司通过发布公开市场股份回购公告的方式，能够更好地降低小公司的信息不对称程度；此外，分析师发布的研究报告也能够缓解信息不对称程度，由此产生超额收益。

第三，本书对公开市场回购长期市场效应的研究不支持价格低估假说，实证结果没有显示出回购公告前股价低估程度高的公司在回购后的长期内能获得更高的超额收益。

第四，本书对公开市场回购长期市场效应的研究未发现回购目的对长期市场效应有影响，以股权激励为目的的公司与未包含股权激励目的的公司相比，在长期内没有获得更高的超额收益。

（3）上市公司实施公开市场回购，与其匹配公司相比，在长期内对其经营绩效并未产生正向效果。具体来说：

第一，在经营业绩方面，回购公司在回购公告后，无论是和自己回购前相比，还是和匹配公司相比，经营业绩均没有得到提升，盈余信号假说没有得到验证，但股份回购对回购目的包含股权激励的公司业绩有提升作用，作用仅限于 1 年。

第二，在市场价值方面，在回购当年，回购公司的市场价值均显著低于匹配公司，在回购后，回购公司的市场价值显著提升，符合价值低估假说，但与匹配公司相比，提升幅度没有显著差异，且市场价值仍然偏低，说明 2019～2020 年，在股市整体转好的背景下，回购公司的市场价值提升没有强于未回购的匹配公司，以提升公司价值为目的的公开市场回购，效果并不理想。

第三，在现金流和投资研发支出方面，在回购前，回购公司的自由现金流、杠杆率、资本支出和研发支出，与未回购匹配公司相比，均没有显著差异；回购后，回购公司的自由现金流、资本支出和研发支出没有显著变化，杠杆率显著提高。由此可以证明，基于回购公司长期内的表现，自由现金流假说在我国不成立。在我国，在回购新规发布后，公开市场回购的目的不是为了发放多余的自由现金流，另外，回购对于公司的资本支出和研发支出没有影响。

（4）本书筛选出 2018～2020 年的"零回购"公司样本，通过对公司所发布的回购公告与终止回购公告的研究发现，部分公司所公告的终止回购的理由不能成立，存在利用公开市场回购公告来误导投资者的可能，而背后的潜在动机包括帮助大股东减持和缓解股权质押风险。本书使用两种基准计算"零回购"公司在发布回购公告后的短期和长期市场效应，发现与正常回购的市场反应不同，"零回购"公司在整体上均没有获得显著为正的短期和长期市场效应，虽然个别"零回购"公司取得了正向的市场效应，但存在控股股东股权质押风险的公司，其短期和长期市场效应显著为负，说明市场投资者有一定的判断能力，"零回购"公司只发布回购公告而不实施实际回购，想以此抬高股价而实现隐藏动机的效果并不理想。

（5）小米集团通过 2019 年以来的数次公开市场回购，使其股价得到维护，市值管理的目的总体上得以实现，回购后虽然多项财务比率有所波动，但重要财务指标正常可控，说明公司具备较强的财务调控能力，能在回购计划和财务健康中寻找平衡。具体来说：第一，小米集团回购公告的短期市场效应较好；12 个月的中期市场效应不佳，甚至为负；长期市场效应较好，公告后两年的 CAR 和 BHAR 分别为 105% 和 122%。第二，在财务效应方面，股份回购并未使 ROE 和每股收益等盈利能力指标上升，负债水平有所上升，但仍处于健康水平，回购提高了原本相对较低的杠杆率，使得资本结构得到改善，成长能力略有降低，但对公司的创新能力几乎没有影响。

第二节　启　　示

基于以上的研究结论，本书提出以下对各个方面的建议。

一、对监管层

首先，监管层应积极引导上市公司利用股份回购，提升公司经营业绩，进一步完善公司的治理结构。目前，大多数公司所披露的回购目的是维护公司市场价值和股东利益，特别是在市场较低迷的 2018 年，上市公司进行股份回购的主要目的是向市场传达股价被低估的信号。但根据本书的实证结果，若公司宣告所回购的股份未来将用于股权激励时，能产生更高的短期市场效应，并且其经营业绩也有所提高。因此，监管层可积极引导上市公司将回购股份用于股权激励，借助这一资本市场工具，降低代理成本，提高公司经营业绩。

其次，继续完善有关股份回购的监管法规。例如，在 2022 年 10 月公布的《上市公司股份回购规则（征求意见稿）》中，将上市公司为维护公司价值及股东权益所必需的回购触发条件之一，由"连续 20 个交易日内公司股票收盘价格跌幅累计达到30%"调整为"连续 20 个交易日内公司股票收盘价格跌幅累计达到25%"。但笔者认为，该条件仍然较为严苛，仍然会导致部分公司回购目的虽然为"维护公司价值及股东权益"，但股价下跌程度没有达到上述条件，只好含糊其词。笔者认为，应该取消这一下跌幅度的规定，只要公司认为当前股票市场价格低于其内在价值，就可以通过股份回购达到"维护公司价值及股东权益"的目标。

最后，监管层应加强监管，切实保护中小股东利益。在上市公司披露股份回购方案时提醒公司注意明确披露在回购期间是否存在减持计划，是否存在大规模股份质押情况；在回购期间，需加强跟踪，进一步落实流程合规性监督，对于确实存在利用股份回购炒作股价、回购期间大规模减持从而损害中小股东利益的行为，应从严监管，严格追查，采取必要的监管措施和处罚。

二、对上市公司管理者

首先，对于股份回购不要盲目决策。上市公司的管理者应看到，公司通过股份回购，虽然可以向市场传送信号，从而达到提高股价的目的，但也可能导致公司可用资金减少、债务比率提高等融资约束的情况，因此，在制定决策时不能盲目，要结合公司自身和资本市场的情况理性决策，特别是对于处于生命周期阶段为成长期的公司，更要谨慎。从本书的实证结果看，处于成长期的公司，其回购公告的短期市场效应低于其他生命周期的公司，同时，处于成长期的公司，由于其业务增长速度迅猛，更容易面临融资约束问题，如果盲目进行股份回购，反而会加剧融资约束情况，不利于公司的长远发展。

其次，想要提升公司价值，上市公司应抓住根本，着力提升公司经营业绩。从本书的实证结果看，虽然大多数宣告回购的公司，在短期和长期都实现了股价的上升，但与同行业规模和市值账面比相近的未回购公司相比，在长期内，以市值账面比和托宾 Q 值衡量的公司市值并未提升，经营业绩也未改善。因此，可以看到，上市公司不能依赖于仅仅通过股份回购提升公司市值，而是要从提高产品质量和服务水平，提高生产和运营效率，提升核心竞争力和创新能力等方面入手。

再次，对于所回购的股份，可优先考虑用于股权激励。委托代理理论认为，股权激励措施可以降低代理成本，使公司管理者与股东的利益一致，产生激励相容的效果。如前所述，本书的实证结果也证明，当公司宣告所回购股份用于股权激励时，能产生更高的短期市场效应，并有助于提高经营业绩。因此，本书建议公司可将回购股份积极用于股权激励，建立健全公司长效激励约束机制，吸引和留住优秀人才，充分调动公司核心团队的工作积极性，增强公司的核心竞争力，提升公司的整体价值。

最后，上市公司在宣告股份回购时，要做好信息披露工作。根据目前的法律规定，对股份回购的信息披露内容已经做了详细规定，在2022年证监会新出台的《上市公司股份回购规则》中，要求所披露的回购方案应当包括以下内容：①回购股份的目的、方式、价格区间；②拟回购股份的种类、用途、数量及占公司总股本的比例；③拟用于回购的资金总额及资金来源；④回购股份的实施期限；⑤预计回购后公司股权结构的变动情况；⑥管理层对本次回购股份对公司经营、财务及未来发展影响的分析；⑦上市公司董事、监事、高级管理人员在董事会作出回购股份决议前6个月是否存在买卖上市公司股票的行为，是否存在单独或者与他人联合进行内幕交易及市场操纵的说明。特别是最后一点是在原有要求基础上新增的，可以说要求已经相当地详细完备。但笔者发现，在实际操作中，一些公司在回购细节的披露中表述不够清晰，比如回购目的模棱两可，回购对公司经营、财务及未来发展影响的分析比较简单含糊，不够客观，这都会影响投资者对回购所产生效应的预期，从而影响回购最终的效果。因此，上市公司应在法规要求的基础上尽可能详细披露，包括目前本公司控股股东的股份质押情况，大股东在回购前有无增持情况，未来有无减持计划等，有助于投资者形成合理预期。

三、对投资者

首先，投资者要擦亮眼睛，分辨股份回购的真实目的，避免自身利益受到损害。由本书的实证结果可知，对于发布回购公告而最终"零回购"的公司，特别是存在控股股东股权质押风险的公司，其股价在短期和长期内均不能获得超常回报。而一些公司的"忽悠式"回购的真实目的是向某些集团进行利益输送，因而会损害广大中小股东的利益。因此，在公司宣告股份回购的初期，投资者应关注其财务报表和公告信息，重点关注其债务水平、资金充裕情况、股权质押情况、大股东增持股份情况等，避免"忽悠式"回购损害中小股东利益。

其次，对于正常进行股份回购的公司，投资者可合理运用买入持有策略，获得长期收益。本书的实证结果表明，对于买入并持有实际进行股份回购的公司股票的投资者，在长期内可以获得显著为正的超额收益，特别是 1 年内的超额收益更为显著。因此，对于此类股票，投资者可减少频繁换手，做长期投资，特别可以关注分析师关注度高、声誉好的公司，一方面可以降低风险，另一方面，实证结果也证明，其长期内可以获得更高的超额收益。

最后，对于上市公司发布回购公告，投资者也不要盲目乐观。通过本书的实证结果可以看到，公司发布回购公告后，短期内股价是普遍上升，但在中长期内，虽然多数公司的股价也呈现上升状态，但与匹配公司相比，其经营绩效和相对市场价值（以市值账面比和托宾 Q 值衡量）并没有显著提升，而上市公司市场价值的提升归根结底取决于公司自身经营绩效的提升。小米集团回购后股价在长期内得以提升，还是归功于其发展战略转型的成果，业绩增长在全行业内保持领先。因此，面对回购公告，投资者应冷静客观分析股份回购对公司经营、研发、资金等方面的影响，重点关注公司未来长期内经营业绩是否有上升潜力，而不要认为只要公司实施了股份回购就可以高枕无忧。

第三节　研究局限与未来研究方向

在《公司法》修正后，公开市场回购对上市公司产生的效应如何，一直是理论界和实务界共同关注的话题。限于本书作者的时间、能力与精力，本书的主要研究局限有以下几点，也是今后该领域研究进一步拓展的方向。

首先，对公开市场回购的短期和长期市场效应影响因素的探讨可能不足。借鉴已有的研究文献，本书主要从公司自身因素和回购操作两个方面探讨影响股份回购市场效应的影响因素。在短期市场效应方面，主要考虑了公司所处的生命周期阶段、市值账面比、公司规模、杠杆率、ROE、第一大股东持股比例、拟回购比例、回购目的等因素。在长期市场效应方面，本书主要考虑了市值账面比、市盈率、回购前的超额收益、公司规模、分析师关注度、每股收益、回购年份、回购目的以及实际回购比例等因素。但仍有可能存在遗漏的影响因素变量，未来可以从其他角度，比如考虑管理者自身特质、公司融资约束情况、公司控股股东股权质押状况等因素对回购市场效应的影响，进一步丰富相关的研究成果。

　　其次，对于公开市场回购对上市公司产生的效应，本书主要研究了短期和长期市场效应，以及对公司经营的影响，未来可加入股份回购对该公司股票交易行为方面（如交易量、报价深度和股票流动性）的影响，对公司的资本成本、财务困境风险、对外投资等方面有无影响，从而进一步丰富股份回购的研究框架。

附　　录

附录 A　利用 F-F 五因子模型的稳健性检验结果

附表 A – 1　　　　　　　　　三生命周期样本的 CAR 比较

周期	窗口期	均值差	T 值	中位数差	Z 值
成长期 – 成熟期	(-10, 10)	- 0.007	- 0.760	- 0.010	- 0.748
	(-5, 5)	- 0.019	- 2.697 ***	- 0.015	- 2.678 ***
	(-3, 3)	- 0.012	- 2.062 **	- 0.007	- 1.617
	(-2, 2)	- 0.012	- 2.510 **	- 0.012	- 2.552 **
	(-1, 1)	- 0.012	- 2.857 ***	- 0.012	- 3.096 ***
成长期 – 衰退期	(-10, 10)	0.016	1.414	- 0.020	- 1.833 *
	(-5, 5)	0.018	2.060 **	- 0.016	- 2.227 **
	(-3, 3)	0.012	1.553	- 0.006	- 1.431
	(-2, 2)	0.015	2.318 **	- 0.010	- 2.233 **
	(-1, 1)	0.010	1.841 *	- 0.005	- 1.795 *
成熟期 – 衰退期	(-10, 10)	- 0.007	0.009	- 0.010	- 1.129
	(-5, 5)	0.003	- 0.001	- 0.001	- 0.047
	(-3, 3)	0.000	0.001	0.001	- 0.094
	(-2, 2)	0.004	0.003	0.002	- 0.090
	(-1, 1)	0.001	- 0.001	0.007	- 0.692

注：*** 、** 、* 分别表示 1% 、5% 和 10% 的显著性水平。

由附录表 A - 1 第一行可知，成长期与成熟期样本的短期 CAR 在多个窗口期存在显著性差异。由附录表 A - 1 第二行可知，成长期与衰退期样本的短期 CAR 在多个窗口期存在显著性差异。由附录表 A - 1 第三行可知，成熟期与衰退期样本，二者利用 CAR 刻画的短期市场效应在各个窗口期均无显著性差异。

附表 A - 2　　　　不同时期样本股权激励和非股权激励 CAR 比较

周期	窗口期	均值差	T 值	中位数差	Z 值
成长期样本	(-10, 10)	0.014	0.906	0.027	0.762
	(-5, 5)	0.008	0.674	0.007	0.288
	(-3, 3)	-0.001	-0.095	-0.006	-0.219
	(-2, 2)	-0.002	-0.251	-0.011	-0.333
	(-1, 1)	0.000	0.053	-0.008	-0.091
成熟期样本	(-10, 10)	0.040	2.859 ***	0.020	2.394 **
	(-5, 5)	0.023	2.157 **	0.028	2.415 **
	(-3, 3)	0.010	1.226	0.013	1.709 *
	(-2, 2)	0.008	1.088	0.011	1.649 *
	(-1, 1)	0.005	0.700	0.010	1.483
衰退期样本	(-10, 10)	0.029	1.446	0.015	0.975
	(-5, 5)	0.031	2.108 **	0.011	1.810 *
	(-3, 3)	0.024	1.731 *	0.012	1.460
	(-2, 2)	0.022	1.895 *	0.015	1.798 *
	(-1, 1)	0.018	1.734 *	0.011	1.412

注：*** 、** 、* 分别表示1%、5%和10%的显著性水平。

由附录表 A - 2 第一行可知，成长期样本内股权激励样本和非股权激励样本的短期 CAR 在各个窗口期均不存在显著性差异。由附录表 A - 2 第二行可知，成熟期样本内股权激励样本和非股权激励样本的短期 CAR 在部分窗口期存在显著性差异。由附录表 A - 2 第三行可知，衰退期样本内股权激励样本和非股权激励样本的短期 CAR 在部分窗口期存在显著性差异。

附录 B　基准回归模型相关系数分析

附表 B - 1　　　　　1 年 CAR（市场指数基准）相关系数

变量	CAR	PB	size	Report	acratio	EPS
CAR	1.000					
PB	0.136 **	1.000				
size	− 0.108 *	0.091 *	1.000			
Report	0.107 *	0.271 ***	0.513 ***	1.000		
acratio	− 0.119 **	− 0.255 ***	− 0.111 **	− 0.178 ***	1.000	
EPS	0.020	0.161 ***	0.097 *	0.244 ***	− 0.064	1.000

注：*** 、** 、* 分别表示 1%、5% 和 10% 的显著性水平。

附表 B - 2　　　　　1 年 BHAR（配对组合基准）相关系数

变量	BHAR	PB	size	Report	acratio	EPS
BHAR	1.000					
PB	− 0.052	1.000				
size	− 0.100 *	0.095 *	1.000			
Report	0.026	0.278 ***	0.511 ***	1.000		
acratio	− 0.014	− 0.264 ***	− 0.116 **	− 0.180 ***	1.000	
EPS	− 0.055	0.160 ***	0.099 *	0.248 ***	− 0.069	1.000

注：*** 、** 、* 分别表示 1%、5% 和 10% 的显著性水平。

附表 B - 3　　　　　1 年 CAR（配对组合基准）相关系数

变量	CAR	PB	size	Report	acratio	EPS
CAR	1.000					
PB	− 0.026	1.000				
size	− 0.112 *	0.095 *	1.000			
Report	0.036	0.278 ***	0.511 ***	1.000		
acratio	− 0.032	− 0.264 ***	− 0.116 **	− 0.180 ***	1.000	
EPS	− 0.038	0.160 ***	0.099 *	0.248 ***	− 0.069	1.000

注：*** 、** 、* 分别表示 1%、5% 和 10% 的显著性水平。

附录 C　其他回归模型相关系数分析及分组检验结果

附表 C-1　　　　　1 年 BHAR（市场指数基准）相关系数

变量	BHAR	PE	size	Report	acratio	EPS
BHAR	1.000					
PE	-0.032	1.000				
size	-0.073	-0.156***	1.000			
Report	0.140**	-0.184***	0.516***	1.000		
acratio	-0.104*	-0.023	-0.128**	-0.191***	1.000	
EPS	0.038	-0.164***	0.090	0.218***	-0.060	1.000

注：***、**、*分别表示1%、5%和10%的显著性水平。

附表 C-2　　　　　1 年 CAR（市场指数基准）相关系数

变量	CAR	PE	size	Report	acratio	EPS
CAR	1.000					
PE	-0.006	1.000				
size	-0.093	-0.156***	1.000			
Report	0.128**	-0.184***	0.516***	1.000		
acratio	-0.102*	-0.023	-0.128**	-0.191***	1.000	
EPS	0.027	-0.164***	0.090	0.218***	-0.060	1.000

注：***、**、*分别表示1%、5%和10%的显著性水平。

附表 C-3　　　　　1 年 BHAR（配对组合基准）相关系数

变量	BHAR	PE	size	Report	acratio	EPS
BHAR	1.000					
PE	-0.053	1.000				
size	-0.093	-0.156***	1.000			

变量	BHAR	PE	size	Report	acratio	EPS
Report	0.050	− 0.184 ***	0.514 ***	1.000		
acratio	0.023	− 0.027	− 0.133 **	− 0.195 ***	1.000	
EPS	− 0.043	− 0.165 ***	0.092	0.222 ***	− 0.068	1.000

注：***、**、* 分别表示 1%、5% 和 10% 的显著性水平。

附表 C - 4　　　　组合 1 年 CAR（配对组合基准）相关系数

变量	CAR	PE	size	Report	acratio	EPS
CAR	1.000					
PE	− 0.045	1.000				
size	− 0.114 *	− 0.156 ***	1.000			
Report	0.064	− 0.184 ***	0.514 ***	1.000		
acratio	0.006	− 0.027	− 0.133 **	− 0.195 ***	1.000	
EPS	− 0.018	− 0.165 ***	0.092	0.222 ***	− 0.068	1.000

注：***、**、* 分别表示 1%、5% 和 10% 的显著性水平。

附表 C - 5　　　　1 年 BHAR（市场指数基准）相关系数

变量	BHAR	CARa	size	Report	acratio	EPS
BHAR	1.000					
CARa	0.073	1.000				
size	− 0.087	− 0.002	1.000			
Report	0.124 **	− 0.037	0.506 ***	1.000		
acratio	− 0.117 **	0.005	− 0.104 *	− 0.173 ***	1.000	
EPS	0.022	− 0.039	0.092 *	0.242 ***	− 0.061	1.000

注：***、**、* 分别表示 1%、5% 和 10% 的显著性水平。

附表 C - 6　　　　　1 年 CAR（市场指数基准）相关系数

变量	CAR	CARa	size	Report	acratio	EPS
CAR	1.000					
CARa	0.050	1.000				
size	-0.107*	-0.002	1.000			
Report	0.109*	-0.037	0.506***	1.000		
acratio	-0.119**	0.005	-0.104*	-0.173***	1.000	
EPS	0.020	-0.039	0.092*	0.242***	-0.061	1.000

注：***、**、*分别表示1%、5%和10%的显著性水平。

附表 C - 7　　　　　1 年 BHAR（配对组合基准）相关系数

变量	BHAR	CARa	size	Report	acratio	EPS
BHAR	1.000					
CARa	0.074	1.000				
size	-0.103*	0.000	1.000			
Report	0.025	-0.041	0.504***	1.000		
acratio	-0.013	0.014	-0.109*	-0.176***	1.000	
EPS	-0.057	-0.038	0.094*	0.246***	-0.067	1.000

注：***、**、*分别表示1%、5%和10%的显著性水平。

附表 C - 8　　　　　1 年 CAR（配对组合基准）相关系数

变量	CAR	CARa	size	Report	acratio	EPS
CAR	1.000					
CARa	0.036	1.000				
size	-0.117**	0.000	1.000			
Report	0.034	-0.041	0.504***	1.000		
acratio	-0.031	0.014	-0.109*	-0.176***	1.000	
EPS	-0.040	-0.038	0.094*	0.246***	-0.067	1.000

注：***、**、*分别表示1%、5%和10%的显著性水平。

附表 C－9　　　　回购公告时间分组检验（配对组合基准）

项目	N	BHAR 均值		CAR 均值	
		（1，12）	（1，24）	（1，12）	（1，24）
2018 样本（1）	163	0.0932 (3.19)***	0.2625 (2.47)**	0.0725 (3.69)***	0.0928 (2.17)**
2019 样本（2）	205	0.0687 (1.59)	0.0576 (0.54)	0.0717 (2.30)**	0.0109 (0.23)
（1）-（2）	—	0.0245 (0.45)	0.2049 (1.35)	0.0009 (0.02)	0.0820 (1.25)

注：括号内为双侧 t 检验的 t 值，***、**、* 分别表示 1%、5% 和 10% 的显著性水平。

参考文献

曹裕，陈晓红，王傅强. 我国上市公司生命周期划分方法实证比较研究 [J]. 系统管理学报，2010（19）：313 – 322.

陈东鸿. 上市公司股份回购的经济效应分析 [J]. 金融经济，2020（5）：37 – 45.

陈胜军，吕思莹，白鸽. A 股上市公司股权激励方案实施效果影响因素研究 [J]. 中央财经大学学报，2016（12）：121 – 128.

戴伟娟，陈碧琪. 基于商业模式小米集团财务报表分析 [J]. 新会计，2021（2）：32 – 38.

董莹. 股份回购、信号传递和股价崩盘风险 [D]. 杭州：浙江大学，2021.

董竹，马鹏飞. 我国公开市场股票回购的信号作用研究 [J]. 数量经济研究，2017，8（2）：16.

冯俊秀. 上市公司股份回购的动机及财务效应研究 [J]. 财会通讯，2021（16）：120 – 123.

高榴. 我国上市公司股份回购新政：经验借鉴、实施现状与完善思考 [J]. 西南金融，2021（3）：12.

龚家丽. 小米集团多元化经营动因及绩效研究 [D]. 南昌：江西财经大学，2020.

顾小龙，辛宇. 中国式股份回购：制度变迁、结构特征与类型辨析 [J]. 中山大学学报（社会科学版），2022，62（1）：195 – 206.

韩永斌. 公开市场股票回购研究综述 [J]. 外国经济与管理，2005（11）：51 – 60.

何瑛，黄洁，李娇．中国上市公司股份回购的经济后果研究：来自 A 股市场 2005 - 2013 年的经验数据 [J]．经济管理，2014（10）：11．

何瑛，李娇，黄洁．上市公司股份回购的内在特质、经济后果与管理反应 [J]．经济与管理研究，2014（11）：55 - 62．

贺恩远．库存股制度下股票回购市场效应的实证研究 [J]．中国注册会计师，2020（2）：32 - 38．

贺坤丽．高派现上市公司的股票回购行为分析 [J]．财会通讯，2019（20）：55 - 58．

黄虹，李焱．新兴市场股票回购公告的价值效应研究 [J]．财经问题研究，2014（2）：52 - 59．

黄荣彬．伪股份回购下的减持：基于蓝盾股份回购案例研究 [J]．中国商论，2020（18）：82 - 83，86．

黄苑，谢权斌，胡新．股票市场涨跌停影响因素及定价效应 [J]．财经科学，2018（10）：12．

箕轮德二，三浦后美．会社法と会社财务・会计で新展开 [M]．泉文堂，2008．

姜近勇，潘冠中．金融计量学 [M]．北京：中国财政经济出版社，2011．

荆博诚．分析师关注度与股票收益：基于上证 A 股市场 [J]．中国商论，2021（17）：93 - 95．

兰春华．我国上市公司股票回购公告的市场反应研究 [J]．会计之友，2013（34）：91 - 95．

雷光勇，王文，金鑫．公司治理质量、投资者信心与股票收益 [J]．会计研究，2012（2）：79 - 86，97．

李斌，戴夫，卢蒋运．运用 API 法分析上市公司股票回购公告的市场效应 [J]．财会月刊，2010（27）：28 - 30．

李斌，孙月静．企业成长阶段性对于我国上市公司股权结构与公司绩效的影响分析 [J]．财贸经济，2007（6）：39 - 44，128 - 129．

李军．金融危机后 A 股市场股份回购动因分析：基于天音控股、海马汽车、健康元的实例分析 [J]．财会通讯，2012（27）：117 - 119．

李丽萍，管丽．严防"忽悠式"股份回购的探析 [J]．商业会计，2020（19）：92 - 94．

李利华，熊彧竹 . 公开市场股份回购现状及其对公司治理的影响 ［J］. 银行家，2021（11）：94-96.

李曜，何帅 . 上市公司公开市场股份回购宣告动因的真与假：基于公司财务与市场识别的研究 ［J］. 经济管理，2010，32（5）：95-104.

李曜，赵凌 . 股份回购宣告前后的上市公司盈余管理行为研究 ［J］. 上海财经大学学报，2013，15（1）：82-90.

李银香，骆翔 . 从制度演进视角看股份回购动机及经济后果 ［J］. 财会月刊，2020（22）：39-43.

李园，聂艳明 . 上市公司应如何稳定股价：基于股票回购制度改革的研究 ［J］. 新经济，2022（1）：63-67.

梁丽珍 . 上市公司股票回购的公告效应及动因分析 ［J］. 经济与管理研究，2006（12）：63-69.

林敏，干胜道 . 流通股回购：股价的事项性反应与绩效研究 ［J］. 证券市场报，2006（9）：30-35.

林英 . 对上市公司股份回购的思考 ［D］. 成都：西南财经大学，2006.

刘东霖，张俊瑞，祁睿华，李彬 . 股票回购市场反应的影响因素探析：来自中国 A 股市场的经验证据 ［J］. 西安交通大学学报（社会科学版），2009，29（5）：23-27.

刘国卿，苏强 . 我国上市公司股份回购问题研究 ［J］. 决策与信息（财经观察），2008（7）：40-41.

刘辉 . 我国上市公司股份回购法律规制研究 ［M］. 北京：法律出版社，2020.

刘力，唐国正 . 公司财务（第二版）［M］. 北京：北京大学出版社，2014.

刘文学 . 公司法修正：完善股份回购制度 ［J］. 中国人大，2018（21）：42-43.

刘洋翔宇 . 我国股份回购公告的市场效应及其影响因素探析 ［D］. 苏州：苏州大学，2017.

刘增学 . 上市公司股份回购问题研究 ［J］. 浙江金融，2010（9）：44-45，43.

刘钊，赵耀 . 上市公司股份回购的动因分析及政策建议 ［J］. 证券市场导报，2005（12）：40-47.

吕兆德，杜炳昕 . 公开市场股票回购：信息传递还是机会主义 ［J］. 财会月刊，2016（15）：24-29.

马明，贺国光，熊熊. 上市公司股份回购动机研究：来自中国的证据［J］.
现代管理科学，2009（4）：23-25.

马明，运怀立. 我国上市公司股份回购市场效应的统计分析［J］. 现代财经-
天津财经大学学报，2009，29（4）：49-52.

马玥琨. 上市公司财务分析：以小米集团为例［J］. 现代商业，2020（13）：
183-184.

南楠. 以上市公司的股份回购视角探究公司价值维护［J］. 现代商贸工业，
2021（24）：95-96.

牛永寿. 我国 A 股上市公司股票回购的市场效应及其影响因素研究［D］. 昆
明：云南财经大学，2020.

潘婉彬，洪国俊，陶利斌. 企业声誉与股票回购公告的价值效应研究：基于
信号传递理论视角［J］. 华南理工大学学报（社会科学版），2021，23
（5）：35-46.

庞大苗. 新公司法下小米集团护盘式股份回购效应分析［D］. 郑州：河南财
经政法大学，2020.

钱润红，雷莹. 小米集团实施双重股权结构的分析［J］. 商业经济，2020
（12）：169-171.

钱燕，万解秋. 券商声誉与 IPO 长期回报关系的实证分析：基于事件时间法
和日历时间法［J］. 武汉金融，2013（4）：22-25.

秦帅，谭劲松，谭燕. 控股股东股权质押：上市公司股份回购动因［J］. 会
计研究，2021（12）：95-106.

沈红波，洪康隆，支露静. 控股股东高质押率下的公司股份回购："伪市值管
理工具"还是"价值信号"［J］. 金融监管研究，2022（4）：58-79.

宋罗越. 小米集团采用不同投票权架构的动因及影响研究［J］. 江苏商论，
2020（11）：99-101.

宋顺林，唐斯圆. 首日价格管制与新股投机：抑制还是助长？［J］. 管理世
界，2019，35（1）：211-224.

谭洪益. 我国上市公司股票回购效应研究：以宝钢股份为例［J］. 广西财经
学院学报，2015，28（2）：62-67.

汪启涛，王丽娟. 我国上市公司股票回购公告效应影响因素研究［J］. 特区

经济，2011（11）：141 – 143.

汪炜，周宇. 中国股市"规模效应"和"时间效应"的实证分析：以上海股票市场为例 [J]. 经济研究，2002（10）：16 – 21，30 – 94.

王丰威，吕梦倩，曾庆芬. 基于我国上市公司股票回购效应的实证研究 [J]. 西南民族大学学报（自然科学版），2014，40（2）：312 – 315.

王峰娟，张文海. 宝钢股份股票回购的动机和影响 [J]. 财务与会计（理财版），2014（1）：40 – 42.

王国俊，郑宇昕，朱晴婧，陈浩. 国内外股份回购研究：文献回顾与研究展望 [J]. 学海，2019（5）：153 – 158.

王化成，王鑫，于艳清. 试论上市公司股份回购问题：云天化、申能公司的股份回购案例浅析 [J]. 财务与会计，2000（8）：25 – 27.

王清刚，徐欣宇. 上市公司股份回购的动机及市场反应研究 [J]. 会计之友，2014（12）：43 – 49.

王尧. 上市公司股份回购的内在特质、经济后果与管理反应 [J]. 经贸实践，2017（21）：91.

王艺颖. 上市公司股份回购效应分析及风险应对 [J]. 财务与会计，2019（20）：82 – 83.

温丽萍. 上市公司股票回购的动因分析及改进建议：以2005 ~ 2015年上交所上市公司为例 [J]. 财会月刊，2017（14）：90 – 94.

吴杰，杨梦欣. 我国股份回购制度改革效应分析 [J]. 中国注册会计师，2019（11）：59 – 62.

吴友兵. 上市公司股票回购对股价走势的中长期效应研究 [D]. 天津：天津商业大学，2012.

吴壮倩. 基于事件研究法的股票回购市场反应研究 [J]. 现代商贸工业，2017（18）：73 – 74.

向秀莉，景辛辛，田晓春. 管理者过度自信对股票回购与企业价值影响的实证分析 [J]. 统计与决策，2018（16）：173 – 176.

邢嘉威. 信息不对称对股票回购宣告效应的影响：基于A股市场公开市场回购事件的实证研究 [J]. 金融发展研究，2020（5）：72 – 77.

徐国栋，迟铭奎. 股份回购与公司价值：理论与实证分析 [J]. 管理科学，2003（4）：60 – 64.

徐莉萍，陈工孟，辛宇．产权改革、控制权转移及其市场反应研究 [J]．审
  计研究，2005 (5)：75 - 79，88.

颜爱民，马箭．股权集中度、股权制衡对企业绩效影响的实证研究：基于企
  业生命周期的视角 [J]．系统管理学报，2013，22 (3)：385 - 393.

杨丹，林茂．我国 IPO 长期市场表现的实证研究：基于超常收益率不同测度
  方法的比较分析 [J]．会计研究，2006 (11)：61 - 68，95 - 96.

杨莉．我国上市公司股份回购问题分析 [J]．改革与开放，2010 (20)：64，
  66.

杨七中，韩建清．股票回购公告的市场反应及影响因素研究 [J]．财会月刊，
  2013 (12)：16 - 19.

杨向英．基于长期市场效应分析的上市公司股份回购行为研究 [D]．西安：
  长安大学，2012.

衣龙新．上市公司股票回购对公司财务状况影响分析 [J]．金融和资本，
  2020 (10)：57 - 59.

袁显平，陈红霞．可转换债券发行的长期股票市场价格绩效研究 [J]．商业
  研究，2010 (12)：146 - 150.

袁显平，柯大钢．长期事件研究方法论：一个综述 [J]．数理统计与管理，
  2007 (5)：809 - 820.

袁筱月．投资者情绪敏感度与公开市场股份回购长期市场效应研究 [D]．北
  京：北京邮电大学，2017.

原红旗．上市公司配股的长期业绩 [C] //新经济环境下的会计与财务问题
  研讨会论文集，2002：47 - 66.

张本照，李国栋．盈余管理，激励约束与股份回购：基于产权异质性视角
  [J]．华东经济管理，2021，35 (7)：11.

张贡生，王干．中外上市公司股份回购比较研究 [J]．甘肃联合大学学报
  (社会科学版)，2007 (5)：23 - 26.

张力派，于文领，陈玲玲．终极股东控股趋势能否提升绩效表现?：基于企业
  成长周期的视角 [J]．南京审计大学学报，2020，17 (4)：50 - 59.

张梦瑜，谢德仁．股份回购新规能更好地保护投资者吗?：基于股份回购预案
  市场反应视角 [J]．管理评论，2022，34 (3)：3 - 18.

张望军，孙即，李博．上市公司股份回购的国际比较与借鉴：基于美股、港

股与 A 股上市公司数据分析 [J]. 清华金融评论, 2020 (12): 75 – 80.

张学勇, 柳依依, 罗丹, 陈锐. 创新能力对上市公司并购业绩的影响 [J]. 金融研究, 2017 (3): 159 – 175.

张莹. 我国上市公司股票回购公告的市场效应研究 [D]. 上海: 上海外国语大学, 2020.

赵晴, 王少劼, 袁天荣. 股份回购影响了企业投资效率吗?: 基于 A 股上市公司的经验证据 [J]. 现代财经 (天津财经大学学报), 2020, 40 (5): 3 – 19.

周晓苏, 陈沉. 从生命周期视角探析应计盈余管理与真实盈余管理的关系 [J]. 管理科学, 2016, 29 (1): 108 – 122.

朱相平, 彭田田. 公司股票回购对经营业绩的影响: 基于沪深 A 股的研究 [J]. 山东行政学院学报, 2019 (1): 91 – 97.

朱盈盈. 上市公司股份回购及其财务效应分析 [J]. 中国商界, 2009 (7): 156 – 157.

Albaity M, Said D S. Impact of Open-Market Share Repurchases on Long-Term Stock Returns: Evidence from the Malaysian Market [J]. SAGE Open, 2016, 6 (4): 1 – 12.

Álvarez S, González V M. Signalling and the Long-Run Performance of Spanish Initial Public Offerings (IPOs) [J]. Journal of Business Finance & Accounting, 2010, 32 (1 – 2): 325 – 350.

Baker H K, Powell G E, Veit E T. Why Companies Use Open-Market Repurchases: A Managerial Perspective [J]. Quarterly Review of Economics and Finance, 2003, 43 (3): 483 – 504.

Barber B M, Lyon J D. Detecting Long-Run Abnormal Stock Returns: The Empirical Power and Specification of Test Statistics [J]. Journal of Financial Economics, 1997, 43 (3): 341 – 372.

Bartov E. Open-Market Stock Repurchases as Signals for Earnings and Risk Changes [J]. Journal of Accounting and Economics, 1991, 14 (3): 275 – 294.

Bhattacharya U, Dittmar A. Costless Versus Costly Signaling: Theory and Evidence [D]. Bloomington: Indiana University, 2004.

Billett M T, Yu M. Asymmetric Information, Financial Reporting, and Open-Market Share Repurchases [J]. Journal of Financial and Quantitative Analysis,

2016, 51 (4): 1165 – 1192.

Brav A, et al. Payout Policy in the 21st Century [J]. Journal of Financial Economics, 2005 (9): 483 – 527.

Castro F H, Yoshinaga C. Underreaction to Open Market Share Repurchases [J]. Revista Contabilidade & Finanças, 2019, 30 (80).

Chan K, Ikenberry D L, Lee I, Wang Y. Share Repurchases As a Potential Tool to Mislead Investors [J]. Journal of Corporate Finance, 2010, 16 (2): 137 – 158.

Chan K, Ikenberry D, Lee I. Economic Sources of Gain in Stock Repurchases [J]. Journal of Financial and Quantitative Analysis, 2004, 39 (3): 461 – 479.

Chang S C, Chen S S, Chen L Y. Does Prior Record Matter in the Wealth Effect of Open-Market Share Repurchase Announcements? [J]. International Review of Economics & Finance, 2010, 19 (3): 427 – 435.

Chen S S, Wang Y. Financial Constraints and Share Repurchases [J]. Journal of Financial Economics, 2012, 105 (2): 311 – 331.

Comment R, Jarrell G. The Relative Signaling Power of Dutch-Auction and Fixed-Price Self-Tender Offers and Open-Market Share Purchases [J]. The Journal of Finance, 1991 (9): 1243 – 1271.

Core J E, Guay W R, Larcker D F. Executive Equity Compensation and Incentives: A Survey [J]. Federal Reserve Bank of New York Economic Policy Review, 2003 (9): 27 – 50.

Dann L Y. Common Stock Repurchases: An Analysis of Returns to Bondholders and Stockholders [J]. Journal of Financial Economics, 1981, 9 (2): 113 – 138.

Dickinson V. Cash Flow Patterns as a Proxy for Firm Life Cycle [J]. Accounting Review, 2011, 86 (6): 1969 – 1994.

Dittmar A K. Why Do Firms Repurchase Stock? [J]. Journal of Business, 2000, 73 (3): 331 – 355.

Drousia A, Episcopos A, Leledakis G N. Market Reaction to Actual Daily Share Repurchases in Greece [J]. The Quarterly Review of Economics and Finance, 2019, 74: 267 – 277.

Elias R H, et al. Insider Trading Effects on Stock Returns Around Open-Market

Stock Repurchase Announcements: An Empirical Study [J]. Journal of Financial Research, 2014, 18 (1).

Fama E F. Efficient Capital Markets: A Review of Theory and Empirical Work [J]. The Journal of Finance, 1970, 25: 383 −417.

Fama E F. Market Efficiency, Long-Term Returns, and Behavioral Finance [J]. Journal of Financial Economics, 1998, 49 (3): 283 −306.

Gong G, Louis H, Sun A X. Earnings Management and Firm Performance Following Open-Market Repurchases [J]. Journal of Finance, 2008, 63 (2): 947 − 986.

Grullon G, Michaely R. The Information Content of Share Repurchase Programs [J]. Journal of Finance, 2004, 59 (2): 651 −680.

Grullon G, Michaely R. Dividends, Share Repurchases, and the Substitution Hypothesis [J]. The Journal of Finance, 2002 (8): 1649 −1684.

Hertzel M, Lemmon M, Linck J S, et al. Long-Run Performance following Private Placements of Equity [J]. Journal of Finance, 2002, 57 (6): 2595 −2617.

Ikenberry D, Lakonishok J, Vermaelen T. Market Underreaction to Open Market Share Repurchases [J]. Journal of Financial Economics, 39 (2 −3): 181 −208.

Ikenberry D, Lakonishok J, Vermaelen T. Stock Repurchases in Canada: Performance and Strategic Trading [M]. Social Science Electronic Publishing, 1999.

Jagannathan M, Stephens C P, Weisbach M S. Financial Flexibility and the Choice between Dividends and Stock Repurchases [J]. Journal of Financial Economics, 2000, 57: 355 − 384.

Jagannathan M, Stephens C P. Motives for Multiple Open-Market Repurchase Programs [J]. Financial Management, 2003, 32: 71 −91.

Jensen M C. Agency Costs of Free Cash Flow, Corporate Finance, and Takeovers [J]. The American Economic Review, 1986, 76 (2): 323 −332.

Kaur K, Singh B. Impact of Share Buy-Back Announcements on Stock Prices: Evidence from India [J]. Advances in Management, 2010, 3 (7): 41 −48.

Lee Y-G, Jung S-C, Thornton J H Jr. Long-Term Stock Performance after Open-Market Repurchases in Korea [J]. Global Finance Journal, 2005, 16 (2): 191 −209.

Li K, McNally W. The Information Content of Canadian Open Market Repurchase Announcements [J]. Managerial Finance, 2007, 33 (1): 65 - 80.

Lian Y, Zhi S, Gu Y. Evaluating the Effects of Equity Incentives Using PSM: Evidence from China [J]. Frontiers of Law in China, 2011, 5 (2): 266 - 290.

Liano K, Huang G C, Manakyan H. Market Reaction to Open Market Stock Repurchases and Industry Affiliation [J]. Quarterly Journal of Business and Economics, 2003, 42 (1/2): 97 - 120.

Lie E. Operating Performance Following Open Market Share Repurchase Announcements [J]. Journal of Accounting & Economics, 2005, 39 (3): 411 - 436.

Lyon J D, Barber B M, Tsai C L. Improved Methods for Tests of Long-Run Abnormal Stock Returns [J]. The Journal of Finance, 1999, 54 (1): 165 - 201.

Michaely R, Thaler R H, Womack K L. Price Reactions to Dividend Initiations and Omissions: Overreaction or Drift? [J]. Journal of Finance, 1995, 50 (2): 573 - 608.

Mietzner M. Why Do Firms Decide to Stop Their Share Repurchase Programs? [J]. Review of Managerial Science, 2017, 11 (4): 815 - 855.

Nixon T D, Roth G, Saporoschenko A. An Analysis of Operating Performance and Firm Characteristics around Open Market Share Repurchases [J]. Journal of Finance & Accountancy, 2010 (3): 1 - 31.

Oded J. Optimal Execution of Open-Market Stock Repurchase Programs [J]. Journal of Financial Markets, 2009, 12 (4): 832 - 869.

Ritter J R. The Long-Run Performance of Initial Public Offerings [J]. Journal of Finance, 1991, 46 (1): 3 - 27.

Spiess D K, Affleck-Graves J. Underperformance in Long-Run Stock Returns Following Seasoned Equity Offerings [J]. Journal of Financial Economics, 1995, 38 (3): 243 - 267.

Stephens C P, Weisbach M S. Actual Share Reacquisition in Open-Market Repurchase Programs [J]. The Journal of Finance, 1998 (2): 313 - 333.

Timmer D, Raaij W V, Groenland E. The Effects of Open Market Share Repurchases on Long-Term Stock Returns: Does the Stock Market Overreact, Underreact, or Both? [Z]. 2007.

Vermaelen T. Common Stock Repurchases and Market Signaling: An Empirical Study [J]. Journal of Financial Economics, 1981 (6): 139 – 183.

Wang H B, Nguyen C, Dinh N. Operating Performance and Long-Run Stock Returns Following Share Repurchase: Evidence from an Emerging Market [J]. Journal of Corporate Accounting & Finance, 2020, 31 (3).

Wang Z, Yin Q, Yu L. Real Effects of Share Repurchases Legalization on Corporate Behaviors [M]. Social Science Electronic Publishing, 2020.

Xing A D. The Effects of Share Repurchase on Stock Returns Master Thesis in Finance [D]. Tilburg University, 2014.

Yook K C, Gangopadhyay P. Free Cash Flow and the Wealth Effects of Stock Repurchase Announcements [J]. Quarterly Journal of Finance and Accounting, 2010, 49.

Zhang H. Share Price Performance Following Actual Share Repurchases [J]. Reproduction & Contraception, 2005, 15 (3): 1887 – 1901.

Zheng L. Anticipating the Value of Share Repurchase Announcements: The Role of Short Sellers [J]. International Journal of Finance & Economics, 2020, 26 (3): 3544 – 3555.

后　记

自 2018 年我国《公司法》修正，上市公司股份回购快速增长，笔者就开始关注公开市场股份回购问题，至今已有四年多的时间。上市公司通过公开市场股份回购能否提升市值、维护股东权益，能否改善经营业绩，是否会损害中小股东的权益，是笔者非常想探究的问题。

在研究过程中，赵琨琦、曹修哲、李锦程、周旋漩、张建新和郑丝竹 6 位研究生也做出了重要的贡献，在此表示感谢。

同时，也要感谢我的家人，我的母亲人到晚年却依然贡献余热，帮助我分担家务，好让我有更多的时间投入写作，感谢我的爱人和女儿们，在我疲倦或焦虑的时候给我精神上的慰藉和鼓励。

由于笔者的研究能力和水平有限，书中内容和观点难免存在偏颇不足之处，敬请各位专家同行和读者指正。

薛　彤
2022 年冬于北京